破圈

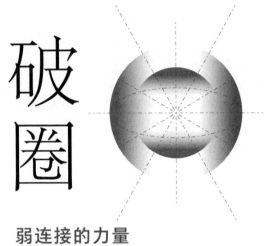

弱连接的力量
SUPERCONNECT

［英］**理查德·科克**
(Richard Koch)

［英］**格雷格·洛克伍德** 著
(Greg Lockwood)

史兵 译

中国友谊出版公司

谨以此书献给克里斯蒂娜和佐伊，

还有马修和托克

我们总是在别人生命中的小小瞬间中悄然流逝。

——罗伯特·M.波西格,《禅与摩托车维修艺术》

作者提示

两位作者认为，如果我们都用"我"来叙述各自生活中的故事，会产生混乱。格雷格比理查德谦虚得多，他很少使用"我"。因此我们决定，"我"指的是理查德。涉及格雷格的故事，也会由理查德来介绍。

目　录

前　言

这本书本不会出版。如果不是发生了一系列最离奇、曲折的事件，涉及形形色色的人，它就不会出版。我们解释一下。如果我们（作者们）想要打动出版商或书评人，让他们了解这本书的缘起，我们可以想出各种各样的说法。但这仅仅是故事的一小部分，而且也无趣。真相更人性化、更吸引人，它直达本书的核心，展示了"网络"是如何运作的。

格雷格一直着迷于网络理论，这一理论来自一些社会学家、数学家和物理学家的发现，它似乎可以转化为现实世界中人与人的相互联系。他刚开始工作时就职于加拿大《汽车贸易杂志》（*Auto Trader*），那时他就见识了一个非同寻常、运作良好的买卖网络。后来，他成为一名风险投资人，投资刚起步或创业初期的公司，期望它们当中的一些可以在将来获得极高的价值。他将自己的经验应用其中，投资那些可以通过网络运作获益的企业，这种方法取得了显著的成功。

理查德的经历完全不同。他做了 20 年的战略顾问，利用经济分析的方法帮助公司在赢利上胜过竞争对手。他最终与人共同创办了 LEK 公司，它成为 20 世纪 80 年代发展最快的精品战略公司，在美国、欧洲和亚洲设有办事处。他还撰写了多本商业战略方面的书，尤其支持"明星企业"的理念，即最具价值的公司几乎总是"明星企业"，它们是高速增长的市场中最大的企业。从 20 世纪 90 年代到 21 世纪初，理查德把从事管理顾问赚到的钱投资于一系列明星公司，并获得成功。他也阅读了"网络"的相关信息，出于直觉，他认为商业成功的一个原因就是网络。这或许还能用来解释为什么有些人的事业蒸蒸日上，而拥有同等智商和资质的其他人却常常碌碌无为。

所以，格雷格和理查德有充分的理由一起写一本关于网络的书。但以上这些十分"正式"的解释也存在问题，因为它们忽略了在这本书问世之前发生的人际关系事件和巧合。其中最明显的事实是，在 2001 年之前，理查德和格雷格还互不相识。毫无疑问，如果我们没有见过面，这本书就写不出来。

那么，格雷格和理查德是如何认识的呢？我们可以用一个词来回答，这个词就是"必发"（Betfair）。但这个词的背后隐藏着大量小概率事件，这些事件叠加在一起构成了难以置信的结果。必发公司成立于 2000 年，起初是一家小本经营的公司，后来成为世界上最大的博彩交易所，公司价值达到约 20 亿美元。

接下来是我们认识的整个过程。2000年的一天，一个叫罗伯特·马克维克的人联系了理查德，他是理查德朋友的朋友的朋友。罗伯特和理查德互不认识。但罗伯特认识杰里米·布莱克，布莱克的弟弟安德鲁正在为他自己的发明筹集资金，以便落地。他的发明是一个在线博彩交易所，可以将赌客们连接起来，这样他们就可以相互下注。因此，理查德通过四个人的传话，得知了刚起步的必发公司，但并不知道与这家公司创始人更密切的那三个人是谁。在决定投资必发时，理查德很大程度上依赖赛马记者帕特里克·韦弗的建议，他们是在加利福尼亚州圣安妮塔马场附近的一个派对上偶然相识的。如果理查德没有见过帕特里克，如果帕特里克没有对必发公司做出有利的评价，理查德可能就不会投资这家公司。

与此同时，格雷格听说了一个投资机会。有一个类似的博彩交易所"颤振"（Flutter）也在2000年成立，这个消息来自加州的两名前管理顾问。其中一个叫乔希，他在悉尼工作时遇到了蒂姆·莱文，蒂姆后来加入了他在伦敦创办的颤振公司。蒂姆又向他在银行界的老朋友贾森·卡茨讲述了这家初创公司的故事。贾森认识格雷格，而格雷格对投资在线业务很感兴趣，所以贾森就给他讲了颤振的情况。格雷格察觉到颤振会是一家通过网络运作获益的公司，就像多年前的《汽车贸易杂志》一样。所以，他投资了。

到了2001年年初，理查德和格雷格都已成为伦敦两家类似公司的股东，此时他们仍然互不相识。然而，当他们各自同意进入必发和颤振的董事会时，两人就在不知不觉中离会面又近了一步。当时这两家公司是竞争对手，互不来往。再之后，颤振和必发的合并被提上了议程。经过漫长的中途几次近乎谈崩的谈判，两家公司终于联手。格雷格加入了理查德所在的必发董事会。

2001年春天一个闷热的日子，我们终于在伦敦西南部帕森斯格林设计学院的一个狭小又拥挤的房间里（也就是必发公司幽默地称之为"会议室"的地方）相识了。我们发现公司的成功很大程度上源于它所集结的赌客网络。随着必发的赌客网络比任何竞争对手都强大（尤其是颤振公司并入后），热衷赌博的赌客们都被它吸引了。在规模大的交易所，他们与反向押注的人"匹配"上的机会要比在规模小的交易所大得多。随着越来越多的赌客加入必发网站，它的规模比其他交易所都要大二三十倍。它成为我们所说的"超级连接者"（super connectors）。

那么，本书是如何诞生的呢？最初的建议是格雷格向理查德提出的。理查德为了检验他新书中的创想，给包含格雷格在内的许多朋友和认识的人发送了邮件，而格雷格直接回复说："这些想法都很好，但有一些关于六度分离和网络效应的趣事也可以写进去。"理查德很喜欢这个建议，并邀请格雷格一起合作写书。

想要满怀信心地写好一本书，需要整合双方经验。格雷格对主题内容很在行，理查德则是一系列成功的商业、思想和职业生涯图书的作者。即使这样，如果没有牛津的图书代理莎莉·霍洛威强迫理查德和格雷格写一份像样的图书提案，就没有3家纽约著名出版商参与竞拍，这本书也就不会付梓出版。而理查德认识莎莉，是源自他一位前同事的介绍。

所以，两位作者的相遇和这本书的缘起，都包含了一系列的人际联系和长长的个人关系链，而这些只有在回顾时才会完全明晰。如果链条中有任何一段不存在，我们就不会在必发工作，也不会见面，更不会写出这本书。在接下来的内容中，我们将用许多故事（以及大量的科学证据）来证明，我们的经历虽然独特，但也平常。换句话说，"未必会发生"的事发生了，恰恰是一种规律！如果你回顾生命中的关键事件，会发现它们很有可能本不该这样发生。

这是一本与众不同的书。在写作本书时，我们有时觉得自己正在探索真正不寻常的东西，它是关于人类世界运作方式的前沿洞见。正如其中一种洞见提出"21世纪的科学是网络科学"，就像我们从祖母那里免费学到的智慧。我们每个人都对自己所拥有的关系和所属群体非常熟悉，任何人都会有自己的看法。祖母们人生阅历丰富，一般都会对这些略知一二。但是她们通常不擅长科学理论。我们则揭示了祖母们不能诉诸语言的真正微妙之处：对那些我们每天都在经历并且认为自己了解的东西，我们可能知之甚少。

例如，本书的一个核心发现是：往往那些友善的泛泛之交和我们经常遗忘的关系较远的人能给我们带来知识、机会与创新，使我们的生活更加振奋和充实。但是，我们不能立刻明白它是如何发挥作用的。同样，我们也不能立刻明白自己与最依赖的人和群体之间的牢固关系，实际上会阻碍我们前进。但我们发现，把这些观点放在一起可以解锁关于社交和职业流动的新视角。

更让我们惊讶的是，构成社会的、人与群体之间的关系网络主要是由"超级连接者"塑造的，他们是一些杰出的企业和个人，构造了大规模的连接。这些人和企业是连接社会不同部分、让相距遥远的各部分互通的桥梁，他们使我们的世界变得更小，也使我们可以接触到广阔、丰富的世界。在商业世界，他们是逐渐占据主导地位的交会中心，对市场结构、战略和产业政策影响深远。

近期，一大批包括社会学家、心理学家、物理学家、数学家和计算机专家在内的科学家们，在理解网络行为方面取得了重大进展。作为本书作者，我们的工作就是把他们的发现放在一个人类、社会和现实语境下进行解释。这将帮助你理解如何塑造自己的网络，以及可以做哪些尝试，避开哪些坑。

然而，我们对网络科学思考得越多就越会发现，它描述和揭示了我们所处的世界中重要但迥然不同的方面：创新、贫困、思想的相互关系以及社会的本质。随着我们的世界通过技术手段越来越紧密地联系在一起，网络效应将越来越明显。

这本书涵盖了很多科学根据，但它也直接关系到人们的个人生活。你有没有问过自己，生活中重要的事情是如何发生的？如果你回顾其中任何一个转折点，就会像我们一样发现一连串的人际联

系在这些事情中发挥了关键作用。这本书就是关于这些联系是如何
运作的，以及我们如何运用联系让个人生活、职业生涯或事业变得
更好。

当然，我们的生活都必须由关键事件组成。这个世界也许是
不可预测的，但它的不可预测性是可以预测的，而且是由网络塑造
的。一旦我们抓住了这一点，懂得了这个世界的不可预测性是迷人
而有序的，就可以提升机会出现的可能性，得到想要的幸福。

网络以可预测的特有方式运行，我们人类不是天生就能理解或
接受它。网络通常只会创造很少的赢家。所以，如果我们想过充满
机遇的生活，最好学会按照它的规矩行事。

第 *1* 章

为什么你没有成为
富豪和成功人士

让你的意外收获最大化。

——纳西姆·尼古拉斯·塔勒布

1936年，好莱坞

如果你想用一部令人震撼的电影来抗议工业革命的非人化效应，你会怎么做？在电影《摩登时代》（*Modern Times*）中，查理·卓别林塑造了一个永恒的形象。他将自己置身于一个旋转的巨型齿轮中，就像在庞大工厂中的一座巨大时钟里，无休止地受齿轮摆弄。

虽然这是一次新颖又极具冲击力的表演，但是卓别林秉承的是浪漫主义控诉工业及其奴役机器的伟大传统，这可以追溯到威廉·布莱克的"黑暗的撒旦工厂"。布莱克等作家将曼彻斯特臭气熏天、肮脏不堪的贫民区与早几年托马斯·盖恩斯伯勒创作的奶牛和农民的作品进行了对比，后者描绘了一幅田园风光，有干草堆、绿色的田野和潺潺的河流。

但浪漫主义者更擅长诗歌和绘画，而不是历史。事实上，18世纪的英国农业工人没有什么自由，也不存在我们今天所说的"工作满意度"。他们过着艰苦的生活，听命于人，很少能吃饱饭，经常忍饥挨饿。这就是为什么那么多人逃离农村的贫民区，到城市寻找生计。没有人强迫他们去。他们成群结队地进城，因为无论工业城市里的生活多么糟糕，也比在乡下要好得多。卡尔·马克思认识到了这一点，他说工业化将工人从"愚昧的农村生活"中解救了出来。

尽管如此，卓别林在1936年的命运，本质上与1836年的工人、1736年的农民或历史上更早期的人类命运是一样的。自人类诞生以来，占绝大多数的普通人，都过着可怕、乏味、令人失望的生活，对于自己的生活几乎没有发言权。

这与我们如今的生活非常不同，那么这种巨大的转变是什么时候发生的呢？有些人说，披头士反映了社会的这种变化，但在他们出现之前的10年间，情况已经发生了转变。好莱坞体现和放大了这种巨变。1953年，马龙·白兰度在电影《飞车党》（*The Wild One*）中饰演摩托车党约翰尼·斯特拉伯勒，整个美国的电影观众都被这位年轻影星的超凡魅力和自信所震撼。母亲们被白兰度的男性魅力迷住了，不知所措，她们的小孩在过道里大声喊着"呜——呜！"并跑来跑去。两年后，《无因的反叛》（*Rebel without a Cause*）将詹姆斯·迪恩塑造成高中黑帮头目吉姆·斯塔克，描绘了一个充斥着械斗、飙车、偷车和超速致死的青少年世界。这部电影不可磨灭地展现了年轻人的世界：对自己的命运负责，勇敢地决定如何生活以及如何死亡。

这确实是一种新颖的个人主义青年文化，不仅出现在美国，也出现在英国和欧洲。它出现在音乐、戏剧、书籍以及电影中。20世纪50年代，"垮掉的一代"写诗、留长发、辍学、四处游荡、吸毒，是嬉皮士和朋克文化的先声。1956年，约翰·奥斯本的惊人剧作《愤怒的回顾》（*Look Back in Anger*）改变了英国和美国戏剧，他塑造了满口脏话的工人阶级反英雄人物"愤怒的青年"。科林·威尔逊的《局外人》（*The Outsider*）在同年出版，书中强调了许多有影响力的局外人对社会的影响，包括阿尔贝·加缪、欧内斯特·海明威、弗朗茨·卡夫卡和让-保罗·萨特。

　　青年个人主义在20世纪60年代开花结果，迎来黄金时代。迷幻药、音乐、生活方式、学生反抗活动以及对权威的排斥体现在生活的方方面面。这种个人解放的精神最终被婴儿潮一代所改变，他们不但创造出新的领域，而且让商业领域变得更加激进、分散化和个性化，更加追求个人回报。穿着灰西装、白衬衫的循规蹈矩的"组织人"让位给有趣的半嬉皮企业家，他们为自己做事，经营着自己的事业。史蒂夫·乔布斯和史蒂夫·沃兹尼亚克创立了苹果电脑公司，并在1984年超级碗的黄金广告时段推出了麦金塔电脑。在广告中，这款新电脑被吹捧为反抗"老大哥"IBM的选择。这是对乔治·奥威尔的小说《1984》的明确致敬。在《1984》中，独裁者"老大哥"摧毁了主人公温斯顿·史密斯的精神。史密斯只是一个普通公民，唯一的罪责就是探索了自身的个性。后来，史蒂夫·沃兹尼亚克用他在苹果公司赚到的钱资助了最喜欢的摇滚乐队，而后又创办了另一家高科技公司。

个人主义（常常痛苦而毫无意义）取代了被无情组织碾压的不幸受害者形象。从那以后，每个人都可以掌控自己的生活以及实现个人成功和幸福的观点迅速扩散，广为世人接受。难道你不觉得一个人应该拥有自我，拥有内心深处的角落，就像一个人应该有胳膊有腿一样？你的个性可以按照自己的意愿发展，你也可以超越父母的成就，开辟属于自己的全新道路。在我们的社会里，"用我自己的方式"不仅仅是一句歌词，而是我们无止境的自传的标题，因为我们会自然而然地认同个人主义者、特立独行者和反叛者。一切都变得个性化了——我们拥有个人电脑、私人教练和自己的iPod。这是一个远离卓别林齿轮的世界，也是摆脱了自古以来人类命运的世界。

但情况正在发生改变，人从受制于社会转变为受制于自我，另一场巨变正在酝酿中（事实上它已经到来，而我们只是刚刚开始了解它）。考虑一下这个问题：在互联网被发明出来的几十年前，青年文化以一种极具颠覆性的方式，在没有官方媒体帮助的情况下迅速传遍全球。黄色笑话和性知识是如何突然到处泛滥的？1968年的学生运动是如何在短短几天内从加州蔓延到巴黎，再到东京，乃至其他数千所大学的？次年，在没有广告、没有促销、没有电视报道的情况下，数十万年轻人是如何突然聚集到偏僻的伍德斯托克的泥泞牧场上的？相同的个人主义，可能让人被迫做自己想做的事，也可能是伪装成个人发现的"群体思维"，这中间的悖论是什么？各种时尚潮流（从呼啦圈到连帽衫）是如何爆发然后消失的？

对于个人表达的追求当然是真实的，但它发生在群体中，并通过网络传播。而且在很多方面，网络是孤独个体的对立面。即使网络的起源是自发的和无政府的，它也倾向于大规模集中，将人们以个体无意识或无法控制的方式联系在一起。互联网可能对所有人都是民主和开放的，但少数网站获得了最多的流量，极少数人获得了大部分的经济回报，这通常让他们非常惊喜。没有人希望这样的事情发生，也没有人能阻止它。这就是网络的奇怪之处。

所以很明显，彻底的个人主义是一种错觉。个人主义是重要的、有效的和自由解放的，它改变了世界（在我们看来，它主要是让世界变得更好）。但它不是生活的全部，也不是关于世界运转的可靠指南。要了解我们的世界，我们需要一种新的思维方式。这正是本书的目的所在。

现在，已经有新型学者为我们完成了繁重的工作。我们可以跟随他们进入这样一个世界：在这个世界里，我们个人的努力只是全局的一部分，决定我们成功和幸福的因素远超个人的才能和成就。这仍然是个体组成的世界，但也是一个网络的世界。它是我们生活的隐形背景。这是一个奇怪的地方，令人困惑，但也令人兴奋。迪恩和白兰度英勇的个人主义让我们产生了可以决定自己命运的幻觉，而我们将要探索的新领域则显示了把我们拉向各方的种种因素。通过了解世界的真实本质，通过与周围的网络力量合作并利用它们达成目的，我们可以把自己作为个体能够控制世界的错觉转换成与他人合作，并创造世界的现实。当我们正确地理解了这个世纪的网络社会，我们可以让生活略有不同，并从中受益。我们将看到，维系一个由不同背景、拥有不同态度和生活方式，或相隔遥远的人们组成的大范围社交圈，能够给我们提供知识和见解，从而改变我们的生活。我们还将看到，比大多数人更谨慎地选择合作伙伴是多么重要。一旦我们理解了群体的潜在运作方式，当与同事想法一致时，或是考虑是否留在一个让我们感到不快的组织（或关系）中时，我们便会更加谨慎。

新的视角来自对网络的思考，但"网络"是什么呢？

网络是一组相互连接的人或物，它们可以相互通信、共享信息，实现只有网络才能实现的结果。网络每个部分（每个成员）都彼此相连，它给成员带来利益，也带来成本和义务。同时，将非成员排除在外。

想象一个已知的交通网络有助于你理解网络的概念，例如纽约、伦敦和巴黎的地铁网络，火车网络或航空网络。车站或机场是交通网络的"成员"，是系统的固定部分，它们通过铁路与火车，飞行路线与飞机彼此连接。在所有的地铁系统中，你可以在任何两点之间往返，除非你要去的站点关闭了，已经不在关联的系统中了。

在网络语言中，相互连接的人或物（例如站点）被称为"节点"，网络由节点和它们之间的关系（或"连接"）组成。宝石项链上的珠宝是节点，串成珠宝的线则是连接。电话网络中的单个电话是节点，而电话线或光纤电缆是连接。

系统中节点之间的连接可以是通信技术方面的，也可以是社会关系方面的。例如，一群互相认识的朋友组成了一个网络，拥有共同的价值观或共同的身份。设想一下，在一个大得多的人群中，比如在一场古典音乐会上，这群彼此认识的人聚在一起。在人群里，一个陌生人可以无障碍（没有技术或物理距离上的阻碍）地跟这个群体里的任何人交谈。但这里存在另一种类型的障碍——社交障碍，这可能会阻止他上前交谈，因为他不是这个朋友网络中的一员。他不能想当然地认为自己可以同他们分享香槟、烟熏鲑鱼或共享话题。

我们可以考虑一下各类组织，如街角小店、美发店、新企业、中型公司、足球队、联合国、谷歌公司，或者你工作的地方，它们都是网络，有自己的规则、价值观和沟通方式。只要在网络内部，你待人接物的方式就是网络外部的人所没有的。例如，如果你是埃克森美孚公司的员工，你可以给地球另一端的同事打电话，以期达成某种程度的合作，即使你们从未谋面。因为你们是同一个网络的成员。

非人类网络之间的联系主要是技术方面的，而人类网络之间的联系主要在精神层面或社交层面。我们将会看到，网络的迷人之处在于，它们以自己特有的方式运行。无论网络是人类社会的、人造的，还是自然的，无论节点之间的连接的性质是什么，它们都是相似的。

当人们通过网络联系在一起时，网络会对他们个人以及他们的幸福和机遇产生超乎寻常、不可思议的巨大影响。参与网络能够改变我们每一个人，因为网络赋予个人权力（或将权力从个人手中剥夺）。网络有它自己的逻辑、规则和运作方式，与被困其中或被它解放的人的个人属性毫无关系。

我们很容易在恋爱关系或其他双人关系中认识到这一点。一段成功的关系会让我们的生活更加丰富多彩，而且往往出人意料——我们会在这段关系中发现自己、定义自己，然后被它改变。我们变得积极而有创造力。而一段破坏性的关系会以一种相似但相反的方式运作，它让我们变得怨恨、压抑、封闭、消极和恐惧。一个双人关系恰好是一个微型网络。除非成为隐士，否则我们都身处大量不同的网络中。网络中的人越多，我们就越不太可能明白其中到底发生了什么，或者理解动态网络是如何以微妙有效的方式影响了我们的幸福或不幸。

* * *

我们更准确地认识一下即将探索的网络组成部分。从个人的角度来看，网络有三个重要的组成部分：两种与他人或其他群体截然不同的连接，以及我们所参与的群体（"枢纽"）。从我们的祖先潜藏在洞穴里开始，这三种网络要素就一直以某些形式存在着。但是，随着人们获益方式的演变，它们的相对重要性在近几十年发生了巨大变化。

第一个网络要素是"强连接"（strong links）。这是我们与周围的人的牢固关系，他们通常是我们经常见面的朋友、家人和同事。这是我们拥有的最长久的关系，也是自亚当和夏娃一起在凉爽的清晨漫步以来，大自然中变化最小的关系（直到那条讨厌的蛇让生活变得更棘手也更有趣）。

强连接对我们的情感健康至关重要，缺少它的人是可悲的，所以我们都需要强连接。但是只靠它们是不够的！如果我们过于依赖强连接，会很危险。对于我们付出的情感精力和现实精力，它们能够给予的回报往往很少。社会学家已经证明，那些完全或主要依赖强连接的人容易被孤立，被剥夺很多有价值的信息，并且难以改善生活。世界各地的贫困群体比富裕或中等收入群体更依赖强连接。

第二个要素是"弱连接"（weak links），其威力直到近几十年才显现出来。忘掉对"最弱的连接"的常见解释吧，因为在网络世界中，弱连接是不可思议的，也是最强大和最有创造力的力量之一。它是我们与点头之交的人的连接，这些人的数量比亲朋好友多。虽然只是相识的关系，我们也要与之友好相处以维系这种关系。我们偶尔或很少见到这些人，他们是朋友的朋友，是离我们较远或不常见面的邻居，是那些我们曾经的强连接，但现在几乎完全失去联系的人，以及我们每天碰巧遇见的陌生人和认识的人。他们是充实了我们生活背景的人。

弱连接的有趣之处在于，维护它们不需要花费多少时间和精力，但可以带来巨大的好处，有时能以偶然信息的形式改变我们的生活。正如我们即将展示的那样，关键时刻的正确信息可以决定我们能在多大程度上发挥出潜能。随机遇到的人（常常是我们不认识或刚刚认识的人），往往会带来最大的突破或让我们得到最好的结果。在本书中，你会发现许多这样的故事。艾德里安·比克罗夫特是欧洲最有成就的风险投资家之一，他讲述了他是怎么在当地一家板球俱乐部里偶然获得了第一个重要突破；罗宾·菲尔德是一名处理公司危机的专家，他通过一个认识的人得到了一个成就事业的工作机会，仅仅是因为这个人的同事与人私奔了；芝加哥公关简·格雷厄姆通过一封前同事发来的电子邮件结识了她现在的恋人。大量潜在的偶然联系展现在所有人面前，然而其中的绝大多数都被我们忽略了。

第三个网络要素是"枢纽"（hubs）。我们可以把一个枢纽想象成许多弱连接和强连接的会合点。人类枢纽由拥有共同目的、一同协作的人组成，包括家庭、企业、社交圈子、学校、教堂、俱乐部和国家。我们可以把生活想象成一场冒险，最重要的决定就是选择加入哪个枢纽或从哪个枢纽开始，以及选择跟谁合作去完成生活中重要的目标，甚至只是娱乐的目标。

除了从父母、兄弟姐妹和其他亲戚那里承袭的家庭圈子，我们还可以自主选择想要培养和影响的群体。对于大多数人来说，在生活中留下的痕迹和成就的大小，很大程度上取决于选择的枢纽，以及是否擅长在一个又一个的枢纽之间转换。不同于卓别林所描绘的生活，也不像历史上绝大多数人那样，现如今幸运地生活在富裕国家的人会在许多枢纽中生活。与大多数前人不同，我们有幸可以频繁变换枢纽，或者创建自己的新枢纽。

然而，只有少数人会仔细选择自己的枢纽和在其中扮演的角色，也只有少数人能理解枢纽奇怪有时甚至邪恶的运行方式。群体无论规模大小，都不仅仅是人的总和。它们拥有自己的生命力和特性，遵循独特的科学法则。如果我们想在有限的时间里从中获得最大收益，就必须把它们当作我们生命中的一系列试验阶段，通过试错逐步了解哪种类型的枢纽最适合我们，以及我们在哪种类型的枢纽里表现得最好。在我们真正的变换枢纽之前，必须从心理上愿意从一个枢纽转移到下一个枢纽。

* * *

本章的最后一个问题需要我们回到马龙·白兰度和詹姆斯·迪恩：总的来说，你相信成功是由自己决定的吗？

直到最近，我们都是这样认为的。某种程度上成功的人，总是相信这源自他们自己的天赋。但这是对的吗？你是否有一种细微的感觉，那就是运气或某种第六感让一些人获得了超级成功？富人和名人到底有什么特别之处呢？

司各特·菲茨杰拉德说得很对。他写道："富人不一样，他们有更多的钱。"这就是唯一的区别。富人或名人并不比其他不那么幸运的人更聪明。一些成功人士可能非常坚定，工作非常努力，但很多从未成功的人也一样拥有这些品质。

2000年，巴黎大学的两位物理学家让-菲利普·布沙尔和马克·梅扎德为一个含有1 000人的网络构建了一套方程，并进行了一系列模拟。在他们的模型中，每个人一开始都被随机分配了一小部分钱，同时每个人都被赋予了同等的赚钱技能。这样，基于运气而非技能的差异就会随机出现。在这个平等的世界里，财富的巨大差异肯定不会出现吧？错！每当模型运行了一段较长的时间，就有一小部分人获得了大部分的财富，正符合"二八定律"。这个定律是指大约80%的成果（在这个例子中是财富）最终将由20%的参与者（在这个例子中是人）获得[1]。物理学家观察到的结果几乎与当今世界各地真实生活中的财富不平等模式完全相同。他们的研究表明，富人可以通过非精英化的途径获益。我们稍后将看到（正如科学家在各种社会和经济网络中观察到的那样），这与网络会集中在少数几个枢纽的趋势是一致的，并且网络会奖励那些已经领先的人。

这个过程中也包含了很多个人运气，有很大的随机性，但这种随机性显现出可预测的模式。

回到问题上来，为什么你不是富人和成功人士？如果不是因为智慧、奉献精神或少见的技能等差异，那是因为什么？可能纯粹是因为运气，但这不是一个很有用的结论，因为它不能给我们任何指导性的建议。那些在生活中表现非常出色的人，无论是擅长赚钱还是擅长从事更困难、更有用的工作，都拥有一些涉及社交网络的诀窍。他们凭直觉取得成功时，并没有考虑推动他们前进的网络效应。然而，这些直觉都遵循着一个共同的模式，与网络密切相关。如果我们了解网络的运作，就有更大的机会取得他们那样的成果。

除了想要取得成功的良好愿望，探索支配我们生活的隐藏力量还可能出于别的原因。因为它有趣好玩，它让我们处于一个令人着迷的位置，可以更多地了解我们生活中正在发生什么，以及为什么会发生。在第2章中，先来看看与其他人或其他团体建立联系对我们来说有多容易或多困难。

第 *2* 章

"超级破圈者"是怎样炼成的：
小世界，大机会

一切都联系在一起……所有的生命都由链条彼此相连……有些部分是连续的，尽管在更多的点上我们看不到连续性……哲学家的艺术在于为相互分离的部分添加新的连接，尽可能地缩短它们之间的距离。

——德尼·狄德罗（1713—1784），《百科全书》

为了证明地球上的人类比以往任何时候都要亲密，该组织的一名成员建议进行一次测试，他打赌：说出地球上15亿居民中任何一个人的名字，他都可以通过最多5个人（其中一个他认识）联系到这个目标人物。

——弗里吉斯·卡林西（1887—1938）

你听说过"六度分离"吗？毫不夸张地说，随着1990年约翰·瓜尔的同名戏剧问世，这个理论也跃入了公众视野。3年后，这部剧作被改编成了一部好莱坞电影。这个理论源自弗里吉斯·卡林西写于1929年的短篇小说《链环》（*Chain Links*）。卡林西现在已经被公众遗忘，但在当时她是一位备受推崇的小说家（至少在匈牙利是这样）。你可以从本章题记中看到基本思想，即任何人都能通过五六个认识的人找到世界上另一个人：A知道B，B知道C，以此类推到F或G。

卡林西的理论传到了美国城市年代史学家简·雅各布斯[1]的耳朵里。她讲述了20世纪30年代初，第一次搬到纽约时和姐姐玩过的一个叫"信使"的游戏：

> 规则是挑选两个背景完全不同的人，比如所罗门群岛的一位猎头人和伊利诺斯州洛克岛的一位鞋匠，并假定他们之间只能通过口口相传才能得到消息……在他们之间成功构建一条最短信使链条的人获胜。猎头人会将消息告诉村长，

村长会告诉来买椰肉的商人，商人会在回来的时候告诉澳大利亚巡警；在另一端，鞋匠会从他的牧师那里听到这件事，牧师是从市长那里听到的，而市长又是从州参议员那里听到的。我们很快将这些身边的信使变成了一种能联系到任何人的常规渠道。

你认为"六度分离"大体上正确吗？或者只是一厢情愿的想法？

这是一个相当重要的问题。另一种说法是：你生活在一个"小世界"还是一个"大世界"？一个小世界意味着你可以很容易地联系到任何想联系的人。这并不意味着你的世界是狭隘或局限的，而是恰恰相反。一个大世界意味着一个交流停滞或消亡的世界，或由彼此分离的群体组成的世界。交流沟通被实际距离或社会壁垒打败。如果你相信生活在不同国家、迥然不同的人之间只有六度分离，那么你就是支持小世界的说法。一个小世界将是令人欣慰的，因为我们都与其他人紧密相连。

但这是真的吗？1967年，特立独行的社会心理学家斯坦利·米尔格拉姆进行了第一个科学测试，关于我们是生活在一个小世界还是大世界。值得一提的是，米尔格拉姆是美国学术史上最有趣、最具争议的人物之一。他在构思"小世界"的研究之前，已经相当有名了（更确切地说是臭名昭著），因为他电击过自己的学生。1961年到1962年，米尔格拉姆在耶鲁大学进行了一系列引人注目的实验。他让穿着白大褂的实验者负责管理"记忆与学习研究"的志愿者。一些志愿者扮演"教师"的角色, 帮助被绑在椅子上的"学习者"。如果学习者记不住正确答案, 教师就会电击他们。此外, 教师被告知, 如果学习者继续给出错误的答案, 就要调高电压, 直到他们痛苦地尖叫起来。

学习者的真实身份是演员, 他们的椅子没有通电, 但是教师并不知道。这个实验的目的是要看看当代表"权威"的穿着白大褂的心理学家指示志愿者实施电击时, 他们会在控制他人疼痛方面做到什么程度。在多数情况下, 答案是令人不安的, 大多数教师都调高了电压。尽管学习者痛苦呼喊着, 仍有相当一部分人调到了被标记为"危险"的最高电压。在1974年出版的著作《对权威的服从》(*Obedience to Authority*) 中, 米尔格拉姆明确地将耶鲁大学学生的行为与纳粹集中营看守的行为进行了比较。

我们稍后会回到这个实验, 但先把它当作对米尔格拉姆丰富思想的一瞥。米尔格拉姆持续探索关于小世界的观点。在《今日心理学》(*Psychology Today*) 第一期的一篇精彩文章中, 他以一个故事开头:

皮奥里亚的弗雷德·琼斯坐在突尼斯的一家露天咖啡馆里, 他想要点烟, 于是向邻桌的人要了一根火柴。他们开始攀谈。这个人是一个英国人, 他在底特律花了几个月的时间研究一家生产可替换瓶盖的工厂的运作情况。

"我知道这是个蠢问题,"琼斯说,"但你有没有遇到过一个叫本·阿卡迪安的家伙?他是我的一个老朋友,在底特律经营着一家连锁超市……"

"阿卡迪安,阿卡迪安,"英国人念叨着,"我敢发誓,我觉得我知道!那是一个精力充沛的小个子,为了一批次品瓶盖跟工厂闹得不可开交。"

"绝不开玩笑!"琼斯惊呼道。

"天哪,这个世界真小,是不是?"[2]

我们可能会挑剔说故事显然是虚构的,对话也不自然。1967年,一个在国外的英国人不太可能说"我敢发誓",这个短语更容易让人想起伊夫林·沃的小说。不要紧,读者被吸引过来了,米尔格拉姆紧接着解释了他试图检验的观点:世界到底是"大"还是"小"。如果这是一个小世界,那么简·雅各布斯的信使游戏就可以用相对较少的人际连接来完成。"小世界"的观点将认识的人看作跳板或联系纽带,他们帮助我们联系到想要联系的任何人或团体。在之后的一篇文章中,米尔格拉姆和一名合作者有力地扩充了这一观点:"'小世界'这个词表明,社交网络在某种意义上是紧密交织的,充满了意想不到的连接,它将物理空间或社会空间中相距遥远的个体联系在一起。"[3]

与之相反，一个大世界意味着人与人之间存在着不可逾越的鸿沟，每个人几乎都局限于自己的社交圈或当地生活。这些不同的群体永远不会相遇，因为他们没有交集。一个信息会被困在群体中，就像一只困在瓶子里的苍蝇，永远无法逃出来，因为没有人同时属于两个群体，群体间没有任何共同的联系。

为了确定哪个观点是正确的，米尔格拉姆想到了一个好点子，他从堪萨斯州的威奇托和内布拉斯加州的奥马哈这两个城市选择参与者，让他们将一个文件夹交给身边的人，那个人再将文件夹寄给另一个认识的人，以此类推，看看能不能将文件夹送达"目标人"。在堪萨斯州的研究中，目标人是马萨诸塞州坎布里奇市一名神学院学生的妻子；在内布拉斯加州的研究中，则是波士顿的一名股票经纪人。传递链条中的每个中间人都会努力通过他们认识的人，使文件夹尽可能接近目标。米尔格拉姆推断，如果这个过程实现了，它将提供有力的证据证明这是一个小世界。这个过程中的连接数量越少，小世界理论就越能得到支持。在这个过程中，中间人的身份是被追踪的，我们对于网络的运作情况将会了解到很多。

第一个完整的链条来自堪萨斯州的研究，米尔格拉姆解释道：

文件夹寄出后的第 4 天……圣公会神学院的一名教员在街上走近我们的目标人。"爱丽丝，"他把一个棕色的文件夹塞给爱丽丝，"这是给你的。"令我们惊喜的是，这份文件是由堪萨斯州一位种小麦的农民发出的。他把它交给了当地的一位圣公会牧师，这个牧师又把它交给了在坎布里奇的牧师，坎布里奇的牧师把它交给了目标人。

所以，这条最短的链只含有两个中间人。

奥马哈的测试得出了一个更典型的结果。一位丧偶的超市职员把文件夹递给了艾奥瓦州康瑟尔布拉夫斯的一个画家朋友，画家把它寄给了马萨诸塞州贝尔蒙特的一个出版人，那个出版人又把它转寄给了波士顿郊区沙伦的一个制革工人，而作为目标人的股票经纪人就住在沙伦。制革工人把文件夹交给了同在沙伦的一个钣金工人，钣金工人把它交给了他的牙医，牙医把它交给了一个印刷工，印刷工把它交给了沙伦的一个服装零售商，最后这位零售商把它交给了股票经纪人。所以这一次，不算发起人和目标人，共有7个中间人。

在《今日心理学》的文章中，米尔格拉姆提供了内布拉斯加州的研究数据。在发起的160条传递链中，44条达成目标。在完成的传递链中，中间人的数量从2～10个不等。他还提到，在一项附加研究中，有另外20条源自波士顿地区的传递链也完成了，目标人也是当地的股票经纪人。综合研究表明，在64条完成的传递链中，平均每条链含有5个中间人。尽管米尔格拉姆从未提到六度分离，但他的实验是这一观点的有力证明（至少在美国是如此）。

　　小世界的观点能经受住考验吗？这是一个显而易见的结论吗？米尔格拉姆显然是这么想的。评论家也相信了他的话，没有再对他的这个实验或他早期的"电刑"实验产生怀疑。直到2002年，另一位心理学家朱迪思·柯菲德出现。她对"小世界"的实验印象深刻，希望她的学生用电子邮件的形式复制这个实验。但当她调查米尔格拉姆的论文时，她感到越来越不安，因为米尔格拉姆得出的结论毫无根据。"米尔格拉姆的发现，"她写道，"已经脱离了科学的范畴，进入了想象的世界。事实上，六度分离的概念可能是完全错误的，相当于学术界的都市传说。"[4]这就像有人在学术界公开大呼："欺诈！"

　　在米尔格拉姆的论文中，柯菲德有一些令人不安的发现：

　　　　他的文件夹只有极少数送达了目标人。在他第一个未发表的研究中，60封信中只有3封（5%）送达目标人。即使在米尔格拉姆发表的研究中，也只有不到30%的文件夹送达了……

　　　　米尔格拉姆的解释是："也许人们根本就没把信寄出去。"但这似乎不太可能。因为这个文件夹不是一封简易的"连环信"，而是一份像官方文件一样的蓝皮装订、有金色徽标的文件。如果受试者知道如何送达目标人，他们大概已经寄出了。

柯菲德还仔细研究了米尔格拉姆的样本。在内布拉斯加州的调查中，近200名"发起人"中只有一半是随机选择的。剩下的人都是股票投资者，这些人与目标人（波士顿股票经纪人）有着天然的联系。而那96个随机挑选出来的，符合米尔格拉姆社会和物理距离实验条件的发起人寄出的文件夹，只有18个到达了股票经纪人那里！

柯菲德的结论是，这项实验的证据不足。也许我们生活在一个小世界里，也许不是。

那么，谁才是对的？米尔格拉姆还是柯菲德？在柯菲德写下批评后不久，新的证据出现了。邓肯·瓦茨教授和他的同事做了柯菲德原本打算做的事情：他们组织了一次大规模的邮件测试，来重新检验小世界假说。志愿者们在网上注册，他们会被随机分配一个目标人。目标人共计18人，来自13个国家，其中包括一个常春藤盟校的教授、一个爱沙尼亚的档案管理员、一个印度的顾问和一个澳大利亚的警察等。[5] 参与者被要求将信息发送给他们认识的人，这些人要比他们"更接近"目标人。

总的来说，结果证明米尔格拉姆小世界的观点是正确的。令人印象深刻的是，这次实验总共启动了24 163条消息链，但是完成的消息链只有384条（成功率只有1.6%），消息链的平均长度很短——4.05个中间人。研究人员仔细研究了为什么会有这么多不完整的消息链。他们得出的结论是：消息链的中断不是因为目标太难达到，也不是因为找不到合适的联系人，而是中间人对于参与实验不感兴趣或不愿参与。这个结论来源于一项直接调查：研究人员询问了收到邮件后超过一周没有转发的中间人没有参与转发的原因。只有不到0.3%的受访者表示，他们想不出合适的收件人。这表明，缺乏兴趣或动机（而不是遇到困难）是消息链中断的主要原因。

另一个有趣的发现是，18个目标人之一的常青藤大学教授得到了近一半的完整消息链。85%的寄件人受过大学教育，而一半以上是美国人。因此，大多数寄件人觉得联系到他不会有什么困难。研究人员认为，教授"真正"的可接近性"与其他目标人差别很小"，但他可以被接近的"信念"鼓励了参与者进行下去。他们的结论是，"网络结构不是一切"，网络中人们的动机也很重要。如果有人相信可以联系到目标，那么他就可以。

因此，瓦茨和他的同事们在很大程度上证实了小世界的想法。最重要的是，他的复测让我们不再担心米尔格拉姆实验中的低反应率。事实上，与瓦茨的研究相比，米尔格拉姆的反应率相当高，因为期待无偿参与的志愿者有很强的动力去完成每条链是不现实的。无论如何，一个不完整的链并不能证明这条连接不存在，只是它没有被发现或使用。

至于米尔格拉姆的样本量大小的问题，我们再次查看了所有证据，得出的结论是其样本量符合要求，即共有64个完整的链条，平均长度为5.2个中间人。瓦茨的研究证实了这一点：384个完整的消息链中，美国境内链条的中间人数量是类似的，而国际消息链略长，大约含有7个中间人。[6]

之后，研究人员发现了产生大样本的简单方法。2008年，埃里克·霍维茨和尤雷·莱斯科夫完成了"微软信使"项目。他们得益于一个庞大的个人会话数据库：在2006年6月，有1.8亿人在微软上发送了共计300亿条即时通信消息，约占当时全球即时消息总量的一半。有了发送者和接收者的完整图谱，研究人员就能够计算出这1.8亿人的"分离度"。

你认为平均分离度是多少？神奇的数字"6"再次出现——准确地说，是6.6。

霍维茨说："对我来说，这令人震惊。我们看到的结果表明，人类社会可能存在一种社会联结常数。人们曾怀疑彼此之间是否真的如此亲密，但我们用极大规模的数据证明了这个想法远不止民间传说。"

结果中有一点需要说明，并非所有人都那么容易连接。虽然数据库中近4/5的人可以用7个或更少的中间人连接到，但另一个极端，有些人需要29个中间人才能连接到。因此，在发送即时消息的1.8亿人中，大多数人生活在一个小世界里，但剩下超过1/5的人并非如此。一些可怜的人完成了连接到互联网和即时消息的惊人壮举，但与网络空间的其他居民明显隔离。

那又怎样？如果我们生活在一个小世界里，这意味着什么？我们如何从中受益？

要弄明白一个小世界对于我们的意义，现实一点是很重要的。我们也许都能通过几个中间人联系到总统或首相，但这并不意味着他会邀请我们喝茶。正如斯坦利·米尔格拉姆在他的文章中所说，"5个人"听起来是个小数目，但在这个实验中，它是有误导性的。它真正的意思是"5个不同的人际圈"。几乎所有的美国人都离纳尔逊·洛克菲勒只有几步之遥，但很少有人能融入他的生活圈。米尔格拉姆说："即使在一个小世界里，地域和社会差异仍然举足轻重。"

正如我们稍后看到的，由于偏远的地理位置、贫穷或缺乏社会联系，许多人仍然相对孤立。

或者，我们只是不觉得自己是这个小世界的一部分。在现实意义上，如果我们认为世界是小的，那么世界就是小的。在瓦茨的电子邮件实验中，那位大学教授得到了那么大比例的完整链接，主要是因为人们觉得可以联系到他。如果我们相信自己的努力会成功，就会尝试联系。这是一个良性循环，因为如果我们试着联系，就更可能成功。要联系到其他人比我们想象中容易，最主要的障碍存在于我们的大脑中。

为什么生活在一个更小、联系更紧密的世界里会更好？可以考虑两种极端情况。在一个世界里，你是一个隐士；在另一个世界里，你认识世界上所有人。哪一种生活会更丰富、更有趣，存在更多的机会？

用历史的眼光来看或许会有帮助。想象你在一个山洞里度过一生，只认识几个穴居人同伴。地球上可能还有数百万个其他洞穴以及数千万人，但是如果无法彼此接触，他们就毫不相干。没有联系，没有交易，没有知识的分享，没有来自洞穴之外的朋友。这是一个巨大的、不可知的、令人生畏的外部世界。那么内部呢？孤立、贫穷、危险。

现在，再想象一下新的通信技术把穴居人连接起来：道路、探险者、商人、船舶、自行车、汽车、火车、飞机、电话、传真机、洞穴视频会议、洞穴信息空间。这些构成了一个专业化、相互连接、相互依存的小世界，在各个方面都无限丰富。

随着时间的推移，类似的事情已经发生了。仅仅3 000年前，人们还不能到很远的地方去，除非忍受极大的不便，面对巨大的开销和危险。当时的人在一生中只能遇到很少的人。之后的希腊人和罗马人传播知识，建立新城，开展贸易，增加航运，修建道路，最终建立了一个遍及地中海和大部分已知世界的共同的宗教。世界的联结前进了两步。

然而在公元3世纪，罗马帝国瓦解，使联结又后退了一步。在黑暗时代，欧洲的许多村庄和城镇彼此中断联系，沟通停止了。后来，由于人们的努力，希腊的知识得以重现，网络也重新建立起来。这个世界又有了道路、教堂、修道院、大学、商人、探险家、艺术家和建筑师,开启了洲际航行、征服和移民。世界又前进了三步。世界更加紧密地联系在一起,起初是在少数精英群体之间,如皇室、贵族、教会领袖和其他知识分子,以及商人和金融家,然后是实业家,最终惠及普通人。在每个历史阶段,那些与他人连接得最密切的人,都拥有获取各种有用信息的特权,过上了更丰富、充实、有效的生活。

我们是这段历史中幸运的受益者。现在世界更小了,我们的机会更大了。

但米尔格拉姆告诉了我们另一件非常重要的事。在任何时候,总有些人能够比其他人更好地与他人连接。他们的世界要小得多。

在寄给波士顿股票经纪人的64个文件夹中,近一半是通过3个最终漏斗送达的,其中有16个文件夹是通过沙伦的服装零售商雅各布斯先生送达的。米尔格拉姆说,股票经纪人对于雅各布斯是他目前最重要的联系人这一事实感到震惊。我们几乎可以看到这位经纪人对这个小小店主的社交重要性皱起鼻子的画面(如果米尔格拉姆文章里的描述有根据的话,这个店主可能是犹太同性恋)。经纪人还从他的同事琼斯先生那里收到了10个文件夹,从同为经纪人的布朗先生那里收到了5个,这也许使他得到了一丝安慰。米尔格拉姆将这三个主要"漏斗"称为"社会关系之星",他们是让世界变得更小的人。他指出,这些人通常在不同维度上起作用。例如雅各布斯所在的地理位置具有沙伦地区的社交聚集属性，又比如琼斯和布朗的职业。

这本书的一个重要主题是，总有一些人比我们大多数人拥有更大的社会影响力。这些人就是我们所说的"超级连接者"，他们处于优越地位。他们能够更好地与他人连接，也就更容易获得更多有价值的潜在信息。超级连接者的身份可能会让我们感到惊讶（就像零售店店主的重要性让股票经纪人感到震惊一样），但他们是当今世界的精英，是在社会中与他人联系最紧密的成员。

这就是小世界的意义所在。我们都受益于比前几代人更紧密的社会联系。此外，对我们大多数人来说，世界上存在着相互关联的底层结构，大量的人以及他们所拥有的知识和可能性超出了我们当前的视野。与此同时，超级连接者比别人更能从中受益，并扩大利益。

然而，比起"更多"的连接，"正确"的连接更重要。这给我们带来了一个比小世界更惊人和有用的发现，即弱连接的力量。

第 *3* 章

泛泛之交比朋友更有用：
弱连接的力量

让人们连接与自己不同的人，那些人的思想和行为模式与自己所熟悉的不同……这种价值无论怎样高估都不过分。

——约翰·斯图亚特·密尔（1806—1873）[1]

罗宾·菲尔德已经37岁了，他意识到自己还没有达到理想的高度。他做了所有正确的事：他的职业生涯在怡和集团（Jardine Matheson & Co.）开了个好头；曾在法国欧洲工商管理学院短暂进修；作为一名经理人，他在LEK公司取得了成功（我曾是这家咨询公司的合伙人）。我对罗宾非常有信心，我们一起成立了战略投资公司，准备收购表现不佳的公司，让它们扭亏为盈。但我们当时找不到好的目标，时间和资金都快消耗光了。罗宾财务自由的目标看起来要搁置了。

然而，他做到了。此后不到一年，我们向一家私人公司斐来仕（Filofax）注入了新的资金和管理人员。这家公司当时正在流失大量资金并走向破产，我们只投入了很少的钱。不到两年，罗宾就扭转了局面。当我们出售它时，斐来仕公司的收入、利润和现金流都达到了前所未有的水平，投资者赚了7倍。罗宾成为一个扭转危机的专家，并且实现了财务自由。斐来仕公司的投资项目改变了他的生活，使他能够将一些有趣的商业项目与他对航海的热情结合起来。

这个改变人生的事件是如何发生的呢？它是通过一连串未曾预料的意外事件，以及通过与我跟罗宾都不认识的人之间的微弱连接发生的。当我告诉罗宾自己正在写一本关于从"弱连接"（各种认识的人）中获取有价值信息的书时，他马上说："你肯定会写到斐来仕公司。"

"嗯，也许吧，"我说，我已经忘了这家公司是怎么进入我们的生活的，"提醒我一下这一切是怎么开始的吧。"

说起来容易做起来难。"好吧，"他说，"那个苏格兰会计师叫什么来着？"

我们花了5分钟才想起桑迪·布莱克这个名字。

罗宾接着说："我认识桑迪是通过一家私募股权集团3i，我当时想让他雇我做咨询服务。他对这个不感兴趣，但邀请我一起吃了午饭。就在我们要结束午餐时，他提到了一家市场研究机构英敏特（Mintel）正要出售。你还记得吗？桑迪把我们介绍给英敏特公司的老板彼得·克劳沙。彼得把我们介绍给那个卷发的史蒂夫·索哈米，他负责英敏特公司的咨询部。史蒂夫把你介绍给他的一个客户大卫·科利森，他是斐来仕公司的董事长。事情就是这样。"

"想想发生这一切的概率，"罗宾总结道，"它对我的生活产生了重大影响。如果我不认识桑迪，如果他没有因为午餐恰好取消转而邀请我，如果他没有提到英敏特公司，又会怎样呢？英敏特公司对他来说根本不重要。如果他没有把我们介绍给彼得，或者彼得没有把我们介绍给史蒂夫，如果史蒂夫的咨询公司不是为大卫·科利森工作，而你也没被介绍给他呢？所有这些联系成功的概率只有1‰。而这些人一开始都不是亲密的朋友，只不过是泛泛之交。"

如果你还没有发现弱连接的力量，就应该好好了解一下这个最容易被忽视的网络要素。让我们看看弱连接的概念是如何产生的，以及为什么网络科学家认为它如此重要。

1969年，马萨诸塞州，坎布里奇

马克·格兰诺维特于1965年从普林斯顿大学获得历史学学位后，转向了社会学。他在哈佛大学攻读博士学位，正在为一篇可读性很强的论文做最后的润色，他对论文的标题《弱连带的优势》（"The strength of weak ties"）尤其满意。但是几个月后，他的论文被拒绝发表，这让他不太高兴。

又过了4年，这篇论文才得以发表。[2] 格兰诺维特获得了最后的胜利。许多专家认为，"弱连带"（weak ties）的概念是社会学中最具洞察力的概念之一。如今，作为斯坦福大学德高望重的教授，格兰诺维特拥有众多荣誉学位。

他对比了"强连带"（strong ties，亲密的朋友和家人）和"弱连带"（更随意、分散、无计划性和短暂的联系）的实际效用。他的核心观点是：弱连带或弱连接往往比强连带更有价值。这在最初是令人费解的。格兰诺维特说，我们花费少量时间接触的人常常比每天见面、关系亲密、积极帮助我们的人更有用。他还认为，对社会来说，与认识的人或陌生人之间的弱连带比朋友间的强连带更重要。怎么会这样呢？

简单说，他的论点如下：我们的亲密朋友往往和我们相似，都主要在同一个社交圈里活动。亲密的朋友在一个密集的社交网络里行动，格兰诺维特称之为"社会结构中紧密结合的团体"。在这个网络中，大多数人互相熟悉，分享相同的信息，每个人都会有很多泛泛之交，但这些人很少互相认识。泛泛之交也被一群互相分享信息的亲密朋友所包围。因此，人与人之间的弱连接，不仅是微不足道的泛泛之交，而是两个紧密结合的亲密朋友圈之间的关键桥梁。因此，一个人如果几乎没有弱连接，就会被剥夺来自社会系统远方的信息，并被局限在本地信息和亲密朋友的观点中。[3]

如果信息要从一个群体转移到另一个远方（无论是社会距离还是物理距离）的群体，那么唯一的方法就是通过"桥梁"。即通过两个不同世界的人之间的弱连接而不是强连接，让两个群体相连。正如格兰诺维特在他最初的论文中所写的那样，"这意味着无论传播的是什么，通过弱连接而不是强连接，可以影响数量更多的人，跨越更大的社会距离"。[4] 缺少弱连接（就好像桥梁被炸毁）对信息传播的危害将超过缺少强连接。如果这些桥梁不存在了，没有了弱连接，新思想的传播就会受到阻碍或放缓，科学就会受到阻碍，社会分化就会永远存在。

为了获得有用的新思想或新信息，我们必须超越现有的圈子，与社会系统中遥远的部分产生联系。要做到这一点，唯一的方法是运用弱连接，尤其是那些作为"桥梁"连接两个枢纽的弱连接。

格兰诺维特观点的实质是社会多元化连接的价值，这种连接存在于不是很熟的人之间。如果你仔细思考一下，就会发现这个理论无可辩驳。如果没有弱连接的存在，我们仍会生活在像祖先一样的小部落里，部落间完全隔绝，只有几个亲密的家庭成员和邻居来帮助我们维持困苦的生活。弱连接将原本孤立的枢纽或个人联系在一起，形成了一个个相互联系的组织，将整个社会连接在一起。

格兰诺维特接着研究了几乎所有人都会感兴趣的事情——如何找到工作。他找到最近刚换过工作的经理、技术人员和其他专业人士，询问他们是如何得知自己新职位消息的。结果证明，个人人脉在寻找工作中至关重要。通过这种方式找到工作的人比直接申请职位的人更多，而最好的工作（那些高薪和位高权重的工作）通常是通过个人人脉得到的。[5] 使用弱连接找工作的求职者更不容易在两份工作之间经历职业空档期。

我们可能认为朋友和家人比泛泛之交更能帮我们获得一份好的工作，但这可能是错的。格兰诺维特了解到，只有 1/6 的人是通过家人或朋友找到工作的，其余的人则利用偶尔或很少见面的人（现在或以前工作上的联系人）找到了新工作。

尤其让格兰诺维特感到震惊的是，超过 1/4 的人的工作是通过那些几乎没见过的人获得的。

> 在许多情况下，这种联系只是少量存在于当前的联系人网络中，比如大学时代的老朋友，以前的同事或雇主，我们与他们之间一直保持着零星的联系。通常，这种关系在最初形成时还不是很牢固。受访者几乎都表示过，对于工作上相关的联系人，他们从未在非工作场合与他们见面。偶然的相遇或共同的朋友使这种关系重新活跃起来。值得注意的是，人们从那些他们已经忘记其存在的人那里获得了重要的信息。[6]

这怎么可能呢？家人和朋友更容易利用起来，更有动力来帮助求职者。格兰诺维特解释了关于"有距离的联系人反而拥有更优质的信息"的悖论。我们认识的人会在不同的圈子里活动，因此掌握了我们所没有的职位信息。获得一份新工作的最佳方式是我们没在找一份新工作，却通过一个关系较远、来自不同世界的人偶然发

现了一个工作机会。格兰诺维特说，我们做出重大职业转变的机会
（从一个工作领域跳到另一个工作领域）与我们在不同领域接触的
人数大致成正比。

他引用了大卫·M的例子，大卫是布鲁克林道奇棒球场食品特
许商户的经理。他努力学习，从当地的一所大学毕业，而后进入了
市场营销行业。十几年后，他在马萨诸塞州北岸开了一家餐馆。又
过了5年，一位顾客在餐馆入口处的酒类许可证上看到了大卫·M
的名字，问他是不是27年前上大学时的那个大卫。他们曾见过面，
但并不熟，于是他们聊了起来。从那以后，这位朋友经常过来吃
饭。他负责该州一个大型私人运营的社会福利项目，并且认为大
卫·M可以实施项目的计划之一——对残疾工人进行再培训。尽
管大卫在这一领域缺乏任何资质或经验，经过几个月的讨论，大卫
接受了这份工作，并在随后的工作中表现出色。

看起来，对于找工作和从其他方面获得生活的满足感来说，我
们掌握的人际关系越多（即使非常松散），就越有可能得到我们想
要的。有时候，尽管看起来不太可能，网络就在我们的眼前。

埃隆·马斯克和金巴尔·马斯克兄弟在成立网络技术公司
Zip2之后准备大干一场。金巴尔说："我们有一个好故事，一个好
产品，一个好团队。一切都准备好了。"只有一个小问题，他们筹
不到钱。他们接触的风险投资家没有一个对他们感兴趣。

于是，他们就想，如果风险投资家不明白其中的商机，就试着

从天使投资人（富有的私人投资者）那里筹集资金。他们很肯定自己能找到一个电脑发烧友来投资。但经过几个月的努力，他们一无所获。正当他们要放弃的时候，女房东问他们是不是出了什么事。兄弟俩解释了他们的困境，并没有期待从女房东那里得到茶和同情之外的东西。

但是，女房东让他们得到了意外收获。她把他们介绍给了一位有钱的朋友，这位朋友同意投资。这就足以让生意继续下去了。然而几个月后，他们仍然没有找到风险投资人给他们提供业务开发所需的资金。

后来，他们雇的一位只拿提成的临时销售员得知公司需要钱，便介绍了一位他认识的风险投资人。不久之后，Zip2 获得了数百万美元的开发资金，这个项目开始运作起来。

金巴尔·马斯克比任何人都更理解这个故事的寓意："有些你认为无论如何都没有能力帮助你的人，却认识那些出乎意料地能给你提供帮助的人。"[7]

* * *

你有没有想过，世界各地的青少年甚至更小的孩子是如何获得最新的流行文化知识、性知识和攻击性幽默的？如今，最简单的方式就是互联网。但这种现象在互联网诞生之前就存在。早在 1979 年，社会学家加里·法恩和雪瑞·克莱门就发现了完全相同的现象，并提出疑问：为什么那么多美国乃至全世界互不相识的孩子会拥有相同的态度和知识？他们在弱连接中找到了答案：

> 知识在孩子们中的远距离传播速度表明了弱联系的作用。除了学校的同辈群体外，那些搬过家的孩子可能会拥有几十公里之外的友谊。儿时的笔友就是一个例子……还有……远房表亲……可以提供一种用文化传统打破地理鸿沟的机制。[8]

显然，在互联网时代，这些弱连接更容易建立，最新沉迷的东西几乎可以瞬间传播，各地的青年文化变得更加同质化。种族、同性恋、女权主义和许多其他亚文化也是如此。

研究人员还发现，在最意想不到的地方，弱连带比强连带更有影响力。如果构想一个基布兹农场的场景，预设一个强有力的行政管理系统会比非正式和偶然的关系发挥出更大的影响。然而，社会学家加布里埃尔·魏曼发现情况截然相反。他驳斥了传统观点，即基布兹的纪律本质上是强连带的结果。他展示了弱连带更重要。他还发现，广泛传播的八卦对不合规矩的行为起到的威慑作用，远比面对面的反馈有效得多。[9]

* * *

弱连接理论可以追溯到至少160年前维多利亚时代的知识分子约翰·斯图亚特·密尔。如同在这一章的开头引用的，他在1848年写道，人们遇见"与自己不同的人，与自己所熟悉的思想和行为模式不同的人"是非常有价值的。他主要考虑的是与外国人的接触，因为在他写作的时候，世界正在经历国际贸易的急剧增长。事实上，他带着同时代的全球化拥护者的所有热情（和天真）迎接贸易的扩张：

> 如今，商业就像曾经的战争一样，是（与不同人）接触的主要渠道。商业通过强化和增加个人收益（我们称之为弱连接及其利益），使战争被迅速淘汰，因为个人利益与战争是天然对立的……国际贸易的迅速增长……是世界和平的主要保证。

一个多世纪后，美国社会学家罗斯·科瑟发展了密尔关于接触不同的人能带来价值的洞察。1975年，早在情商理论成为时尚之前，她就对比了那些深陷社群强连接的人和那些拥有广泛弱连接的人。她观察到，那些主要拥有强连接的人"可能永远不会意识到这样一个事实：他们的生活实际上不取决于群体内部发生的事情，而是取决于远远超出他们的认知范围，由此超出他们的控制范围的力量"。强连接"可能会阻止个人与外部世界的复杂性联系起来。事实上，强连接可能存在明显的弱点"。[10]

相比之下，拥有广泛弱连接的人可能表现出更强的个人主义。科瑟说，要应对完全不同的世界，就要求人们有"在包括自己在内的所有人的关系中，把自己想象成相应的不同角色的能力"。因此，弱连接可能有利于"个人自主性"。同理心创造了"智力的灵活性和自我导向能力"，它使我们能在不同的情况下从常备的众多选择中找出应对之法。

科瑟说，矛盾的是，和那些对事物的期望和见解与我们不同的人打交道时，我们才发现自己的方向和独一无二的内心。你是否有过这样的经历：为了和观点不同的人相处，你说了一些自己不相信的话，或者隐瞒了自己的真实想法？根据科瑟的说法，这并不是一件坏事。它使我们能够与他人沟通，这对我们也有好处。在面对世界观的冲突时，我们会更清楚自己的态度和观点到底是什么。我们开始意识到，自己的观念有多少是不假思索地从父母或朋友那里学来的。我们开始区分真正相信的东西和不相信的东西，这让我们意识到自己的内核，定义我们到底是谁。相反，那些没有融入不同世界的人，最终可能只是简单地复制他们的家庭、社群和朋友圈中其他人的个性。

我们通过发展一系列通向其他世界的桥梁来"聚焦"和深化个

性。换句话说，情商可以通过弱连接有意识地培养。

还记得第二章斯坦利·米尔格拉姆的小世界实验吗？你认为最成功的连接（那些已经完成并且最短的连接）主要是由强连接（朋友和家人）还是弱连接（泛泛之交）实现的呢？研究人员一次又一次地发现，当一个人要与另一个世界的目标对象沟通时，弱连接的作用远远超过强连接。[11]

为什么这个结果很重要？它揭示了我们过度利用家人和朋友的倾向，以及对不太熟悉的人利用不足。这是一种可以理解的条件反射，我们都受其影响。向一个亲密的朋友求助当然比向刚认识的人求助要容易得多。然而，如果要让一个文件更接近遥远的目标，那么我们求助不太熟悉的人会比求助熟悉的人取得的效果更好。

乍一看这似乎很奇怪。朋友更愿意帮助我们，但他们的表现却更差。真正意识到这意味着什么时，你就会恍然大悟。为了论证这个问题，我们假设朋友愿意提供帮助的程度是泛泛之交的3倍。再看一下（以小世界实验为指导），在帮助我们完成一项困难的任务时，泛泛之交的效率是朋友的3倍。"这种情况下，在提供联系人或有用信息方面，相识的人比朋友强9倍。"当然，"9倍"只是一个猜测，也可能是5倍、10倍、20倍。但即使是个粗略的估计，也清楚地说明求助泛泛之交在获取"遥远"信息方面效果更好。它的好处还在于，我们拥有的泛泛之交的数量比朋友的数量多得多。在某个地方，一个认识的人能够提供给我们可能会错过的有用情报——即使我们已经忘记了还有这样一个人！来自人脉圈边缘的力量是巨大的，所以人脉圈越大，我们可以进入不同世界的范围越广，潜在的洞察就越多。

为什么我们倾向于寻求近在咫尺的帮助，而不是求助于社交距离较远的人呢？生物学家E. O. 威尔逊给出了一个貌似合理而且有趣的理由：

> 人类的大脑显然在进化过程中只会在情感上对一小块地理区域、有限的亲戚以及未来的两三代人做出承诺……我们天生倾向于忽略任何还不需要探索的遥远的可能性……它是我们旧石器时代遗产固有的一部分。几十万年以来，那些在一小圈亲戚和朋友中从事短期收益工作的人活得更长，并留下更多的后代。[12]

因此，在如今这个小世界里，我们自然会倾向于采取减少机会的行为。当我们强拉朋友来提供帮助时，通常会选择那些可能愿意但并不是最适合的人。相反，如果我们筛选所有联系人，挖掘他们拥有的不同资源，通常会找到更合适的人。试想：谁更有可能告诉你一个绝妙的新度假胜地？是你最好的朋友（他们喜欢的地方，你可能已经去过了），还是你在火车上遇到的勇敢大胆的旅行者？我们大多数人的弱连接远多于强连接。我们通常拥有一个巨大的处于休眠状态的联络网，包含过去和现在认识的那些人。社会学家估计，在大多数人的联络网中，能够叫出名字的有500到3 000人。因此，我们可以有意识地培养更多弱连接，打开新世界的窗口，而无须付出太多努力。尽管大多数的泛泛之交不会改变我们的生活，但也有少数人能够做到（而且往往在我们最意想不到的时候）。

* * *

你的世界是有序的、随机的，还是小的？

当我们处于成长阶段，我们的世界是有序的。至少在成为青少年之前，我们的世界主要由父母和朋友的强连接组成。我们生活在一个"结构化"的世界里，很少认识其他世界的人。我们与周围的人联系紧密，与世界上其他人在很大程度上是隔绝的。

17岁前，我的世界一直是结构化的。生活中几乎所有的影响都来自家庭、学校里的朋友和邻居。毕业后，像当时的许多青少年一样，我花了4个月的时间搭顺风车环游欧洲。我想和最好的朋友雷一起去，他有搭车旅行的经验。但他明智地拒绝了我，说他见过太多朋友一起去旅行最后分道扬镳。所以，我一个人去了。

这次旅行与我以前在结构化世界里的经历形成了鲜明对比。为了生存，我每天都要主动接触许多陌生人，和一群卡车司机、当地人、其他旅行者混在一起。这是一个真正"随机"的世界。每天出发的时候，我都不知道会在哪里停下，或者和谁在一起。我遇到了头发花白的西班牙农民、意大利骗子，还有醉酒的德国嬉皮士，他们开车很吓人。遇到的希腊人告诉我他们有多爱美国和英国。三个澳大利亚女孩开着一辆Mini汽车，在两年里周游了无数个国家，她们见过的文化和吃过的比萨够回味一辈子了。我还遇到了一个想要移居英国的东欧难民；一个在南斯拉夫的穆斯林旅行推销员；一个狡猾的美国同性恋男人，他让我搭车并问我是否被"酷儿"问题困扰。还有一位上了年纪的热情法国女士，她住在里维埃拉的一座大别墅里。我遇到的所有人都是弱连接的一环，串成一个无穷无尽的链条，结构极度脆弱和短暂。当然，这是一个网络。但在这4个月的时间里，枢纽和强连接显然缺席了。

不久之后，我上了大学。在那里，我的生活既不是结构化的，也不是随机的，而是两者兼备。我和一小部分人有着非常紧密的联系，他们是朋友、导师、恋人，我和他们在一起时的生活和工作都井然有序。但我也遇到了许多偶然认识的人，与几十个甚至上百个人保持着弱连接。我处在许多不同群体的边缘：扑克玩家、马克思主义者、托利党人、网球运动员、学生、政客、抽大麻的人、狂欢者、辩手、饮酒者、严肃的历史学家、音乐爱好者，以及那些信奉我们学院院长那句著名格言"私通是下午的事"的人。大学是一个"很小"的世界，我属于少数几个亲密群体，而在这之外，我还与不同群体有着非常广泛的弱连接。

在一年的时间里，我从一个结构化的世界来到一个随机的世界，再到一个小世界。这三种类型的网络，后来由康奈尔大学的物理学家邓肯·瓦茨和史蒂夫·斯托加茨加以描述和分析。当然，他们不知道也不关心我早年的生活。但他们的发现与我的这三种社交网络类型有着不可思议的有趣关联。

从1996年开始，瓦茨和斯托加茨就进行了开创性的研究，他们利用计算机模型来探索不同类型的网络之间的关系。[13] 简而言之，假设他们从一个有1 000个节点的世界开始（暂时把这些节点想象成人），将节点排列和连接起来，代表一个高度结构化和集群化的大世界。你可以把这些节点放在一个大圆圈中，每个节点都与右边最近的5个节点相连，左边也一样，总共建立5 000个连接。[14] 它被称作"常规"网络，与我所说的结构化网络非常相似。常规网络是高度集群的，因为每个节点只与最近的10个相邻节点连接，而不与任何远程节点连接。在这样的结构中，每个节点与其他999个节点相连所需的平均连接数都很大，造成很大程度的分离。瓦茨和斯托加茨塑造了一个典型的、有序的、结构化的、集群式的世界，其中强连接是最重要的，类似于我们幼年成长阶段的世界。

然后，研究人员构建了与之相反的随机网络。想象一下，在一个圆中设置1 000个节点以及5 000个连接，但这次的连接是随机的，可以任意在这个圆里横穿。因此，相邻节点之间的连接就不那么频繁了。换句话说，局部的聚集程度很低，不存在紧密连接的相邻节点群组。与常规网络相反，瓦茨和斯托加茨发现在随机网络中，平均每个节点都能更好地与其他节点连接。它们不是跟局部群组连接更紧密（除非偶然，不过几乎从未发生过），而是通过少量中间环节更好地连接到其他999个独立节点。每个节点通常都可以通过较少的步骤到达其他任何节点，所以分离度也很低。这有点像我随意背包旅行的日子，带着一点诗意的自由，没有集群，只有大量的随机联系。

最后，两位物理学家构建了常规的网络。在这个网络中，节点首先只与相邻节点连接，与所有其他节点分离，然后再在节点之间添加一些随机连接。他们寻找着由常规网络变成随机网络的精确临界点，他们想知道要达成这种转变需要添加多少随机连接。但实际上，他们很快就创造出了第三种网络，兼具两种网络的优点。回想一下，我们一开始的常规网络有5 000个连接，如果重新添加50个新的随机连接（仅将连接总数增加1%），这就足以使所有节点都能更好地彼此连接。在这方面，新网络和随机网络一样好。在常规网络中，连接任意两个节点所需的平均连接数为50个。只要增加1%的随机连接，必要的连接数（分离度）就会大幅下降到7个。（此外，在后来的研究中，瓦茨和斯特加茨发现，无论网络的规模如何，在一个常规网络中随机增加5个连接，都会使分离程度减半。）而在任何情况下，新网络都保持了高度集群化的优势。

瓦茨和斯托加茨称这种具有高度集群性和节点之间极好连接性的新型网络为一个小世界。这与我在大学时的情况相吻合。在大学里，我受益于紧密的群体关系（亲密的朋友和有条不紊的工作）以及与分散、遥远的群体的广泛联系。网络科学家们一直对小世界网络出现的频率感到惊讶，无论是自然界的还是人造的，从细胞中的分子到互联网中的路由器，这些网络似乎是自然而然或有意识地结合了紧密集群的优势与网络中所有节点松散连接的优势。

因此，如果你的世界在很大程度上是结构化的，主要依赖于大世界中的强连接，那么你可以增加一些随机的、与距离遥远的群体的弱连接，将大世界变成一个小世界。你可以保留所有强连接的优势：结构化带来的优势，亲密关系给人类带来的巨大好处，专业团体带来的所有回报。同时还可以在与其他领域的随机连接时获得新知识和新见解。或者，你不需要添加很多弱连接（假如它们与你自己的社交圈明显不同）就可以改变个人网络，大幅增加能够接触到的有帮助的实用信息，这样当然更好。

反过来也是如此。如果你的优势是拥有一系列很好的弱连接，但缺乏目标、承诺和来自亲密朋友或一个小群体的相互支持，那么你可以把随机世界变成一个小世界。你可以与许多不同群体和个人（你的随机弱连接）保持有效连接，同时还可以享受加入一个小而舒适的群体的好处。

换句话说，强连接和弱连接之间不存在取舍。我们可以同时享受两者带来的好处。小世界对两者都欢迎。我们可以既扎根局部又不安现状，既有组织又无组织，既有纪律又开放，既坚定又具有实验性。诚然，就达成实际结果而言，强连接本身可能较弱，弱连接可能较强。但就丰富和充实的生活而言，两者结合在一起会好得多。我们只需对每种关系采取不同的策略，用不同的心态对待朋友和其他认识的人，在我们心中明确地区分这两种关系所涉及的角色。我们不需要费力地把点头之交变成朋友，除非真的想这样做。我们不应该期望朋友像我们大范围结识的人那样，轻而易举地带来广泛的信息和实际的好处。深厚的友谊和爱情本身就是奖赏，而世界上其他所有人都是为了消遣娱乐、启迪、教导和互助等目的而存在的。

瓦茨和斯特罗加茨的研究中的核心观点是，小世界系统是不对称的。无论如何，一些随机的弱连接让世界变成了小世界，但并非所有的弱连接都相同。真正有价值的连接发生在相距遥远的群体之间，它们在连接所有节点的过程中做出了重大贡献。他们的开创性工作为其他人打下了基础。最著名的研究来自巴拉巴西和艾伯特，他们证明了一些节点比其他节点的连接程度要高得多，包括它们与许多遥远节点的连接。我们对于这个结论的探索又回到了斯坦利·米尔格拉姆的惊人洞察——"社会关系之星"（sociometric stars），他们是让世界变小的超级连接者。在人类和非人类的小世界里，一些非常受欢迎的枢纽让这个世界的每个人或每件事更加贴近。

尽管这些超级连接者非常重要，但他们数量很少。这就解释了为什么我们每次都会惊讶于在小世界中获得的体验。我们看不到全局，只看到自己网络的一部分，以及一些强连接。我们几乎没有意识到隐藏网络的范围和潜在弱连接，也没有意识到这些连接可以为我们创造奇迹。我们同样不知道超级连接者和他们为每个人做出的出色贡献。在我们的视线之外，同时在可触达的范围内，超级连接者有潜力为我们提供无数的捷径。

* * *

弱连接使人类团结起来，阻止世界分裂成互不理解的小部落，让全社会和全球都紧密相连。弱连接提供了信息和社会润滑剂，没有它们，现代世界就会迅速中止并消失。弱连接是强连接和紧密的局部集群的必要补充。弱连接、强连接和枢纽的多样性以及它们扮演的不同角色赋予了网络凝聚力和效力，并使我们能够通过个体和集体的方式发挥出潜力。

当连接数量增加时，任何网络都会变得更有价值。计算机网络专家鲍勃·梅特卡夫提出了"梅特卡夫定律"，即网络的价值大致等于用户数量的平方。一台电话是没用的，因为你不能打给任何人，两部手机也好不到哪里去。梅特卡夫认为，只有当大多数人拥有电话或电子邮箱时，网络才能改变社会。

关于弱连接有一个重要的暗示。随着网络的扩张，弱连接的占比相对于强连接是增加的，因为以前未连接或连接不良的枢纽相互连接了起来。即使是少量的弱连接，也会显著增加连接的密度。由此可见，对于社会和我们自己的生活而言，弱连接推动着网络价值呈指数增长。

这真是古怪又奇妙，因为弱连接（泛泛之交、以前的朋友和同事，以及我们每天都会遇到的新朋友）也是最容易形成和维持的网络要素。弱连接是最轻盈、最飘忽不定、结构最简洁的网络连接形式。它们用单一的连接横跨了巨大的社会、精神和物理距离。它们能够扩大我们的有效网络，带来大量潜在的有益联系和洞察，这些是我们本来无法获得的。弱连接往往是我们生活中最容易被忽视，开发得最不充分和最容易被低估的部分。

通常情况下，我们没有意识到或忘记了弱连接对自身有多么重要。他们可能是给我们介绍了配偶、工作或奇妙新爱好的人。更多的时候，把我们介绍给别人的人会把我们引向好运。我们很可能会忘记这些连接是谁，因为他们通常储存在大脑"后台"，在有用的时候才会弹出，然后很快从脑海中消失。只有回顾时，我们才能真正认识到他们的重要性。但是，如果我们培养出一批彼此交织的弱连接，并且总是愿意接受他们的帮助，我们就会更"幸运"。

我们如何在实践中运用弱连接呢？如果我们明确地知道自己

想从一个联系人那里得到什么，那么一个电话甚至一封电子邮件就足够了。弱连接本质上在我们最意想不到的时候最能发挥作用，这种机缘巧合几乎总是发生在私人会面中。事实上，你无意中说的话常常能够帮到别人。然后，就像施了魔法一样，他们说的话也对你有所回馈。这个过程是一个谜。面对面的会见总是丰富、激烈和不可预测的，我们只需要几分钟就能无话不谈，热心地关注别人。这种情形视频会议无法复制，电话也不行，电子邮件更不行。电子邮件在我们看来永远不该成为传递情感的媒介（因为它总是会被误解）。人们在面对面时，弱连接可以非常强大，甚至改变生活方向。虚拟连接可能是高效的，但它们没有这种优势，因为它们缺少人际连接的实质和微妙之处。

我们会看到，成功人士是弱连接优秀的使用者和创造者。成功的人善于进入不同的圈子，善于接收其他圈子带来的启示、零碎的信息和对自己的世界的洞察。他们仍拥有自己的支柱和牢固的私人关系，强连接赋予他们生活的意义，但他们也投入时间、精力来培养和维护大量的弱连接。简而言之，他们是超级连接者，我们接下来将会讲几个例子。这些人的成功建立在弱连接的基础上，通常他们自己都没有意识到，而他们将会为我们复制这种成功提供许多实用的点子。

第 *4* 章

"超级破圈者"的诀窍：
连接他人的人也会被他人连接

每一个活动领域，都可能出现一个社会关系之星。

——斯坦利·米尔格拉姆[1]

如果你是20世纪下半叶的一位杰出数学家，可能会在某个时候听到一阵敲门声，它来自一个憔悴的男人。他头发灰白，戴着眼镜，穿着皱巴巴的西装。这个学术流浪汉提着一个手提箱，里面装着他大部分的家当。他会自信地走进你的房子，用"我的大脑是开放的"这句话来表明自己的身份。

这可是件好事，因为你受到邀请与一位伟大的数学家合作。没错，你得给他安排一个空房间，并且夜以继日地工作。因为他要不停地喝浓咖啡，服用安非他命，这是保罗·厄多斯最基本的要求了。他在曼彻斯特大学获得博士学位，25岁成为普林斯顿大学的教授。最终，他离开了自己的家，一生辗转于大学校园之间，从合作者的家到科学界的会议，寻找最有趣的问题和合作者。

1996年厄多斯去世时，他已经成为历史上最多产的数学论文作者（通常是合著者）。他署名发表了1 475篇文章，有511个不同的合作者。他的贡献横跨许多领域，包括数论、组合学、概率论、集合论、数学分析，甚至作为本书根基的早期网络科学。他获得过许多奖项，但他最看重的遗产也许是一个游戏，数学家后来都在玩，他们会问对方："你的厄多斯数字是多少？"如果你和厄多斯一起发表过论文，那就是"1"。如果你和一个跟厄多斯一起发表过的人一起发表了论文，那就是"2"，以此类推。最终有人在《数学评论》（*Math Reviews*）的数据库中算出了每个人的厄多斯数字。厄多斯数字的中位数是5，平均值是4.7，这真是一个数学的小世界。每个人都通过这个非凡的人与其他所有人联系在一起。他是一个超级连接者，利用一个巨大的流动网络推动了人类知识的进步。

* * *

安德里亚斯·迈耶在出售了他的小型软件传媒公司后，休了个长假，去环游世界了。他用照相机记录下所见所闻，也因此对摄影产生了兴趣。他觉得这个爱好的创造性和反思性非常有趣，但真正吸引人的是摄影的社交属性，即见到不同的人，探索共同热爱的事。安德里亚斯最初主要把摄影看作表达和满足个人社会本性的一种手段，多年来他一直热衷于这一观点。他在消遣的同时结交了许多好朋友和友善的人。但更特别的是，他还想出了一种方法，为成千上万的人创造友谊。

当互联网在20世纪90年代末蓬勃发展的时候，安德里亚斯就很好地理解了它的优势，并付诸实践。他是网络的早期爱好者，而且知道如何编写计算机代码。2000年，他结束旅行回到德国科隆。在考虑下一步该做什么的时候，他想到了新爱好：能否围绕摄影创造一个真正充满活力的社区呢？

于是，他建立了一个名为摄影社区（Fotocommunity）的网站。在这个网站上，摄影业余爱好者可以将他们拍摄的优秀摄影作品与其他专业摄影师的照片放在一起展示。该网站旨在促进会员之间相互分享评论、鼓励和建议。每个人可以展示的照片数量有限，于是照片展示的机会非常稀缺而有价值。它鼓励会员相互联系，浏览、发现他人的所有作品，选择和展示收藏的作品，并且可以提名和票选出最优秀的作品进入一个特别的画廊。最重要的是，网站平日里会组织许多面对面的线下活动，比如研讨会、定期聚会和拍照探险等。

摄影师们都非常支持这个想法，网站稳步成长。志愿者们会主动帮助新成员适应社区环境，标记有攻击性的内容，并充当客服。社区成员感到自己真正拥有并运营着这个网站。摄影作品展示数量的限制则帮助社区建立起一种注重质量的氛围，促进了最佳作品的诞生。每张照片下面都会有大量的评论（平均每张有10条评论），所以网站没有成为假日快照的存储库。会员们努力通过社区的同行评审获赞，让自己的作品排名提升并进入社区的顶级画廊。

该网站最初靠广告维持运营，但随着互联网泡沫的破灭，收入枯竭，网站开始亏损。然后，不寻常的事情发生了（特别是对于那些我们已知的提供免费服务的网站来说）。为了挽救业务，安德里亚斯对会员们提出，如果他们想提交更多的照片供人浏览评论，可以付费。从那以后，重度用户开始付费，这成了该公司的盈利模式。

今天，摄影社区网站已经成为德国摄影圈的一部分。如果你想和专业的摄影师合作，可以去这个网站，因为他们都聚集在那里。它是德国流量最高的200个网站之一，拥有40万用户，每月500万人浏览。但最令安德里亚斯感到骄傲的是网站上300万张美好且评论满满的照片，网站组织的3 000场线下聚会，以及他自己与摄影爱好者建立的奇妙联系。

* * *

在伦敦西南60公里处离A30主干道不远的地方，沿着一条狭窄的乡间小路走到一片杂乱的旧农舍，你会发现彼得·哈丁。在阳光明媚的一天，当你走到阴凉处，你会发现这里是一片混乱的景象，到处都是灰尘和蜘蛛网。展现在你面前的是开膛破肚的引擎，一堆堆干裂的橡胶条和褪色的铬金属，以及老车的骨架，它就像被遗忘已久的机械兽褪下的兽皮。荧光灯的光线吸引你进入一个洞穴般的谷仓，它只比外面稍微整洁了一点。你的眼睛会被一个闪闪发光的金属形状的东西所吸引，它呈弯曲的流线型，看上去似乎具有奇怪的异国情调，引人注目。这是一辆1957年由蓝旗亚制造的Aurelia B20汽车，蓝旗亚曾是意大利汽车工业界的贵妇。在20世纪中叶，蓝旗亚曾设计和制造了一批最优雅的GT汽车。

彼得曾经经营航空货运公司，但在25年前他退出不干了，开始追求自己的梦想。他花了3年时间修复自己的Aurelia汽车，此后便认准了修车将给他带来幸福。虽然没有接受过正式的工程或机械培训，但他在谷仓里开了店，而且几乎立刻就有了客户。从那以后他一直很忙。车主的时间和需求可能无法预测，工作本身很脏，谷仓的冬天也很冷，但彼得不在乎。

英国大概有70辆B20汽车，彼得保养了40多辆。他的客户来自各行各业，并且都成了他的朋友。他们经常一起去法国或意大利旅行。他介绍客户相互认识，客户也将其他客户介绍给他。他还将许多与汽车相关的人联系起来：买家与卖家，拍卖商与经销商，车主与零部件供应商。他既没有做广告，也没有自己的网站，只在办公室的水壶旁放了一个电话答录机。但如果你碰巧买了一辆这样的车，需要修理、保养或者只是对它们感兴趣，你就会发现自己已经在某个时刻驶出了A30主干道，进入了一条狭窄的乡间小路。

彼得是一个专业的超级连接者，他把世界上所有与Aurelia汽车相关的东西都聚集在一起。他掌控着整个网络，把每个人、每件事都联系在一起。人们发现彼得擅长这个工作并找到了他，格雷格就是其中之一。

有一次格雷格拜访彼得后准备离开，也许是因为他的北美口音，彼得问他："你认识杰·雷诺吗？"

"我当然知道他，"格雷格回答，"他不仅是个娱乐圈明星，也是个骨灰级车迷。"

"嗯,"彼得说,"他看起来真的很友好也很真诚。前几天他打电话给我,我们聊得很开心。他对Aurelias很狂热,想了解它的一切。"然后他又说:"有人告诉我他在做脱口秀,那是什么样的?"

* * *

保罗·厄多斯、安德里亚斯·迈耶和彼得·哈丁是他们各自领域中重要的联系人。在每一门学科领域,每一所大学,每一所学校,每一间办公室,每一个教堂,每一个足球或棒球联盟,每一个行业或商业领域,每一个小镇,每一个可以想到的社交世界,都有一个或多个超级连接者。他们似乎认识每一个人,并将每个人相连。

但世界上还存在另一种超级连接者。他们在不同世界之间架起了桥梁,而不是将特定世界中的人们联系起来。

* * *

1999年,马尔科姆·格拉德威尔在《纽约客》(*New Yorker*)上发表了一篇题为《六度的洛伊斯·韦斯伯格》的文章,这篇文章后来变得相当有名。他说,洛伊斯是一个"连接者"。她是一名芝加哥文化事务委员,但在漫长的职业生涯中,她曾属于许多不同群体,并与这些群体保持着活跃的联系。她指导芝加哥律师委员会成立了一个叫作"公园之友"的压力集团。她开了一家二手珠宝店，还经营着一个戏剧团。她在给市长哈罗德·华盛顿准备的特别活动中担任总监，创办了一份地下周报，在公关公司和一家律师事务所工作，挽救了一条要被关闭的旧铁路，还在跳蚤市场工作。她策划了芝加哥的竞选活动，为戏剧表演筹集资金。并且（或许最重要的是），她创建了著名的"37画廊"项目，每年向数千名失业的年轻人教授如何制作、销售艺术品和珠宝。孩子们还在这里学习油画、雕塑、素描、诗歌、纺织、平面设计、表演和音乐。此后，其他许多城市也复制了该项目。

一天，辛迪·米切尔在芝加哥一个寒冷的公园里抗议，徒劳地想要阻止公园管理部门拖走卡尔·冯·林奈的美丽雕像。洛伊斯碰巧开车路过，看到了这一切。她询问了辛迪到底发生了什么事，为什么她这么在乎一尊雕像。了解情况后，洛伊斯钻回车里，并在后来说服了《芝加哥论坛报》（*Chicago Tribune*）的两名记者联系辛迪，把她的抗议变成了一件大事。辛迪最终担任了10年"公园之友"的主席，并结识了洛伊斯精心挑选的联络人，其中很多人都成了她的密友。格拉德威尔援引辛迪的话说："我现在所做的几乎每件事，我百分之八九十的朋友都是因为她，因为那一次偶然的相遇……要是她早来5分钟会怎样呢？"[2]

洛伊斯认识的人中有社会活动家和政客，律师和跳蚤市场的小贩，家庭主妇和音乐家，演员和记者，自然爱好者和科幻作家，爵士乐手和知识分子，艺术家和房地产开发商，志愿者和古玩店老板，还有铁路爱好者。她认识的人很多，而且绝不会错过任何一个介绍他们互相认识的机会。

* * *

如果你打电话给演员选派部，寻找一个符合典型的加拿大祖母形象的演员，他们可能会把埃莉诺·麦克米伦选派给你。乍一看，她符合所有的标准：身高 1.55 米，戴着远近视两用眼镜，头发褪色，有苏格兰血统。她不愿承认自己的年龄，但她的孙辈会告诉你，她和英国女王差不多是同时代出生的。她的体态不佳，心脏瓣膜也不太好。她是一位著名矫形外科医生的遗孀，大部分时间都在多伦多附近的安卡斯特和马斯科卡湖两地度过。马斯科卡湖是安大略省的乡村度假区，富裕的加拿大人和美国人在这里避暑已经超过一个世纪了。

埃莉诺属于两次世界大战之间的那一代人，但她却与时俱进。她保守又节俭，把吃剩的食物（不管分量有多小）都保存起来，直到坏掉，就像在进行战略储备。她对别人也很警惕，在信任对方前会仔细打量。即便如此，她还是一位环游世界的旅行者，在伊朗、马里和缅甸等地的巴士旅行中拍摄了数千张照片。她不是一个编织好手或者老古板，而是一个前生物学家，她很高兴地向孙辈们展示如何抓蛇。她在高速公路上开车速度也很快，而且没人敢告诉她该减速了。

她还经常和拉斯特法里教教徒一起聚会。

埃莉诺连接了安卡斯特的世界和西印度群岛中的卡里亚库岛。每年冬天，她都会飞到巴巴多斯，然后登上一架8座的布里顿诺曼的岛民飞机，这架飞机会从格林纳丁斯群岛出发，降落在卡里亚库岛的小型飞机跑道上。跑道上通常散落着牧食的牲畜。一辆当地的小巴士会在20分钟后载着她横贯小岛，穿过希尔斯伯勒的主要村庄，同时避开当地的小偷，她跟老朋友卡斯伯特·斯纳格和巴纳布斯·奎格利在那边相见。她的目的地是一所偏远的房子，在一条深深的车辙小道尽头。这里鬣蜥在爬树，一头驴子在嘶鸣，加勒比的微光在一个长满植物的院子外闪烁。从这里走回希尔斯伯勒需要四五公里，但去博格莱斯只需要几分钟。博格莱斯是一个建有一些一居室或两居室棚屋的小村庄，有些棚屋里有电，有些住着梳着脏辫、睡眼惺忪的拉斯特法里教教徒。他们种植蔬菜，饲养山羊、鸡，抽大麻。

博格莱斯的每个人都知道这个住在灌木丛里的老太太。当她经过时，孩子们喊着她的名字，多年来他们一直来看望她。其中一位是利瓦伊·托马斯，他当时快20岁了。利瓦伊拥有中量级职业拳击手的体格和一头脏辫，乍一看可能有些吓人，但他是你能遇到的最温柔的人之一。他过去常常在埃莉诺的长椅上一坐就是几个小时，一言不发，翻看往期的《加拿大生活》（*Canadian Living*）杂志，但只是看看照片。

也许这些照片让利瓦伊萌生了去加拿大旅游的念头。终于，他去了加拿大，住在亲戚家里，努力做着两份后厨工作，报酬不错。他在旅游签证到期后借了表亲的身份证。有一天警察来找他的表亲，发现利瓦伊不是他们要找的人，但仍然指控他非法逗留。后来警方弄丢了他的护照，这让他在多伦多监狱的30天刑期延长到了6个月。警方不会将没有护照的他驱逐出境，但他在等待被驱逐出境期间也不会被释放。没有罪名。没有法律代表。一些不负责的公职人员没有采取任何行动来解决问题，尽管他们承认把护照放错了地方。

当埃莉诺得知利瓦伊的困境后，她便出手相救。在与冷漠的官员接洽无果之后，她去了格林纳达的大主教管区。一位牧师找到了利瓦伊的出生证明，并传真到加拿大，几天后利瓦伊被驱逐出境。监狱里很难熬，因为除了埃莉诺，没有人关心过他的困境。

你能想象一个澳大利亚籍背包客因为这种犯罪行为而掉进类似的官僚黑洞吗？由于差异与分歧，世界会变得非常不公平。当不同的世界发生碰撞时，超级连接者创建的随机关系更有可能跨越鸿沟。

洛伊斯和埃莉诺都连接着不同的世界：洛伊斯几乎跨越了芝加哥的每一种亚文化，而埃莉诺则跨越了不同的国家和社会群体。当然，这两个女人有一些不同之处。洛伊斯认识很多名人，他们来自各行各业：那个时代的三大科幻作家——艾萨克·阿西莫夫、亚瑟·查理斯·克拉克和罗伯特·海因莱因；传奇爵士音乐家亚特·法默、塞隆尼斯·蒙克和迪兹·吉莱斯皮；喜剧演员兰尼·布鲁斯，曾经住在她家里；尼切尔·尼克斯，她是一名歌手兼舞者，在《星际迷航》（Star Trek）中饰演中尉乌乎拉；小说家拉尔夫·埃里森；当然，还有芝加哥市长，无论当时是哪位在任。而埃莉诺不认识名人，也不是特别想认识名人。洛伊斯相当有名，而埃莉诺默默无闻。与埃莉诺相比，洛伊斯认识的不同领域的人要多得多，而且她长期从事的工作既需要广泛的人脉，又能帮助她扩大人脉。

然而，埃莉诺的联系人的质量和她在人们之间架起的桥梁的价值（比如利瓦伊·托马斯），绝对与著名人物如洛伊斯或保罗·厄多斯所建立的联系同等重要。埃莉诺不是一个顶级联盟的超级连接者，但作为一位80多岁的祖母，她仍然参与了强有力且能够给予帮助的连接行动，为个人和社会带来同样的益处。如果没有埃莉诺，安大略的世界和西印度群岛的博格莱斯就不会那么紧密相连了。如果没有埃莉诺，利瓦伊可能仍被监禁。她以自己的方式降低了世界的分离程度。

正如我们所知，斯坦利·米尔格拉姆的实验引出了"社会关系之星"的概念，我们将其转化为超级连接者。谁是米尔格拉姆观点的"最佳证明"，是大幅降低内布拉斯加州和波士顿分离度的明星？是像洛伊斯那样的名人吗？不，是沙伦的一个服装零售商，郊区以外的人都不认识他,但郊区内的人都认识他。雅各布斯显然更接近埃莉诺所属的联盟,而不是洛伊斯的联盟。然而,雅各布斯和埃莉诺,以及与洛伊斯之间的主要区别,仅仅在于他们活动的地理范围大小。运用一点修辞来说,雅各布斯之于沙伦、埃莉诺之于博格莱斯,就像洛伊斯之于芝加哥。

洛伊斯和保罗·厄多斯代表了一种我们大多数人无法达到的超级连接的高度,把他们作为模板几乎令人生畏。当我们想到超级连接者或超级社交达人时,可能会想象一种拥有数千个实时联系人的杰出人士,他们愿意并有机会将一生都花在社交上。然而,这是错误的。当然,洛伊斯和保罗是超级连接者,但典型的超级连接者更像埃莉诺、雅各布斯、安德里亚斯·梅耶或彼得·哈丁。这些人都是普通人,他们可以建立起联系,是因为他们将自己置于一个社会体系的枢纽,即便是鲜为人知或刚刚诞生的社会体系。或者是因为他们闯入了两三个原本彼此孤立的体系。普通超级连接者的例子可以让我们如释重负,给我们带来希望。也许在某种程度上,这个世界也向我们敞开大门。或许我们已经非常接近成为超级连接者了,只是还没有意识到自己角色的价值。

那么,什么是超级连接者呢?怎样才能成为超级连接者呢?显然,与大量的人(也许上百人)友好相处很重要。其中绝大多数都是弱连接,而不是强连接,这就限定了培养和维系每个联系人所需的时间。然而矛盾的是,有限的时间要求双方保持相当高的诚信水平，就像仙人掌只能靠有限和低频的浇水来生存一样。这种关系只能靠低频的会面维系，所以从一开始就必须打下良好的关系基础。我们曾频繁接触过过往生活中的联系人，因此彼此了解，也就能继续维持关系。你也可能只是遇到了一个人，并立即与之发展出了友好和信任的关系。有些人，比如洛伊斯，似乎很擅长在四处奔走中交朋友。对于其他人来说，认识到友好的人际关系是一种在实践中提高的技能则很有帮助。保留联系方式就是一个好的开始。

结交人际关系圈边缘的人也很有必要（至少在你自己的圈子里）。这种结交是出于直觉，与个性有关——一种好奇心，一种结识不同人的意愿。或者像彼得或安德里亚斯那样，围绕着你所热爱的事物建构自己的生活。这自然而然地需要你与他人建立联系，或者将自己置身于一张关系网的中央。系统性地增加联系人的数量和多样性是有可能的。想想如何找到能够吸引你的新伙伴，然后跟他们聊一聊。你需要注重自我意识，表现得开放、平易近人。一个非常好的方法是每隔几年换一份工作或角色，或者搬家，最好两份工作或两个住处相距遥远。

超级连接者的最后一个特点很明显，却容易被忽视，那就是即便社交活动缺少潜在动机或收益，我们也愿意主动行动起来，身体力行地将人们联系起来的意愿。网络再大，如果不被使用就毫无价值。美国国税局（IRS）与超过1亿人有联系，源源不断地接收大量信息和人们辛苦赚来的钱，无情地发出催税单。然而，IRS并不是一个超级连接者，因为它不会将单个用户与任何其他用户连接起来。传统电视和畅销书也类似。它们与数百万人相连，但它们没有把任何人连接起来。

有些人也是如此。从理论上讲，他们有非常棒的人际网络：他们可能认识成百上千的人，并且与所有认识的人相处得很好。但是，如果他们从不费心把认识的人相互连接在一起，他们创建的联系网络就像电视或税务人员一样毫无用处。在写作这本书的过程中，有一句老话不断闪现："有付出才有回报。"将其他联系人彼此连接起来的人会得到相应的回报（尽管可能不会立即得到），并且有时会通过非常迂回和不等价的方式得到。我可以连接 A 和 Z，然后他们连接他们的联系人 AB 和 ZY，然后这两个联系人再连接 ABD 和 ZYW……最终，在我最需要的时候，这些衍生的和不可追踪的联系人中的某一个就会联系上我。这种人际连接的成功建立也取决于声誉。任何一个以爱交朋友出名的人都会吸引其他联系人，因为在他们这样的人面前，人们不会那么害怕被拒绝或出现尴尬情况。无论如何，这种方式在很大程度上是有效的。正如我们所见，宇宙是一个伟大的连接机器，松散随机，但运转高效。连接的持续增加和它们之间的相互反馈是驱动这台机器的燃料。

即使在现有的网络中，也很少有人充分发挥了连接的潜能。我们的社交价值是潜在的，当我们把一些人联系起来时，这种价值对于我们和联系人来说都会大大增加。我们采访过一位出色的联络人，她说每次见到一个联络人，她都会问他们想见什么样的人。然后她找到一个潜在的相关人士，并给他们互相介绍。

有趣的是，我们为了撰写这本书而采访到的许多"超级连接者"其实都相当害怯或谦逊，与外向、强势、有吸引力的社交达人的流行形象相去甚远。马尔科姆·格拉德威尔描述称，洛伊斯在芝加哥当代艺术博物馆的一场招待会上显得"有点不知所措"，"她有时会有点害羞，一开始会待在房间的边缘，站在后面，观察大家"。他说她也没有传统意义上的超凡魅力。"她没有点亮全场，"他说，"当她进来的时候，大家的目光不会转向她。"这让我们这些在一大群人中会感到不自在的人感到安心和欢喜。你不需要变成聚会达人，就能成功地与他人建立关系。很多人在内心深处都讨厌派对，因为在派对上建立的联系往往是勉强而肤浅的，缺乏友好交往的背景铺垫。有价值的连接来自自然形成的连接和令人惊讶的亲和力，但其中也会以共同的兴趣和个性上的吸引力为基础，我们不需要在这样的连接中谈论无聊琐碎的事情，也不用背负任何必须联系的义务。

超级连接者甚至可以是易怒、不随和的。我见过的最高效和最值得注意的超级连接者之一，就是一个被同事避之不及的男人。

布鲁斯·多林·亨德森于1915年出生在田纳西州的一个农场，他暑期打工时卖《圣经》。在学习工程学和商学后，他在西屋电器公司工作了18年，成为公司历史上第二年轻的副总裁。1953年，艾森豪威尔总统选择布鲁斯作为5人小组的一员，评估在德国实行的马歇尔计划。这个决定很奇怪，因为布鲁斯不会说德语，在德国也没有人脉关系。尽管布鲁斯很早就得到了承诺，但他最终并没有成为西屋电器的总裁。1959年，他辞职加入了理特咨询公司。4年后，他也离开了那个职位，有传言说他被解雇了。在他48岁时，他的职业生涯似乎已经快结束了。

然而，命运给了布鲁斯一个机会。他受邀在波士顿平安储蓄信托公司内部建立一个咨询部门。这个部门最初只有他自己，他甚至没有秘书。到1967年，布鲁斯将他的公司更名为波士顿咨询公司，但公司规模仍然很小。后来他卖给塔科马港市的一家木材公司一个咨询服务项目，需要招募一些临时帮手来承担这项任务。波士顿大学的教师艾伦·扎孔讲述了他接到布鲁斯电话的经历：

"我是布鲁斯·亨德森。我想请你为我做咨询。"

"太好了。"

"您怎么收费？"

在那个时候，我的工资是14美元，但是……我给出了当时我认为非常高的报价："我每天收费125美元。"

"太离谱了，"他喊道。"把你的年收入除以365，乘以4，再加22。"

"亨德森先生，"我说，"要是我知道怎么算，就不需要做兼职咨询了。"

死一般的寂静……

"我给你100美元。明天来吧。"[3]

尽管开局不顺，亨德森的公司最终还是成为世界上最负盛名的两家咨询公司之一，在全球拥有60多个办事处、7 000多名员工，年收入约25亿美元。很明显，布鲁斯将很多客户和咨询师连接在一起，其中很多人都在不同国家，单这一点就足以让他成为一个超级连接大师了。1992年他去世时，英国《金融时报》（*Financial Times*）称："他是20世纪下半叶对国际商业产生重大影响的少数几个人之一。"但对我来说，布鲁斯是一位一流的超级连接者，因为他将学术界与商界联系在了一起，将商学院的思想家们囊括其中，并筛选了大量文科背景的顶尖毕业生，把他们输送到咨询和商业领域。他聘请了波士顿最优秀的教授，让他们用一种其他人从未使用过的方式思考商业问题，由此产生了许多商业洞见，例如增长矩阵（growth-share matrix），以及关于高速增长市场上的头部企业可以产生巨大价值的理论。他在哈佛商学院和波士顿咨询公司之间建立了紧密的联盟，招募最优秀的教授和校友。他开创了这样一种做法，即顶尖咨询公司不仅会聘用工商管理硕士，还会招募本科和研究生阶段最后一年的学生作为实习生，无论他们的学科背景是自然科学、历史，还是英语。

然而，布鲁斯必然是出现在本书中与他人最不同和最难接触的联络人。当他来参观我工作的波士顿咨询办公室时，其中一位副总裁对我说："别跟他扯上关系。他只会给你的事业带来坏处，而不是好处。"

后来，我和布鲁斯一起参加了在楚顿格伦酒店举行的客户会议。楚顿格伦是一家坐落在汉普郡新森林的乡村别墅酒店。我认为这次活动进行得很顺利，但后来布鲁斯斥责了我们，他说所有人的演讲都很过时。"这些话我3年前就说过了，"他慷慨激昂地说，仿佛从那时起我们就进入了冰河时代，"从那以后，我们没学到什么新东西吗？"

在布鲁斯的追悼会上，第一位演讲者是西摩尔·泰尔斯，他是波士顿咨询公司的老员工，前哈佛商学院教授。在20世纪70年代末，他是我的老板。西摩尔很快就说到了重点：

在波士顿咨询公司，"创始人"一词肯定是单数，因为一开始就只有布鲁斯·亨德森。当然，在那之后也还是只有布鲁斯。

他并不总是那么好相处。在我对公司初期的生动回忆里，时不时会有一些才华横溢的年轻人走进我的办公室，对我说："你知道他对我做了什么吗？"根本没必要问他们这个"他"指的是谁。

追悼会的第三位演讲者是乔治·斯托克,他于 1978 年加入波士顿咨询公司,一直工作至今。"他的体力和智力都令人印象深刻,"乔治告诉会众,"我非常害怕他……我在办公室里总是努力避开他。"

最后一位见证人是当时波士顿咨询公司的首席执行官约翰·克拉克森。他说,他是在波士顿咨询公司历史上"那段时间"入职的,那段时间就是"布鲁斯经常提到的'我们不能雇用任何人的时候'。我想很多人都觉得要抵抗他的影响力,但每一个接近他的人都改变了自己的职业轨迹。我敢肯定有些人已经以他们无法想象的方式改变了"。

布鲁斯把人们联系起来,不管他们喜欢与否。这是一项孤独的工作,但它使世界变得更小、更丰富。

* * *

只有当我们反思超级连接者不存在时将会发生什么,才能充分理解他们连接不同世界的英雄事迹。人类天然倾向于与同类人交往。我们与陌生人交往没有跟已经认识的人交往那么放松,与来自陌生文化和背景的人交往也不那么自在。人类有一种自然的本能,那就是喜欢自己所在的群体,而忽视甚至鄙视那些超出自身经验范围的群体。伟大的经济学家托马斯·谢林在 1978 年指出,这种本能的后果是高度分裂,即使人们对同类的偏向性是温和的、宽容的。[4] 他用棋盘作为例子，展示了一个城市中两种不同的人如何从最初混居在一起，到随着时间的推移变得相互隔离。谢林的模型适用于任何非天生盟友的两类人、两个企业或两个地方等，例如：黑人和白人、什叶派和逊尼派、年轻人和老年人、漂亮的人和不漂亮的人，或者是教堂和妓院、汽车用品商店和高档精品店、医院和夜店。谢林并没有假设任何牵涉其中的人对另一个群体有偏见，而是简单地假设，如果任何人和大多数邻居都不一样，他们就会感到孤立和不舒服。

以黑人和白人为例，谢林的模型有以下规则：如果某人有一个不同肤色的邻居，他会试图搬家；如果某人有两个邻居，他会希望至少其中一个人与他肤色相同；如果某人有3到5个邻居，就会希望至少有两个邻居与他肤色相同。这些偏好与一个融合的城镇并不矛盾。谢林用他的棋盘代表60个人，一半黑人一半白人，在棋盘的边缘留了4个空位（一个棋盘由8×8个空位组成）。他按照规则将黑白棋子摆在棋盘上，每个人都是快乐的，他们融合在一起。

然后，他破坏了系统的和谐。首先，他随机地从棋盘上拿走20个棋子，然后再随机地用白色或黑色的棋子摆在其中5个空缺处。这样一来，就至少有一些棋子与同类隔离，根据谢林的规则，棋子所代表的人变得不快乐，这些人会搬到与同类更接近的地方，因此往往会使其他人孤立，迫使他们也离开。

你可以用自己的棋盘试试[5]，结果令人着迷。请记住，在一个完全融合的城镇（在最开始的时候），居民们是非常快乐的。然而，在一些人随机移动时，最终的结果是白人聚集在一处，黑人聚集在另一处。最终，几乎都会产生完全隔离。

让人高兴的是，在现实世界的大多数地方，人们比谢林设定的情况更宽容，也具有更多的多样性。然而，这个例子有力地说明了我们如何倾向于与同类人交往，即使轻微的偏好也会导致相似的人聚集在一起。回想一下斯坦利·米尔格拉姆的小世界实验，他试图回答：这个世界是由大量互不关联、彼此分离的同类社会结构组成，还是每个人都彼此相连。我们有理由猜测，谢林会把赌注押在前一种令人沮丧的观点上。

即使谢林输掉赌注，但并不会使他的模型或模型所触及的现实生活中的真理失效。谢林指出的趋势是存在的。事实上，它无处不在。人们是排外的，喜欢拉帮结派，经常造成不愉快的结果。只有一件事颠覆了谢林趋势，那就是连接不同群体的超级连接者的存在。超级连接者只占人类的一小部分，但他们将人类联系在一起，建立起原本不存在的关联。没有他们，我们就会回到隔绝的部落生活，世界将充满危险、压迫和贫穷。

超级连接者把世界的不同部分连接了起来，生活由此变得丰富而自由。他们的影响远不止于此。我们尚未描述的一种超级连接者也常常给我们带来人际联系的机会，但他们不通过常规的方法与别人连接。

*　*　*

这里没有植物、动物和昆虫，但在8月底，一位披着蜻蜓翅膀的裸体女士可能会骑着自行车经过这里。

我们正处于地球上最大的平原之一——内华达州广阔无边的布莱克罗克沙漠。在烈日的炙烤下，这里的温度高达43摄氏度，但夜间温度却可能接近冰点。沙漠干裂的表面很容易碎成细小的粉末，下雨时就会变成黏糊糊又恼人的泥浆，沙尘暴来袭时就会变成令人窒息的尘雾。

每年8月底，大约会有5万人前往这个圣地，他们乘坐小汽车、露营车、拖车和公共汽车，在沙漠里建立起挡风遮阳的庇护所。这是一个临时营地，是内华达州第三大城市中的短暂存在。艺术和幻影，以一种不可思议的规模，从沙漠拔地而起。由木头、废金属搭建的营地在夜晚的光与火的照耀下变得怪诞和虚无缥缈，奇装异服，即兴表演，迷幻的狂欢。五颜六色的怪异车辆（"巡游车"）慢速巡游，人们玩着古怪的游戏，举行异教徒的仪式。和谐被打乱，传统受到挑战。这个活动周是深度另类现实的艺术派对集合，是一个狂野表达的祭坛。节日的高潮是燃烧一个巨型木头人，它在沙漠天空中像一座闪闪发光的灯塔，人们如同史前人类一样挤在篝火旁的场景，但他们怀着当代人对无限可能的信心。

火人节（Burning Man）是北美最大的反文化活动，它的起源可以追溯到1986年的旧金山贝克海滩。拉里·哈维和他的4个朋友（他们都从事与城市地下艺术相关的活动）举行了一场篝火晚会，焚烧了一个2.4米高的木制雕像。随着地下艺术活动越来越受欢迎，他们转移到沙漠地区。哈维和他的朋友们创造了一套极具吸引力的理念和实用的组织方式，于是火人节成为一种文化现象。

一条由社群、自然、火、参与和自由组成的主线贯穿整个活动。除了出售门票、冰块和咖啡，火人节没有任何其他营利或商业活动，在经济上主要依靠捐赠和志愿服务，每个人都伸出援手。火人节禁止携带狗、枪、手机，禁止普通车辆驶入。当它结束时，营地消失得无影无踪。在幕后，有一个主要由志愿者组成的团体，他们每年会提前几个月准备，直到活动圆满完成。许多大型艺术作品需要一年或更长时间才能在场外完成。

大多数参加活动的人都受到了活动的启发，有时会产生彻底的改变。他们是一项巨大实验的一部分。在实验中，社会规则被暂时改写，事物以新的方式呈现。很多人觉得这是他们去过的最自由的地方。毫无疑问，火人节是一个非凡的超级连接结构，突出了人们彼此分享、刺激的和精神性的体验，把他们从一个充满敌意的环境中分离出来。哈维和他的朋友会在火人节的不断扩大中努力保持运动的纯粹性。但无论火人节怎样展开，他们已经创造了一个令人惊叹且让人类深度连接的新舞台。

因此，超级连接者的作用可能不仅仅是将现有世界中的每个人联系起来，或者只是架起连接不同世界的桥梁，他们当中最有创造力的人也可以把人们带到一个全新的世界。火人节是个完美的例子，它说明了陌生人之间的弱连接是如何促成一个新枢纽形成的。火人节每年举办一次，每次活动为期8天，主要由志愿者负责运营。它与传统的群体枢纽截然不同，不仅结构不同，效果也不一样。在鼓励合作的同时，火人节更多的是赋予参与者自由，而不是剥夺他们的自由。然而，我们也将面对一个悖论：最强大、最吸引人的个体连接行为，无论多么无政府主义，都需要某种形式的群体结构使个体连接最大化并得以延续。我们将在下一章中发现，群体枢纽虽然常与弱连接关系紧张，却是它们的必要补充。另外，进步总是来自我们在群体中合作的能力。

* * *

我们已经看到了一些各不相同的超级连接者，他们大多数都出奇地普通，接地气，全心全意地付出。但我们稍后将探索的数学定律会表明，绝大多数人的人脉纽带都归功于少数人的工作成果。我们都是相互联系的，这不是因为我们承担了大致相等的连接工作，而是因为有少数人（比如沙伦的雅各布斯先生）非常善于联系，他们为我们做了大部分工作。

但即便我们不是，并且永远不会成为超级连接者，也不应袖手旁观，让雅各布斯这样的人包揽所有工作。我们可以更睿智、更频繁地与他人建立连接，扩展我们的弱连接，让它们变得更有用。我们可以识别出周围的超级连接者，更多地利用他们的关系网。请记住，超级连接者（除了像布鲁斯·亨德森这种怪人之外）往往是热情、开放和容易接近的。我们可以更仔细地筛选所加入的群体，并在它们阻碍我们的时候考虑离开。

现在我们必须转向生活的枢纽，以及它们对我们的特殊影响。

第 *5* 章

我们该如何选择连接枢纽

　　获得成功的方法是加入强大的团体。社会生活的关键不是不受约束的竞争，也不是普遍的合作，而是两者的微妙结合——经过激烈的竞争加入最具吸引力的合作者中。

——保罗·西布莱特[1]

很久之前，天堂和地狱

弟子问："佛陀，天堂和地狱是什么样子的？"

佛陀微笑着，领着他去地狱。人们围坐在一张长桌旁，桌上摆满了令人垂涎欲滴的美味佳肴。然而，他们的手上绑着一米长的筷子，没有人能把食物送进自己嘴里。这里充斥着饥饿和沮丧，他们打架和争吵。

佛陀又把弟子带到天堂。乍一看，场景完全一样，桌子上摆满了诱人的食物。但这里的人们脸上挂着微笑，他们用筷子互相喂食。在或大或小的群体中，他们为了达到一个共同的目的而合作。

令人高兴的是，按照这个标准，人类的生活更像是天堂，而不是地狱。我们早期的进步都是由群体的成功推动：从狩猎者通过驯化和畜养牲畜使食物更易获得，到欧洲核子研究中心（CERN，日内瓦附近的核子研究所）精心组建的科学家团队通过撞击原子得以瞥见宇宙的构造。枢纽是人们聚集在一起进行社交、合作、组织和完成单靠个人无法完成某些工作的地方。在这里，我们拥有最紧密、最结构化的关系，即我们的强连接。

枢纽是人类合作的主要场所和手段。当然，我们也可以通过弱连接进行合作，比如我拦住一个陌生人问路，或者一个认识的人打电话问我是否有他想要的职位信息。但无论是从情感、社会还是经济上，最深入、最富有成效的合作形式都存在于拥有牢固的结构化关系的枢纽，即家庭、朋友圈和工作圈。这些群体每天都在创造合作和生产的新奇迹，使我们的科学和经济成就远远超越生理限制。这种合作的动力在我们心中根深蒂固，它往往会在最不可能的时候出现。

1914—1918年，法国，第一次世界大战西线

在已知的最可怕的现代战争中，法国和英国的军队与德国敌军对峙。双方都挖了长达764公里的战壕，争先向无人区推进数百米。人类的生命是廉价且不断贬值的竞争货币。更多的士兵卷入战争（7 000万人），更多的人死去（包括平民在内2 000万人，另有2 000万人重伤），伤亡人数比以往任何时候都要多。在索姆河战役刚刚打响时，仅1916年7月1日，英军就有19 240人阵亡，3.8万多人受伤。大多数人在战斗的第一个小时内就被屠杀了。

尽管这场屠杀完全出乎战前的预料，不符合任何战争目标，但双方的将军和政治家仍然坚决要求消灭敌人，想要让对方无条件投降。即使身处这样的地狱，对立双方的前线士兵之间也会自发

地进行合作。一个战壕的部队会按照命令用迫击炮轰击另一个战壕，但是轰击的时间和地点可精确预测。敌人士兵也会投桃报李。结果，伤亡人数大大减少。在没有任何正式沟通的情况下，双方的军队竟然成功地发出了战略合作的信号，这至少带来了暂时的缓解。[2]

＊　＊　＊

我们大多数人都能够本能地理解枢纽对生活的重要性，尤其是枢纽内部合作的重要性。而且，枢纽不像弱连接，它是人们熟悉的人际关系。看看我们每天参与的群体结构：家庭、职场、俱乐部，以及世界上所有其他的枢纽。一个学校是枢纽，一伙帮派或一个教堂也是枢纽。我们的朋友圈，或者我们所处的几个截然不同的圈子也是枢纽。

枢纽的核心是运营它们的人。靠近核心部分有枢纽的创始人和主要所有者（如果是一家公司的话）。此外还有一些人，他们将生命中很大一部分时间都投入到枢纽中，作为雇员、志愿者和其他参与者。

在枢纽之外，连接到枢纽的人能够帮助枢纽取得成功：产品或服务的用户，供应商或本地社群。对于一个繁荣的枢纽，与它相连的外部人员通常比内部人员更多。所有受欢迎的枢纽都会产生经济、社会或心理方面的超额收益。枢纽受欢迎的证据是，更多的人选择与它连接，而不是与类似的有竞争关系的其他枢纽连接。谷歌比其他搜索引擎更受欢迎，罗马天主教会有更多的信徒，而且比基督教科学派富裕得多。

我们大部分时间都在枢纽中度过，所以对它们很熟悉。但就像近距离观察许多事物一样，我们通常很难正确地看待枢纽。这很诡异，因为我们生活中的效用和幸福感很大程度上是由这些枢纽决定的，例如它们的质量、它们满足我们的愿望的方式，以及我们在其中扮演的角色。我们通常不会有意识地仔细思考枢纽。我们要参加哪些枢纽？我们能给它们带来什么，又能从它们那里得到什么？我们是在对的枢纽中吗？是什么力量让我们留在那里？我们是否应该去一个不一样的枢纽？除了我们的家庭，我们可以自由选择枢纽，自由决定在其中的角色。显然，枢纽的选择对我们的生活至关重要，但我们也有充分的理由解释为什么会做出错误选择。首先，我们需要更深入地探究为什么枢纽对人类如此重要，以及为什么现在有那么多的枢纽可供选择。

* * *

人类进步的关键在于专业化。在枢纽内部，每个个体执行不同的任务，因而可以专注于比其他人做得更好的方面。每个群体也可以专注于最擅长的领域。仔细想想，专业化（经济学家所谓的"劳动分工"）是合作的巅峰。它抛弃了个人的自给自足。当世界变得越来越专业化，每个人对他人的依赖性就越来越强。像鞋子、数学课、铆接的飞机机翼和法律意见无法直接满足人的某些需求，所以我们在专业化之后，也必须交易商品和服务。要做到这一点，我们必须在一张供人们相互交换的密网中合作。我们的差异把每个人联系在一起。职能的划分不会将我们分裂，而是让我们联合在一起。

人类似乎是第一个专门从事贸易的智能生物。智人组成了第一个专业化枢纽——家庭，人们在家庭中扮演不同的角色。男人捕猎大型动物，而女人则寻找植物、照顾小孩，有时还捕猎小型动物。考古学家说，人类很早就开始进行贸易了，至少在4万年前。那时一些部落能够制造出众的狩猎武器，而另一些部落则用几百公里外的海贝壳交换武器。所以，人类在群体内部和群体之间都有分工。

尼安德特人出现在智人之前，与智人生活在同一时代。他们显然更强壮、更迅速，至少与智人一样聪明。但他们并没有按性别划分任务，男人、女人和孩子都猎杀大型动物。尼安德特人也没有专业化的部落或部落间贸易。可见，专业化是人类的一种创新，这可能也是智人生存了下来而尼安德特人没有生存下来的原因。

从那以后，人类变得越来越专业化。[3]

著名的哈佛大学心理学家斯蒂芬·平克说，有三个相互交织的属性解释了人类在物种中的卓越地位：语言、社会合作和技术专长。这三种力量一起进化，使人类得以实现团队合作，发挥更大的作用。[4] 同为心理学家的丹尼尔·戈尔曼提出了另一个有趣的观点，他强调同理心已经成为人类的一种特征，我们用相似的方式感受和思考，更容易实现团队合作。[5]

戈尔曼认为，人类已经在潜意识中以一种和谐共鸣的方式彼此协调，从而产生了同情心、同理心和利他主义的本能。随着时间的推移，我们已经学会自动对周围人的感觉、经历和行为进行神经响应。在你即将阅读的广播录音稿中，请注意说话人的瞬间反应，留意你在想象场景的过程中的内心感受。

1937年5月6日晚上7点，新泽西州莱克赫斯特

兴登堡号是一艘德国商业客运齐柏林飞艇（充氢气的飞艇），它是有史以来最大、最豪华的飞行器。1936年，它17次横跨大西洋，其中包括在不到6天的时间里完成了一次往返，创造了新纪录。1937年5月3日，兴登堡号于傍晚离开法兰克福，平静地渡过了大洋。我们挑选了它3天后在新泽西州着陆时的广播评论。广播员是记者赫伯特·莫里森。

它现在几乎是静止的。他们把绳子从飞艇头部扔下去，绳子已经被陆地上的人接住了。又开始下雨了……雨小了一点。

这艘飞艇后面的发动机刚好能把它……

它着火了！它着火了，它在坠落，它在坠落！小心！小心！离开这！快离开！快逃，查理；快逃，查理！着火了——坠毁！它正在坠毁！

噢，我的天！快逃！它在燃烧，已经蹿起火苗了。还有……它正向桅杆那边坠落……

坠毁，哦！100多米的高空，它……撞得很严重，女士们先生们。现在都是烟，还有火。飞艇正在向地面坠落，不是向桅杆坠落。

哦，天哪！所有的乘客都在尖叫。我告诉过你，它……

我快要不能说不出话了。他们的朋友就在那里。啊！它……它……这是一个……啊！我……我说不出话了，女士们先生们。实话说，它就躺在那里，残骸上冒着大量的烟。啊！每个人都不能呼吸了，不能说话……女士，我……我……对不起。老实说，我快不能呼吸了。我……我要进去了，我不想看到这样的场景。[6]

兴登堡号在37秒内就被火焰完全吞没了，莫里森没有时间消化他看到了什么。我们感受到了一种未经过滤的意识流，他含泪恳求那些看不见或听不见他的人远离伤害。同理心支配着他的反应，甚至使他的身体发抖。

当然，莫里森著名的广播是移情作用的一个极端例子。但我们每天、每小时，甚至每分钟都在使用它，穿越从平凡到非凡的人际互动光谱。在这里，格雷格描述了发生在他办公室里的一个移情作用的时刻，这是一件几乎不值得注意的事件，就发生在我们写这一部分的时候，而这类事情在亿万人不同的现实生活中一直发生：

> "告诉我你们经理的名字。"他用强调的语气说，"我问你们经理叫什么名字。"一个同事的声音打断了我的思路。
>
> **好奇。**办公室里弥漫着他坚定的语气，我不得不注意到这场争吵。那是伊比利亚航空公司在马赛的客户服务台，一半英语，一半法语。我大概听出他14岁的女儿被困在西班牙的马拉加，因为伊比利亚航空公司把她赶下了飞机。他现在默默地、恶毒地咒骂着，我想他是把电话调成静音了。只要看一眼，就能知道他是多么心烦意乱。
>
> **惊慌。**我的女儿比他的小得多，对我来说无比珍贵。一想到她会因为行政管理不当或者更糟的商业欺诈而被困在国外，我就会感到心烦意乱。他的言辞变得更加激烈和急促。他和客服争辩，用简单清晰的法语说着，但除了声音和话语他却无能为力。
>
> **愤怒。**这是错误的！他们怎么能这样做呢？办公室里的气氛很紧张，我也分担了他的一些愤怒。我发现我的下巴绷

得紧紧的，好像我马上要卷入一场想象中的打斗。

渐渐地，他取得了进展。紧张的氛围褪去了。总之，他女儿会坐上回家的飞机。

如释重负。

我们似乎天生就能与周围的人连接。我们的同理心在面对面相处的群体中，在熟悉的人之间是最强大的。戈尔曼说，群体产生了"一种微妙的、不可阻挡的吸引力，就像万有引力一样，让处于任何一种亲密关系中的人（家庭成员、同事和朋友）对事物产生共同的想法和感受"[7]。

* * *

人类活动枢纽的数量和种类在历史进程中一直稳步增长，但直到300年前，这都是一个缓慢的过程。在石器时代，人们只经历两到三个枢纽：家庭、部落，对男人来说，还有狩猎队。大约在公元前9000年，我们的祖先开始从狩猎野生动物、采集水果到驯养动物和种植农作物。但这对枢纽的数量影响不大，因为对大多数人来说，枢纽仍然只有家庭、部落、农场，可能还有市场。通常情况下，枢纽在人的一生中都不会发生变化。只有探险家、商人和社会上层人士，才会经常性地经历超过三个枢纽的生活。几千年来，人类生活轨迹非常容易预测和本地化。

工业革命以后，人们开始进入现代世界：国际化的城市，学校和大学，职业生涯中的多份工作，旅行和移民，俱乐部、休闲活动、志愿团体，以及可以自由选择的朋友圈。人们到处漫游，就像背包旅行一样，他们遇到了以前从未见识过的个人和群体。

这些发展导致了人类生活条件的巨大变化，我们生活中枢纽的数量和种类都大大增加。想想你经历过的所有枢纽：你出生的家庭；通过婚姻建立的家庭；所属的不同朋友圈；上过的学校和大学；你的工作，或许还有同一家公司内的不同工作小组；参加的体育俱乐部、健身房、社团或兴趣小组，以及社会团体或志愿团体；与你一起旅行或交往过的其他密切联系的群体或集体。你可能已经参与过几十个甚至上百个枢纽了。

此外，我们可以参与的潜在枢纽的数量已经达到数百万个，而且还在不断增加。无障碍的通信和可以负担得起的旅行加强了人际联系网络的密度和广度。我们可以很容易地建立、维护和更新连接。我们甚至可以同时在城市、市场、社交群体里与成百上千人互动，而所有这些也都可以在网络空间里进行。新的群体可以在瞬间形成并改变它们的形态，这在以前是不可想象的。

转眼间，在人类历史的长河中，我们把极少的枢纽变成了众多枢纽。我们不再局限于少数几个完全可预测的群体，而是转向在许多快速变化且不可预测的群体中互动。从一个人在一生中只参与几个枢纽到经历很多个枢纽，从一个枢纽在很大程度上是既定的，到可以选择或创建任意数量的枢纽的社会，这种转变是我们能想象到的最深刻的社会变革。

这种变化有什么好处？又有什么不好的地方？

1713年，法国东部，朗格尔

德尼·狄德罗出生在一个富裕的法国家庭。21岁时，他拒绝成为一名牧师或律师，不顾父亲的反对，决心成为一名作家。他的父亲与他断绝联系，但他并不在意。他慢慢地立住了脚跟，一个行业领先的出版商联系了他，要他把钱伯斯的《百科全书》（*Cyclopaedia*）翻译成法语。狄德罗读完之后大失所望，因为这本书的内容很保守、非原创，并且仅限于学术上受人尊崇的学科。因此，他没有答应翻译此书，而是设想了一本完全不同的书——一本让任何人都能读懂的包含了每个学科分支和实体行业知识的书。1750年，狄德罗撰写的一份《百科全书》计划书，一时间引发了人们的强烈兴趣。一年后，书的第一卷出版了。

这项工作启动顺利。狄德罗聚集了大量的供稿人，这些人中既有著名的作家，也有默默无闻的商人。这本书吸引了4 000名订购者，这在当时是一项了不起的成就。但后来法国当局注意到了百科全书中的颠覆性言论，其中的内容对普通人和理性有过多的尊重，而缺乏对传统、君主政体、贵族阶层和教会的尊重。当权派开始干扰《百科全书》的写作，狄德罗的合作者们也因此纷纷离去。

然而，他没有放弃。他亲自撰写了几百篇文章，监督印刷，花了无数个日夜修改校样，这损伤了他的视力。历经22年不间断的辛苦工作，面对期间警察的不断干预，以及与日俱增的孤独，这项工作终于在1772年完成了。后来狄德罗发现他的出版商在最后一刻砍掉了大量的手稿，删除了被认为政治敏感的内容。毫不夸张地说，这个项目实际上扼杀了它的发起人。

从根本上来说，《百科全书》是一项兼具实用性和知识性的巨大成就，但实现它的成本很高，而且它也没有达到让普通人能够接触和获得所有知识的目标。由于订阅费用过高和公共图书馆缺乏，这本书在很大程度上仅局限于富裕的读者中。

2001年，佛罗里达州，圣彼得堡

吉米·多纳尔·威尔士有个聪明的主意，那就是制作一个免费的、多语种的在线百科全书。每个词条都可以由任何想贡献内容的人无偿撰写和编辑。威尔士对自己的想法有足够的信心，并自掏腰包为这个项目提供资金支持。不久后，他聘请了拉里·桑格担任首席组织官。桑格是一名哲学家，之前参与过一个百科全书项目。正是桑格想出了维基百科（Wikipedia）这个名字，并倡导使用维基

（wiki）技术。一个维基是指一个或多个网页，这种网页能让任何人轻松地改写上面的内容。

令人惊讶的是，它成功了。2001年年底（距维基百科推出还不到一年），维基百科就收录了18种语言的2万篇文章。2009年我写作这部分内容的时候，它已涵盖275万篇英语文章，再加上其他260种语言写作的文章，共计1 200万篇。它是互联网上访问量排名第7的网站。

维基百科是一个惊人的资源库，只需几秒钟，你就可以获得几乎任何主题的高质量信息。但它最不寻常的地方是其贡献者的奉献精神和专业技能，他们都是无偿工作。哈佛大学伯克曼互联网与社会研究中心的研究员大卫·温伯格表示，维基百科"极其重要"，它"确实证明了……毫无疑问，一些数量庞大而极其复杂的人类工作可以通过消除大多数控制因素来完成"。

然而，值得思考的是：与250年前狄德罗的项目相比，维基百科到底有什么不同？

它们的相似之处是惊人的。两者目标一样，狄德罗的设想是原创的。狄德罗是哲学家，而威尔士也聘请了一位哲学家。这两个项目都是开创性的合作项目。这两款产品都取得了令人瞩目的成绩，但也不可避免地引发了争议。两者都获得了广泛的读者，而这些读者此前从未如此轻易地接触到这些知识。

然而，它们也有两个明显的区别。首先是合作的规模和成果。

狄德罗的项目最初有100多名合作者，而威尔士的维基百科有超过15万人参与合作。狄德罗必须亲自寻找和哄骗合伙人，并给他们支付报酬。而威尔士能够利用他不认识的人完成这个项目，而且不用付给他们一分钱。狄德罗的产品有几千名用户，而维基百科拥有数亿用户。其次是实现项目的难易程度。狄德罗像奴隶一样独自苦干了20多年，而威尔士兼职做维基百科项目，并且在12个月内取得了巨大的成功。狄德罗把他的精力全部倾注在《百科全书》上，他为此耗费心力，而维基百科极大地丰富了威尔士的生活。狄德罗被当权派迫害，威尔士却受到了权威的欢迎。2006年，他被《时代》（*Time*）杂志评选为全球百大最具影响力人物之一。

如何解释这些差别呢？威尔士比狄德罗更聪明、更专注、更善于交际吗？这一点似乎值得怀疑。相反，他很幸运地生活在这样一个时代：大规模的人类协作更加可行，产出的成果也更多。由于技术进步，如今的合作和交流成本都大大降低了，质量大幅提高。当权者对知识的政治干预也少得多。对于普通人来说，将他们的知识贡献给任何一个枢纽都更加容易了。对于其他人来说，也更容易接触到这些知识。

随着历史的发展，人类的数量在不断增长，协作枢纽的数量、种类和功能在不断增加，几乎将地球上每个人都连接起来的弱连接也在不断增加。建立联系的轻松程度呈指数增长，成本也以相似的速度下降。从过去到现在，人类合作性质的差异是相对表面的，其一惯性却是深刻的，合作的成果也越来越令人赞叹。

　　一切听起来都十分乐观。正如我们说过的，枢纽是人类合作和进步的核心。近年来，它们的数量、多样性和成就都有了飞跃。但听听马丁·路德·金是怎么说的，"所有的人类进步都是不稳定的。一个问题的解决会带来另一个亟待解决的问题"。

　　这对于枢纽以及它们目前的丰富度来说无疑是正确的。

2005年，牛津

　　心理学教授巴里·施瓦茨正在给一大群人讲课。不过，他穿着紫色T恤、黑色短裤、白色袜子和黑白相间的运动鞋，看上去不像个教授。他在讲台上来回踱步，听起来更像辩论家，而不是心理学家。他用漫画而不是研究结果来说服别人。

　　施瓦茨说，社会的信条是选择给人们带来更多的自由和福利。当我们别无选择的时候，生活无法忍受，所以选择越多越好。但是，超过了一定限度的选择增加不了多少价值，甚至可能变得具有破坏性。多如牛毛的选择已经嵌入我们的生活。这位教授所在的当地超市售卖285种饼干、75种冰茶、230种汤、40种牙膏和175种沙拉酱。他说，利用家用电子产品商店出售的零部件，你可以制造出650万套不同的立体音响系统。过去，你只能从电话公司租到同一种类型的电话。现在你有无限选择，而且再也买不到一个非多功能的手机了。

在医疗保健领域，医生过去会告诉你该做什么，现在他会说："你可以选A或B。A有这些好处和风险；B有其他的好处和风险。现在，你想选哪个？"选择确实是多了，但也将责任从应该知道正确答案的人身上转移到了不知道的人身上。

那工作呢？"我们很幸运，"巴里说，"现在的技术让我们可以在地球上任何地方、任何时刻工作。"他补充道："除了几乎没有网络信号的伦道夫酒店。"这句话让大家发出了赞同的笑声。所以（除了在牛津），我们在工作上的每一刻都有选择的自由，不管工作还是不工作。

但所有这些选择是好消息还是坏消息呢？巴里说："答案是'好消息'。"每个人都已经知道选择的好处，所以他将谈谈选择的两个坏处。

首先，过多的选择会带来无力感。巴里引用了关于养老金选择的研究。当人们有了更多的选择，参与的人就少了，因为他们很难在各种基金之间做出选择。"所以，他们退休后不仅要自食其力，也放弃了从雇主那里获得的相应基金支持。"

其次，当我们拥有更多选择，我们会比拥有较少选择时更不满意。更多的选择意味着更多的"机会成本"（如果我们没有决定做正在做的这件事，本可以做其他事）。巴里展示了一幅漫画，漫画中一对夫妇在汉普顿度假。他们在一个美丽的海滩上，阳光普照。

男人对女人说："我一直在想西85街的那些停车位。"巴里从字面上理解这个玩笑，它表达了一种真实的焦虑。

更多的选择也意味着期望升级。巴里讲了一个很长的故事，说他去买一条牛仔裤，结果花了一个小时试穿了许多条不同的牛仔裤。最后他穿着至今穿过的最合身的牛仔裤走出商店，但是仍然很不满意。因为尽管牛仔裤很好，但并不完美。他说："我明明做得更好了，但感觉更糟。所以，我不得不写一整本书来试图向自己解释这一点。"他还展示了另一幅漫画，画中一名男子对他的妻子说："过去一切都更糟糕，现在回想起来却觉得更好些。"为什么呢？"因为在那个时候，还有可能感到惊喜。"

更多的选择不像我们期待的那么美好，谁该为此负责呢？你我都该为此负责。你拥有了所有的选择，如果你在正确的时间做出了正确的选择，一切本可以更好。近几十年来，临床抑郁症和自杀事件激增。巴里说："其中一个原因是太多的选择让人痛苦。"

他总结道："我们早就越过了选择越多越好这个点。"他在书中写道，我们经历了数百万年没有什么变化的生活，如今我们可能只是在生理上还没有准备好面对现代世界的众多选择。[8]

一些经济学家对巴里·施瓦茨提出了异议。确实，他的一些漫画（尤其与购物有关的那些）似乎有些牵强附会。在琐碎小事上的选择不是什么大问题，很难相信买一条像样的牛仔裤会让他如此痛苦。但我们可以把他的观点与枢纽的选择联系起来。他没有讨论这个问题，但是对于枢纽来说，选择是最大问题。这些选择包括：原生家庭、朋友圈、工作团体、教堂、俱乐部或帮派。

为什么枢纽的选择如今如此困难？因为选择几乎是无限的，因为我们做出的每一个选择都会改变自己的生活，因为这些选择可能较难逆转，因为没有什么是明确的。关于潜在新枢纽的信息是模糊的，我们只有生活其中才会知道它们到底是什么样子。

正确的选择至关重要。然而，正如我们将看到的那样，枢纽的力量可能会让我们误入歧途。

* * *

2008年夏天，日本厚生劳动省裁定，丰田凯美瑞混合动力车项目的一名45岁首席工程师死于"过劳死"，他的遗孀和孩子从前雇主那里获得了赔偿。[9]据官方统计，日本每年过劳死人数在100到200人之间，但一些人估计这个数字已经超过了1万人。

对西方人来说，这是多么陌生啊。但话又说回来，也许并不陌生。你认识为了工作牺牲婚姻的人吗？为了工作降低道德标准的人呢？是否有些人住在他们不喜欢的地方？有些人在重压之下工作因而危害了他们的健康？或者有的人在一份工作或一个社交圈子里待得太久，让自己和所爱的人都感到痛苦？枢纽内部有一些力量在发挥作用，而这些力量可能并不符合我们的最佳利益。

1961年4月17日，古巴，猪湾

1959年1月，菲德尔·卡斯特罗的军队在公众的欢呼中冲进哈瓦那，推翻了令人憎恨的巴蒂斯塔独裁政权，宣告了一个新的民主时代的到来。当年4月，卡斯特罗访问纽约，展开攻势。

但他当时没有得到想要的美方支持，艾森豪威尔总统甚至拒绝会见他。卡斯特罗开始向苏联示好。不久后，艾森豪威尔指示中央情报局计划推翻卡斯特罗政权。约翰·F. 肯尼迪1961年年初就任总统后，接管了这项入侵计划。中央情报局训练了大约1 400名古巴难民，他们将在猪湾登陆，这将是民众反抗卡斯特罗的信号。中央情报局自信地宣称，他们不需要美国军队或空中掩护的支持，因为古巴人可以靠自己完成任务。在迈阿密的古巴流亡者几乎无一例外都是卡斯特罗的反对者。肯尼迪的顾问和将军们一致认为，该计划将会奏效，就像艾森豪威尔的顾问曾经做过的那样。这是共和党、民主党两党合作的罕见实例。每个人都认同入侵的必要性，因为他们知道卡斯特罗要将苏联的核导弹运入古巴，而核导弹离美国这么近是完全不可接受的。

关于苏联导弹的情报是正确的。但美国人错误地认为卡斯特罗缺乏民众支持。当古巴难民登陆猪湾时，他们被古巴军队轻松打败了。卡斯特罗在哈瓦那庆祝胜利。肯尼迪为此次失败承担了责任，他的声誉因此严重受损。他开始考虑进行一场危险的赌博，迫使苏联领导人尼基塔·赫鲁晓夫撤回导弹。

奇怪的是，在美国入侵古巴之前，普林斯顿国际社会研究所对古巴公众舆论进行了一项调查，得出的结论为古巴人"不太可能改变目前对菲德尔·卡斯特罗的压倒性支持"。调查结果被刊发出来并提交给了美国政府。无论是公开的还是秘密的，都没有出现与之相反的民意调查。这项预警是非常明确的，然而普林斯顿大学的研究结果完全被忽视了，美国也因此付出了高昂代价。

1972年6月17日，华盛顿

理查德·尼克松连任竞选委员会的5名成员因试图闯入水门饭店而被捕。他们的目标是在民主党全国总部植入窃听器，窃取竞选文件。戈登·利迪和霍华德·亨特也曾是尼克松连任竞选委员会的白宫助理，他们后来都被捕了。1972年9月15日，这7人全部被起诉。

尼克松和他的亲密顾问们并没有过分惊慌。他们在墨西哥运作着一个庞大的行贿基金，用来支付给这些窃贼，现在它可以用来收买他们的沉默。该基金还为竞选欺诈、政治间谍、破坏活动以及非法窃听提供资金。但是，如果尼克松没有把他自己和白宫里的亲密伙伴的谈话录下来，这些事情就不会曝光。经过一连串的意外事件，录音带的存在变得尽人皆知。公布的抄录内容揭露了尼克松和他的主要顾问约翰·埃利希曼、H. R. 霍尔德曼、约翰·迪恩以及约翰·米切尔的大量非法阴谋，并采取了掩盖真相的行为。

在弹劾的威胁下，尼克松于1974年8月8日宣布辞职，他成为美国第一位辞职的总统。

在两年多的时间里，总统和他的高级助手一直从事大规模的非法活动，而在此期间，所有参与者都没有表示异议，也没有表现出任何良心发现或悔恨的迹象。对总统极为忠诚的同谋者，普遍认为他们的活动是正确和适当的。即使是没有参与此事的政府高级官员，也常常被他们对尼克松的忠诚和对政府工作的重视所蒙蔽。例如，随着尼克松不道德行为的证据越来越多，已经变得无可辩驳，杰出的国务卿亨利·基辛格仍预言，历史会证明尼克松是一位伟大的总统，水门事件只是一个小小的脚注。[10]

＊ ＊ ＊

猪湾事件和水门事件例证了"群体思维"。它驱使人们达成一致，使思想一致成为美德。它将世界划分为"我们"与"外人"，这些外人往往被刻板化和污名化，将集团与外部信息、意见或数据隔离。有些人认为，如果组织团结在一起，它就可以忽略外界的批评。群体思维是一种极端形式的同理心，是群体合作的黏合剂。

如果没有群体思维，肯尼迪的核心集团就不可能忽视卡斯特罗在古巴受欢迎的证据，尼克松一伙人也不可能如此轻率地藐视法律，甚至激怒共和党国会议员。矛盾的是，最强大和最有声望的群体囊括了众多高智商的成员，有时却会做出极其愚蠢的决定。群体思维常常是一个枢纽崛起的原因，也是其衰落的原因。

权威也会使事情变得更糟。我们回到斯坦利·米尔格拉姆信件实验之前的电击实验。回想一下，受试者按照穿着白大褂的权威人士的指示，用他们以为是电击的方法来"帮助"那些倒霉无助的学习者。米尔格拉姆总结说，他的实验显示了"一个人抛弃自己人性的能力。当他把自己独特的个性融入更大的制度结构中，这是不可避免的行为"。[11]

你可能会觉得他的结论有点言过其实，但其方向是清晰的。在组织中，我们倾向于按照别人告诉我们的去做，而在个人生活中，许多人却恰恰相反。权威偶尔会引导我们做一些让自己良心不安的事情，比如提供明知客户负担不起的抵押贷款，粉饰数据并说出老板想听的话，为了参加一个商务会议而错过孩子的圣诞话剧。

枢纽中的另一股黑暗力量是一致性。20世纪50年代，心理学家所罗门·阿希对此进行了实验，尝试衡量这种力量。当被试者被要求做出一个明显不正确的陈述时（例如，说一条短线比一条长线要长），只有1%的人在单独测试时同意了。但是，一旦对被试者进行分组，如果第一个发言的人给出了错误的答案，多达3/4的被试者同意他的说法。他们一定知道这是不对的，但他们不愿找麻烦。

为什么即使我们明知在某一个群体中是有害的，还不愿离开？心理学家朱特·梅宁格给出了另一些原因：

> 我们都在人的系统中生活。在这个系统中，人们经常会委屈自己，承受巨大的压力，或者为了适应一个系统（枢纽）而放弃毕生原则，而这只是为了留在其中或者保持它的完整性。这对家庭和工作系统来说都适用。
>
> 一次又一次，成熟的商业人士迫使自己留在不利于个人健康的系统中……人们让自己陷入不健康的系统是出于恐惧（怕离开这份工作就找不到别的了），出于规划不足（为了攀比，他们不能辞职或者花时间寻找另一份工作），或出于无用的老旧观念（退出的人是懦夫，工作忠诚要取代个人目标，没有人喜欢一个失败者）。这类人通常必须在离开这个系统和感觉不舒服之间做出选择。[12]

1995 年的曼哈顿，以及现在的旧金山

睿域是一家国际在线广告公司，1995 年由杰夫·达奇斯和克雷格·卡纳里克以少量的资金创建。起初，他们负担不起一间办公室，所以在杰夫位于曼哈顿的公寓里经营公司。睿域目前在 8 个国家设有 20 多个办事处，拥有 2 000 多名专业员工。2007 年，微软

以60亿美元收购了aQuantive，这是睿域和另外两家数字广告公司的控股公司。[13] 睿域备受推崇，仅2008年一年，它就获得了超过75个创意奖项。

它也以超凡的员工忠诚度和士气著称。在伦恩·塞勒斯任该公司旧金山办事处的总经理时（他后来离开了公司），他承认："我们被指责在这里营造了一种邪教氛围。"想要得到否定的回答？塞勒斯不同意。"我过去是个狂热的水手，"他说，"但已经有一年没上过船了。我曾经有过女朋友，但她们出于无聊和失望离开了我。"而最关键的是，"我曾经养过一只猫，但它后来跑到邻居家去了"。他最后的结论是："女朋友离开是一回事。但如果我的猫跑了，那就另当别论了。"[14] 这简直是一场灾难。

现在，华盛顿州，雷德蒙德市

你无论什么时候去逛微软精心打理的漂亮办公室，都会遇到很多员工。"人们一天24小时都在这里工作，"一位内部人士说，"它的设计可以让你永远不用回家。"

律师安德鲁·布伦纳最近去雷德蒙德参加了一场工作面试。他说，他遇到的每一个人似乎都认为，微软接管世界是一个必然的结局。这是一种非常强大的文化。这对安德鲁来说太强大了，于是他退出了应聘。

什么是微软文化？信息技术研究机构高德纳的分析师迈克尔·加滕伯格说，它有"4个关键部分：强大的职业道德，比尔·盖茨总是对的，'我们对他们'（us-versus-them）的心态，以及比尔·盖茨总是对的"。[15]

达拉斯浸会大学管理学教授戴夫·阿诺特表示，微软、3M、安然和西南航空都有一个共同点：它们过去或现在都是企业教派。他说，无论是企业教派还是宗教教派，都有3个特点。它们要求全身心的投入，并将个人置于组织之下；它们有一个魅力超凡的领袖，并且他"永远正确"；通过高强度且耗时的体验，它们将自己的追随者与外部世界隔离开来。"它始于餐厅里的冰箱，"阿诺特写道，"终于一个成熟的企业崇拜。"[16]

你参加过团体吗？我当然参加过。当我在比尔·贝恩在波士顿创立的管理咨询公司贝恩公司工作时，我们被称为"贝恩派"。这是参考了当时一个著名的教派——"统一教会"。贝恩公司无疑符合阿诺特提到的3个条件。然而奇怪的是，我在贝恩公司的3年工作经历让我收获颇丰。我过去或现在的大多数同事，也都同意这一点。贝恩公司经常在"最佳工作场所"调查中位列榜首。所有优秀的企业都有强大的文化，而且这种文化大都是狂热的。当然，如果外部联系被忽视，如果你不认同公司的价值观，或者公司倒闭了，那么肯定存在危险，尤其是对家庭生活来说。但是，高强度的经历有时会给人很大的力量，尤其是当你意识到了危险，并且不会在这里待太久的时候。

* * *

那么我们如何理解枢纽呢？

它们是美好的，也是有缺陷的。

美好之处在于它们是人类合作的主要场所，让人类从自然的残暴中自我解放，构建一个在各方面都更丰富的世界。人类合作的蓬勃发展离不开劳动分工。通过建设更加多样化和专业化的枢纽，它们能够做到远超我们祖先想象的事情，而且方式更加合理，消耗的资源更少。枢纽和枢纽之间，国家和国家之间的贸易一直是进步的核心，它创造了一个相互依赖程度更深的世界。在这个世界中，多样性、个体差异随着我们的个人连接和全人类连接数量的增多而急剧增加。

这让我们在一生中能够加入的枢纽数量大幅增加，可供我们选择的枢纽数量也大大增多。选择虽然变多了，但做出错误选择的可能性和试错成本也增加了。

选择和专业化是了不起的，因为它们增加了个人机会和多样性，使我们每个人都成为拥有独特才能和角色的与众不同的个体。我们不仅获得了在各种枢纽的益处和学习的自由，还有建立自己枢纽的自由，无论它是一个新的创业公司还是一群新朋友。

但选择也会压倒我们。在短时间内拥有那么多选项，我们经常没有足够的时间去思考那些会影响内心快乐或痛苦的决定——我们要加入或离开哪些群体。因此，承认枢纽的陷阱也同样重要。我们提到的心理动力，如群体思维、权威、从众、恐惧，以及对他人的同理心倾向，都会阻止我们独立思考和行动。将这些结合在一起，产生了我们所说的"枢纽引力"。强大的枢纽（那些我们投入时间和情感的枢纽）会对我们施加奇怪的控制，把我们深深地拉向枢纽群体和内部强势成员，它限制甚至切断了外界对我们的影响，常常导致我们过久地停留在一个群体中，即便继续下去对我们也再无益处。

枢纽的引力以及它对权威和群体思维的偏袒，以各种各样的方式表现出来，从错误的共识导致了有缺陷的航天飞机的发射，到保护主义、种族隔离、用无脑暴力支持足球俱乐部、自杀崇拜和许多其他问题。那么多美国和英国的大型银行是怎么在监管机构的通力共谋和没有内部争议的情况下，建立起存在极大风险的业务呢？最民主、最开放的社会如何能在未经审判的情况下将嫌疑人关押多年，或实行引渡和酷刑？这些确实是严重的现象，而且不只是由银行家或政客个体的恶行造成。毕竟，他们跟你我一样。

更简单地说，枢纽引力会让我们在一个地方工作或生活数年，而我们在这里并不开心，或者不能充分发挥自身作用。在商业领域，枢纽通常会用金融手段作为它们天然吸引力的补充。这种手段会狡猾地潜入我们的脑中，例如承诺在未来给予一笔"属于我们"

的奖金、红利或期权，但我们目前还无法获得。我们当然不想"失去"本来属于自己的东西，所以要留下来。我们可能会因此切断与外界的联系和机会，牺牲探索外部世界的时间、判断力、良知和自由。我们生性愿意与他人连接，这也意味着我们不善于摆脱牵制，而应该更多地尝试摆脱它。

我们对枢纽区别对待和提出要求是值得的，就像它对我们做的一样。我们不断实验，找到这样的枢纽——在这里，我们的身体和心灵都是网络的一部分，我们拥有相同的价值观和愿望，我们的个体性不会被约束，而是得到加强。

我们之前说过，人类不断进化出新的枢纽和新型的枢纽。互联网进一步证明，我们正在进入一个枢纽越来越多的世界。网络空间让我们很容易加入越来越多的枢纽，许多人都在其中花费了大量时间。权威人士声称互联网改变了一切，它是自语言发明以来最大的沟通变革。这是真的吗？这对我们有好处吗？网络的分析方法可以展示互联网对我们的生活真正意味着什么。

第 *6* 章

互联网的美丽新世界

我试图描述一个难以想象的存在。科幻小说的最佳用途是对当代现实的探索……地球现在是一个陌生的星球。

——威廉·吉布森[1]

1984年，加拿大，温哥华

威廉·吉布森从美国逃往加拿大。他曾告诉美国征兵局，他的人生抱负是尝试人类已知的每一种致幻物。1984年，他是一个坐在打字机前苦思冥想的科幻小说作家，正在撰写他的第一本书。也许是受到这一年的启发（或者是对他人生抱负的追求），他想象出一个意识、现实和技术都变得模糊的未来。他创造了一个新词：

> 网络空间：在每个国家……每天有数十亿人经历着一种共识性幻觉……一种从人类系统每台计算机的数据库中抽象出来的数据图示，有不可思议的复杂性。光线存在于非空间的意识中和数据的群组中。就像城市的灯光，渐渐褪去……²

令人吃惊的是，一个不懂电脑的人用一台古老的打字机创造出了"网络空间"的概念（以及网上冲浪和黑客帝国的概念），这比互联网的兴起早了10年。吉布森的书《神经漫游者》（*Neuromancer*）后来卖出了 650 万册。《时代》杂志将其列为现代英语小说百强之一。

互联网似乎确实保持了一种未来主义的氛围。也许这是吉普森作品中挥之不去的幽灵：灵感迸发的科幻小说具有惊人的预见性，而且他的幻想相当奇怪。或许，网络改变了一切只是"专家"们过度的预言？也许我们只是对快速变化的互联网感到恐惧。像脸谱网这样的大型社交网站似乎凭空冒出，展现出一些在不知情的人看来难以理解甚至怪异的现象。网络空间真的如此独特和重要吗？

你是否有过这种疑问，"互联网对我的生活有什么影响？它真的改变了我吗？"1964 年，当电视开始成为我们的主导媒介时，加拿大媒介理论家马歇尔·麦克卢汉提出了著名的论断："媒介即讯息。"他的意思是，主导媒介会从根本上影响我们的思维过程。因此，当主导媒介发生变化时，社会甚至人类本性也会发生深刻的变化。这是真的吗？互联网带来了这样的根本性变化吗？

麦克卢汉声称，社会在此之前一直被纸媒（书籍、杂志和报纸）主导，但随后电视已成为主导性的媒介，并改变了我们所有人[3]。在电视时代即将结束时，美国家庭平均每天收看电视 7 小时，而成年人平均每天的实际收看时长为 4.5 小时。日本的数字则更高。1992 年，日本家庭平均每天收看电视 8 小时 17 分钟。这占据了我们很大一部分休闲时间。此外，电视的优势与消费社会的蓬勃发展和消费品品牌的激增相吻合，以电视广告为枢纽的新的、复杂的市场营销手段刺激了品牌消费品的增长。

电视是一个僵化的大众广播系统，它在同一时间向每一个观众传递相同的体验。由于在收视高峰时段只发送单一信息，广播公司（在大多数西方国家由商业网络主导）自然会寻求吸引最多观众的信息，从而吸引预算最多的广告客户。看看《布雷迪家族》(*The Brady Bunch*) 和《警界双雄》(*Starsky and Hutch*) 的成功就知道了。这是一种对琐碎的、逃避现实的内容的明显偏向，对耸人听闻的内容和能够吸引观众的肥皂剧的追求，在多数情况下，它们提供了比"现实"生活更扣人心弦的故事。

麦克卢汉指出，电视的单向播放创造了一种令人即刻满足的、统一的、被动的、未经检验的体验。他声称，电视正带领我们倒退，从欧洲印刷文化创造的理性和个性的文明生活，回到我们祖先的时代，就像生活在部落里一样，害怕外部神秘力量。新的"地球村"可能表面上是现代的、"全球"而非地方的，但本质上是相同的。因为每个人都在同一时间听到同样的新闻，对灾难的生动描述很容易激起集体的恐惧。电视上展示的人类苦难的即时性和不可逃避性，使我们产生了情绪化而非理性反应。我们不再听命于巫医，取而代之的是，受制于电视台以及他们对事件的歪曲。此外，自麦克卢汉首次发表他的理论以来，心理学家还发现，每天都要看几个小时电视的人通常会患轻度抑郁症。

但现在，我们似乎有了一种新的主导媒介。你花在网上的时间可能比看电视的时间还多。美国一项综合研究显示，现在网民平均每周上网时长接近33个小时，是收看电视时长的两倍。研究人员得出结论："人们花在互联网上的时间将继续增加，花在电视上的时间会相应减少，而纸媒的阅读时间也会小幅度缩减。"[4]

　　当然，在本质上，互联网不同于电视或早期媒体。例如，考虑一下无处不在的互联网连接。对于电视来说，我们通常只有一个连接点，就是在家里。听广播，我们也可能在开车上班的路上听；而读报纸，我们可以在早餐时，在公共汽车和火车上或在办公桌前读。当然，我们每天都要花很多时间"消费"各种媒体。但如果我们是相互连接的，互联网的使用在我们的日常生活中就会更加普遍。随着强大的台式电脑和移动设备的出现，我们可以并且越来越频繁地在家里、在办公室里、在任何地方上网。随着越来越多的人被吸引到互联网中，它在我们生活中的价值和重要性会不断上升。

　　另一个不同之处在于网络空间的信息剧增，远远超过了电视能提供的信息量。存储技术（内存）、显示技术（xml 和 html）、搜索技术（谷歌）、发布技术（维基、博客和推特）及组织技术（脸谱网等社交网络）使唾手可得的知识成倍增加，而我们还只是处在这个惊人的、令人无所适从的富饶时代的早期阶段。

　　早期媒介中，无论是传教士的布道、教授的演讲，还是印刷品、广播、电影或电视，都是以单一的方向将信息从少数传播到多数。但互联网是双向的。当我们上网时，我们不仅接收信息，还输出信息。我们既是读者，也是发布者。早期的媒介存在固有的等级制度，而且可以巩固精英阶层的核心力量。网络空间至少在理论上更加民主。

最后一个不同之处在于，互联网提供了势不可当的多种选择，并可以根据小群体甚至个人的需求输出内容。网络可以根据需求进行"小范围传播"。

那么网络空间改变了我们吗？研究人员兼作家唐·泰普斯科特称确实如此，最纯粹的标志来自伴随互联网成长起来的年轻一代。泰普斯科特对"网络一代"进行了上万次采访，他描绘了一幅光辉的图景。这些年轻人用聚友网（MySpace）和脸谱网等网站来管理自己的几百个联系人。泰普斯科特说，拥有700个联系人的年轻人并不少见，这远远超过人类学家所认为的数字，即我们一般会拥有150个联系人。他说，年轻的互联网用户不会接受网上的表面信息。他们是完美的怀疑论者、研究者、鉴定人、推荐人和挑剔的用户。鉴于网络空间呈现的信息无法在现实世界中获得质量或可靠性的线索（你不能通过捏一捏信息来判断它们的可靠性），对信息的判断是一项至关重要的技能。网络一代已经弄清楚哪些信息来源值得信任，什么时候需要寻求他人的看法，以及如何处理大量未经证实的信息。

或许泰普斯科特最具革命性的观点是，这一代人习惯于在一个互动的世界中思考和行动。相互连接、交谈、提供反馈和合作是很自然的，而做一个沉默的接受者是不自然的。新一代人将带着批判和合作的态度进入他们碰到的任何领域。泰普斯科特暗示，新的期望将与现有的教育、商业和政府实践发生冲突，因为所有这些实践的基本假设仍是让知识和指示自上而下单方向传递。

然而，并非所有人都认同这种对互联网的乐观看法。与之相反的观点认为，新一代人的阅读和写作深受其害，他们不能长时间集中注意力；他们对剽窃他人内容没有愧疚感；他们轻松地创造了关于个人生活的永久公开记录，而在之后可能会后悔。著名小说家萨尔曼·拉什迪批评了当今的"脱口而出文化"，即人们自发地将大量私人信息以低质量的自我表达方式不断输入电子空间。阿里安娜·赫芬顿将"第一想法"誉为"最佳想法"。拉什迪不同意这种看法，他担心人们正走向在思考和交流中缺乏条理、不再深思熟虑的未来。随着世界变得越来越复杂，他看到了一个迫在眉睫的问题。

然而，麦克卢汉对电视影响力的判断也存在一些问题，更不用说他对互联网能够"彻底改变"人们这一观点了。电视改变了社会或人性这一观点面临着一个直接困境，就是人们可能会认为，如此强大的由中央控制的自上而下的媒介，会导致一代人变得温顺、墨守成规、没有头脑，容易上当受骗，容易被操纵，愿意听从命令。但是这些人在哪里呢？尽管在乔治·奥威尔的小说《1984》[5] 中，在威廉·霍林斯沃思怀特的著作《组织人》（*The Organisation*

Man)⁶中，以及在皮特·西格演唱的1963年的热门歌曲《小盒子》⁷中都有这样的预言，但在电视鼎盛的时期，社会中不仅出现了中产阶级一致性，也出现了个性、多样性和自我反思的大爆发，人们对非主流文化或古怪行为给予宽容和鼓励，对中央集权表现出前所未有的抗拒，对社会领导人表示出不信任。

当然，如果这些社会趋势恰好与互联网的诞生相吻合，理论家们就会宣称，主导媒体的改变显然已经改变了社会。但历史比这更混乱、更模糊。互联网让年轻人变得更加挑剔、更不顺从的观点似乎有点古怪。我们在第1章中看到，这样的趋势早在20世纪50年代就已经存在了，伴随着詹姆斯·迪恩、"垮掉的一代"和流行音乐的诞生。有史以来最大的青年和学生运动（1968年）是在电视时代中期爆发，而不是在网络时代。泰普斯科特强调的合作态度真的是新出现的吗？我们已经看到，合作的本能是早期人类的基本优势之一，而这一特征是进化磨炼出来的。网络确实极大地促进了合作，但这种本能已经存在了数千年。当然，互联网可能对年轻人产生了许多影响。但如果是这样，目前还不清楚这些影响到底是什么。

此外，除了新的沟通方式，许多其他力量也在发挥作用，塑造社会。如果在18世纪以来改变了社会的技术变革中只能选择一个，那一定是蒸汽机的发明。因为它推动了工业革命，使世界人口数量和生活水平得到大幅提高。如果考虑19世纪的重大技术变革，火车和汽车的发明（两者根本上都源自蒸汽机）与电力的开发利用之间可能会是一场胜负难分的较量。这些发展都不是在通讯媒体领域。到了20世纪，晶体管的发明（导致硅片的出现）可能会位居变革的榜首。

除了发明和新技术，引发社会最深刻变化的是激进的思想，如人类生命的尊严、自由主义、民族主义、民主和社会主义，或更实用的概念，如凯恩斯主义经济学，以及维持购买力以避免经济萧条和大规模失业的重要性。尽管近年来一些世界领导人倒行逆施（万幸其中一些已经去世或退休了），但欧洲和美洲的大多数人已经不必再担心会遭受酷刑了，这在300年前是不敢想的。思想与社会规范至少和传播它们的手段一样重要，而信息真的就只是信息。

所以，如果你是在电视或互联网的陪伴下长大的，问问自己这两者是否从根本上改变了你的态度、行为或思维方式。这看上去是一个可疑的说法。

那么，态度和思想的巨变到底是怎么发生的？下面我们对电子媒体以及在此之前两次通信手段的变迁带来的影响进行比较。（顺便说一句，我们认为麦克卢汉关于它们对人类的深远影响的看法是正确的。）

在前一章中，我们看到了语言的发明（通信技术中最根本、最重要的转变）不仅影响了人性，而且在最初帮助人们创造了人性。语言确实改变了一切。你可能已经观察到了，孩子学习语言轻松而迅速，他们甚至可以同时学习两种语言。学习语言很容易。几千年来，我们的大脑已经变成了极好的语言机器，专门为这一功能而设计。语言这种媒介对人类来说变得如此重要，以至于人类似乎已经变成专门为它设计的了。

但我们并不需要回溯那么远的历史就能看到另一个划时代的变化。

我们可以将电视和互联网与1450年左右印刷术的发明产生的影响进行对比。把说话的内容和说话者分开的方式，使思想跨越了物理和社会的距离，使我们从公共的思想转向私人的思想。在印刷品出现之前，只有极少数的精英才能阅读书籍，所有的书籍都是手抄的。而其他人（1 000人中有999人）则依赖他们的领袖来获取新信息：国王、部落首领、领主、牧师、地主，偶尔还有商人。普通人很少有机会去思考、阅读或反思。他们忙于倾听、服从和生存竞争。

约翰尼斯·古登堡和他的共同发明者改变了这一切。知识的需求和供给比以往任何时候增长得都快，文艺复兴改变了思想、艺术、医学和科学。新的作品和知识喷涌而出：苏格兰的人类学家詹姆斯·弗雷泽（1854—1941）在《金枝》（*The Golden Bough*）中指出，图书极大地加速了创新的步伐，"著作加速了思想的发展，其速度极快，将口口相传式的缓慢发展远远甩在后面。经过两三代著作文献的传播，人们的思想会发生巨大的变化，比之前两三千年

的传统生活带给人们的变化更巨大。"⁸

牧师和罗马教会的权威不可避免地要做出让步。现在，每个人都可以阅读《圣经》和各种其他书籍，对生命的意义、宇宙和一切事务做出自己的判断。基督教的新教派激增，诞生了怀疑主义、无神论以及民族主义。自古希腊和古罗马以来，民族主义的舆论第一次在每个国家内部都出现了。欧洲进入了一个理性的时代，最终引发了美国和法国的革命及现代民主。人们对工商业的态度改变了。所谓的新教职业伦理出现并被传播到所有文明国家，无论其宗教信仰是什么，它赋予普通人自信和力量。人们开始思考和反思，个人可以找到追寻遥远目标的内心方向。发明的数量激增。虽然活字印刷术并不是造成这些现象的直接原因，但是如果没有它，这些现象是无法想象的。

在个人层面，纸质书、流行期刊和私人阅读确实改变了生活，但这不是一个容易的过程。读者必须在他们的头脑中嵌入一种复杂的符号技术：学习字母表和每个字母的音标，学习拼写单词，学习阅读、书写和理解它们。相对于口耳相传的社会，印刷社会给个人生活带来了巨大的变化。

一旦人们掌握了思想的新世界，掌握了结构性和线性的思维，以及非同步通信带来的个人反思，个人解释和个人主义最终超越修道院和宫廷的知识精英。活字印刷触动了社会底层数百万人：商人和贸易商、手工艺人和行会会员、教区牧师和教师、艺术家和科学家。基本的思维模式显著改变并拓展了我们的思维过程。和语言的出现一样，它也是新的媒介永远改变人类生活的一个清晰且深刻的例子。

坦率地说，至少到目前为止，任何由电子媒体引起的人性或行为的改变，与之相比都显得苍白无力。

与其说互联网是一种前所未有的发展成果，不如说它只是以一种非常灵活、便捷的方式组合和重新包装了一系列旧媒体。它使用既定的交流模式：我们听、说、读、写、看，以及投射自己，就像我们以前做的那样，只是不需要频繁地离开椅子了。它不会让我们以任何全新的方式交流或者开启新的思维方式。它确实促进了知识的创造和传播，但还没达到印刷术对文艺复兴和科学革命的影响程度。

我们甚至会怀疑互联网真的是一种新媒介，还是只是一种现有通信媒介的变形与升级。比如语言和写作，公共聚集活动和讲座，信件、图书馆、市场、报纸、电报、电话、广播、电影、网络电视、计算机、视频会议和互动电视。互联网让这些媒体更便宜、更强大、更容易触及，并以更多的组合形式呈现出来，随时满足数百万人的需求。与其说它是一种新媒体，不如将其看作一个媒体超市，它的货架上摆满了各种传播手段，只是换了新版本和改进版而已。

这些相互矛盾的观点可以总结为：网络改变了一切，但也什么都没有改变。它遍及我们的日常生活，例如改变我们的沟通方式、工作方式、获取和处理信息的方式，以及我们使用媒体的方式。毫无疑问，在某种程度上，泰普斯科特预见的教育、政府和商业方面的变化将会到来。然而，话语和文本从根本上改变了我们的思维方式（思维的实际运作方式），相比之下互联网至少到目前为止并没有改变什么。

* * *

因此，一些关于互联网对人类产生的影响的传统观点可能有些离谱。为了理解网络空间的重要性，我们换一种不同的方法——一种我们正在探索的特殊视角。简单的人际关系网络模型（枢纽和连接）能给这个主题带来什么启发？通过我们对枢纽和弱连接的选择，互联网在多大程度上可以改变它带给我们的机遇？它会改变统治我们生活的网络结构吗？

先考虑一下弱连接。1969年，马克·格兰诺维特撰写了关于弱连带的论文初稿。从那时起到20世纪90年代网络兴起，通信技术的突破使人们更容易开发和维护大量的弱连接。更便宜的国内、国际电话费，移动电话，个人电脑和数字信息，以及越来越经济的航空旅行，使生活在富裕国家的普通人能够处理的弱连接是上一代人的100倍。将你或你父母在20世纪70年代的连接丰富度和你的祖父母或曾祖父母辈对比一下就知道了。小世界和奇妙弱连接的增长不仅仅是互联网时代的现象。

枢纽也是相似的。当弱连接激增时，枢纽也会增加。20世纪七八十年代新枢纽的确呈爆发式增加，尤其是在通信和技术领域，比如微软（1975）、苹果（1976）和CNN（1980）的成立，以及互联网（1989）的出现。

当互联网和相关技术允许创建几乎没有成本的简单连接和枢纽时，会发生什么？我们利用它们的方式和以前差不多，都遵循我们的社交和合作本能，只是更积极，因为阻碍更少了。脸谱网成立于2004年，2009年时注册用户刚刚超过2.5亿，成为美国访问量第三大的网站。社交网络、电子邮件、实时消息、博客、短信，以及每个在线交流工具的新选择，让人们更容易地相互联系。通讯量出现了爆炸式增长。不可否认，所有这些都引人注目且意义重大，但这难道不过是用一种更有效的方式来做之前一直在做的事情（与朋友和认识的人交谈，消费，为了工作或娱乐而合作）吗？除了少数例外，任何人都在网上做着他们以前做过或者想做的事情。现在他们只是找到了一种更简单、更快、更有趣、更无拘无束的方法。

虚拟世界中出现的"枢纽—连接"结构已经是现实世界中熟悉的组成部分了。两个世界都有商店、市场、学校、俱乐部、派系、慈善机构，集结了布道者、抗议者、恶霸、哗众取宠的人和社交达人。

想想看，你知道的任何一个网站，大多数都类似现实世界中的结构，或者是现实世界结构的混合。例如，亿贝是一个拍卖会或跳蚤市场。亚马逊是一家图书音像店，并逐渐成为小商家组成的购物中心。维基百科是一部百科全书。谷歌含有图书馆和档案馆的元素，附加定向广告。脸谱网是一个俱乐部的俱乐部，一个将社交地图组织起来的数据库，一个个人档案目录，以及一个软件商店。这些都不是新奇的发明，而是对旧发明的翻新和组合。

反之亦然。你在网上能找到大多数传播媒介的替代品，或者它们很快就会出现。例如，电话变成了 Skype，电视成为"油管"（YouTube）。即使是城市这个使人类联系倍增，使世界变得更小的最古老、最重要的手段之一，它在网络空间中也有相似的存在。例如，在《第二人生》（Second Life）游戏中，网上的财产以真实世界的货币交易。可以说，伟大的互联网新枢纽是一座"空中之城"，社交和商业目的将人们同时聚集在那里。互联网"房地产"的价值体现在它所能收取的租金上，它不是来自租户，而是来自广告商。网上租金反映了被吸引到该网站的人数及其购买力，就像在"真实"城市中，租金根据来到这些城市的人数及其购买力来收取一样。

当我们把网站看作新城市时，许多人花在网络空间的时间显然比现实世界的要多。以《魔兽世界》（World of Warcraft）为例，它是世界上最受欢迎的大型多人在线游戏，每月活跃用户超过 1 000万。玩家们居住在艾泽拉斯世界，他们通常通过团队合作探索这个世界，击败敌人，完成任务。在这里，玩家的知识和专长不断增长，获得财产、地位和朋友。

一个硬核玩家会在游戏上花费大量时间。因此，中国要求游戏公司嵌入防上瘾软件，防止未成年人单日连续玩游戏超过3个小时。在全球网络最发达的韩国，一小部分人口游戏成瘾，还有10%的人口处于游戏成瘾的边缘。韩国社会新闻中甚至出现了与游戏相关的死亡事件报道，原因通常是持续玩游戏且缺乏足够的进食或睡眠。显然，在线枢纽甚至可以展示出它们在现实世界中相对应的潜在引力。这是令人担忧的，但也证明了离线和在线枢纽之间没有本质区别的论点。

线上和线下结构的相似性支持了这样一种观点，即互联网不是另一种传播媒介，而是"现有传播形式的另一个维度"。这就像突然之间人们能够生活在海底或云里，我们创造了可以聚集、社交和进行商业活动的有价值的新场所。真正神奇的是，一个足够好的想法，几乎可以在一夜之间通过相对较少的投入创造出这些新场所，人们从全球任何地方都可以短时间内到达这里。如果科幻小说先锋作家H. G. 威尔斯能通过他设想的时间机器加入我们，他可能会问："网络空间在哪儿？我怎么去那儿？"对他来说，网络空间就像他的时间机器一样神奇和不可思议，尤其是它已经存在于这个世界了。（我们很难向威尔斯精确地解释网络空间的位置。他会怀疑这是资本主义的陷阱，是一个让大众花更多的钱，从而召唤出新亿万富翁的海市蜃楼。他有理由这样认为！）

　　我们从这个角度回看电视，便会认为它只是一种原始的电子通信形式，它向互联网迈出了一步，因为电视台也创造了虚拟城市：人们在同一时间以共同的目的聚集在一起，看同一个电视节目。从消费者的角度来看，互联网和电视是完全兼容的媒体。事实上，31%的互联网使用发生在我们坐在电视机前的时候。网络空间中也出现了越来越多的电视节目，Hulu网站和其他类似的网站就提供这样的节目。Hulu隶属于美国全国广播公司（NBC）和福克斯公司（Fox）。2008年下半年，Hulu的观众增加了57%。

　　电视和互联网的相同点多于不同点，尤其是它们对经济的影响。广告是二者的商业命脉。尽管经济衰退，谷歌2009年第三季度的广告收入仍为59.4亿美元，较上年同期增长7%。[9] 电视网站的所有者也享受着创造"空中城市"带来的广告租金。在社会方面，电视和互联网都强化了消费社会，它们使消费无处不在，无时不在。它们培育出更多复杂的营销形式和有价值的品牌。集中化的市场也让行业领导者分得更多的好处。

　　我们正在用互联网做什么呢？我们正在对它进行殖民，就像对以前的连接技术所做的一样。我们像之前一样匆忙建造"枢纽—连接"结构，用于支持与以往同样的活动，满足与以往同样的欲望（社交、交易、倾听、获取信息、归属感和娱乐的欲望），而它们比以前更加灵活和自由。

从这个角度来看，互联网之所以重要，不是因为它是一个新世界，而是因为它是一个"旧"世界。从它被发明的几十年甚至几百年之前来看，它给通信和网络的发展注入了一针"强心剂"。因此，互联网体现的不是间断性，而是一种"深刻的连续性"。它没有创造出具有根本性变化的交流方式，但在速度和体量上发生了巨大的改变。我们做同样的事情，但是更频繁、更快，花费更少的精力、时间和金钱，甚至几乎毫不费力。世界越来越小，而我们的机会和选择却越来越多。

想象一下100年前生活在英格兰乡村小镇上的人所拥有的各种关系、枢纽和联系。镇上只有几百个同龄人，这些人中适合结婚的人要少得多。镇上可能有20家商店、1个工厂、一两个学校，也许还有1个藏书稀少、布满灰尘的图书馆。幸运的话，一些小型企业可能会提供类似行业、专业或职业的东西。想象一下，大多数人每天会有多少有趣的新鲜对话，要想摆脱这种生活是多么困难。

对比一下今天同样的人能得到的东西。他可以在互联网上搜索任何书籍或观点，可以在网上遇到志同道合的人。他可以逃离家乡，去其他地方，或在无数的网站上浏览他人的经历。在他的预算范围内，他可以找到并购买任何想要的东西，可以同时与全球数十人进行对话，可以在家里通过电脑加入世界上任何一个地方的公司。

从网络的角度来看，我们与他人的分离程度降低了。更深入地说，我们与他人的思想观念以及与他人文字和形象的分离程度也已经极大地降低了。我们可以在网络上找到所有这些人的"代理"信息。例如，在写这一章时，我们想找到媒体消费的统计数据，就可以在谷歌搜索。很多我们不知道的东西，都只需要在谷歌上搜索。

互联网使我们社会中的选择（枢纽和连接的选择，信息和沟通方式的选择）以及多样性大大增加。有史以来，我们第一次拥有了"太多的信息"和"过度的选择"。更多的网络带来更多的变化、更多的信息和更多的成功机会，但也更让我们感觉自己会失败。我们像以前一样依赖枢纽和连接的半隐藏结构，但是它们的选项比以前更加复杂、更加明显，在我们面前展现出令人困惑的复杂性。我们的流动性越强、越成功，我们就有越多选择，这也极大地增加了我们采取错误行动的可能性。

我们该如何应对呢？简单的答案是，要意识到生活可以比过去更好，拥抱机遇，同时避免新环境中的陷阱。这些机会迷人又简单。为了避免无依无靠，一位祖母可以很容易地学会如何用Skype免费给她的孙子们打电话。但要在一个选择过多的世界中有效地使用新工具，我们必须建立和磨炼筛选能力，以及在线上和线下过滤垃圾信息的能力。我们应该对高质量的新想法和联系保持开放的态度，但要屏蔽掉那些偷走时间，赶走原创想法和创造性联系的糟粕。理想情况下，我们会对随机的新的弱连接开放，尤其是来自不同世界的弱连接，但是会有选择地将一个弱连接（新的或旧的）变成友好的熟人。我们将在枢纽上花费时间，所以对于这些潜在枢纽应该多多检查，要确保是我们主动选择它们，而不是它们选择我们。因为选择太多而不做筛选或不好好筛选，都会让我们付出巨大的代价。我们稍后会看到，虽然生活中有很多选项，但大多数人都同时选择了其中少数几个。

庆幸的是，我们在网上能得到很多帮助。层出不穷的选择催生了相应的技术和服务，我们可以对大量信息进行搜索、列表、排序、比较、审查和筛选。网站竞相成为值得信赖的顾问或市场：亚马逊提供书籍和光盘，烂番茄网提供电影评论，Etsy提供手工制品，还有成千上万的其他网站。举个例子，我们大多数人都对亚马逊上推荐的"其他顾客购买了什么"很感兴趣。

即使没有这样的过滤器，互联网中也存在一种让他人帮我们选择网站的网络现象。在任何一个特定类别的大量网站中，用户往往出于某种默契选择了少数几个网站（通常只有一两个）。这多方便啊！引人注目的是，线上互联网的集中度（即领导者占据的市场份额）通常比线下更大。

你会发现，对于任何线下的制造业或商业领域（如汽车、出版、沙拉酱、保险、广告代理），前三大供应商占据了1/3到2/3的市场份额。例如，美国三大汽车制造商占据了53%的市场份额。从全球来看，三大手机制造商占据了64%的份额。而前三大冰激凌制造商的交易量占行业总交易量的39%。考虑到这些领域的供应商总数，这种集中度相当高。

然而，互联网的集中度更高。美国在线搜索市场上，谷歌和雅虎占有84%的份额。在全球范围内，必发占据95%的电子博彩在线交易量，维基百科占据超过95%的在线百科查询量。亚马逊控制着美国电商市场总额34%的惊人份额，而它在图书市场几乎完全占据主导地位。这一切都很奇怪，因为互联网可以让任何人自由轻松地进入某个领域，线上进入市场的门槛也比线下低得多，但线上的集中度却要高得多。

选择是如此之多，决定的难度又这么大，因此大多数人选择了最简单的解决方案：相信其他人的判断。我们会被某个特定类别中最大的在线枢纽吸引，而且一旦该类别中有一个明确的领先者，它往往会日益占据主导。我们就像《谁想成为百万富翁？》（*Who Wants to Be a Millionaire?*）节目中的参赛者一样"求助现场观众"。那么，"群体智慧"之所以在互联网上发挥作用，仅仅是因为我们自己很难做出决定吗？还是搜索引擎决定了人群的去向？谷歌的递归算法根据一个网站链接到其他大众网站的数量对搜索结果进行排名，这就像对"谁应该保持权势和名望"进行投票。

我们已经论述了生活中最重要的决定是我们对连接和枢纽的选择，那么网络空间如何影响这些决定？

显然，互联网让我们能够培育更多的弱连接，参与更多的枢纽。社交网络和挖掘人际关系的工具猛增，它们帮助我们记录、组织和管理线上联系、认识的人和会员资格。社交网络可以让我们对自己的社交全景图有一个大致的了解（我们直接和间接的联系人），这对于寻求介绍、推荐和参考非常有用。它让我们能够描绘出自己与朋友之间的连接。我们可以看到自己的网络是否开放，是否将互不关联的世界连接起来，或者网络内部是否紧密相连。网络确实让我们能够打造和管理成百上千的弱连接（或强连接）。你不需要每天花好几个小时沉浸在脸谱网或领英上，你只需要上传个人资料，然后就能重新发现和追踪那些遗忘已久的朋友及联系人了。我们可以像使用电话簿一样使用网络，而不必在这上面花很多时间。如果这能带来更多现实生活中的团聚和交流，其潜在的好处是相当大的。

然而，即使是最令人眼花缭乱的技术进步，也可能难以改变支配人类互动的基本社会、经济以及物理规则——那些我们千万年间进化而来的基因和文化结构。语言和交流可以压缩成活字，甚至是网络空间，但我们已经进化为在面对面交流时才更能理解他人、更快乐、更有活力。人类学家表示，技术并不能增强我们处理有意义的关系的生物能力。在这些关系中，某种程度的信任和互惠被视为理所当然。

他们可能是对的。你能想象在网上与从未谋面的人坠入爱河吗？我们觉得不能。相比之下，一见钟情往往只能发生在现实生活中。你是否遇到过"邮件中话不投机"的情况，即无意中出现的一行毫无恶意的文字就会让收件人非常生气？虽然这样的误解也会在人们面对面的时候发生，但这种情况肯定很少发生，而且更容易纠正。虚拟世界的范围广大，但远没有现实世界的那种深度和情感力量。它传达不了微妙和丰富的个人信息，特别是对于互相不太了解的人来说，而这种信息在传统的面对面交流时才能最有效地传递。我们需要人际关系。成瘾者需要频繁自我麻醉的慰藉，而我们所有人都需要频繁地面对面连接，需要那些人与人之间温暖的、复杂的、出乎意料的、诱发对方反应的玩笑，即使是与我们不认识的人。它让我们继续前进。我们需要合作，即使只有一会儿。因此，许多庄重的人类目标似乎不太可能仅仅通过虚拟手段来实现。维基百科可能是个例外，但即便是在那里，资深志愿者们也常常显得暴躁易怒，彼此争吵不休。当我们每天都能看到彼此，看到不同意见可能造成的伤害，那么达成一致、彼此共情、创建和谐就容易得多。

我们希望你能同意这个观点，即线上世界需要与线下现实保持平衡。我们生活中真正紧要的部分（我们和谁在一起，我们以什么为生，我们的健康如何，我们在哪里安家）必须主要发生在现实世界中。也许我们的孩子会进化成《星际迷航》（*Star Trek*）中斯波克先生的网络空间版，在那里知识是完美的，一切都是理性和经过计算的。我们对这种前景感到不寒而栗，但也心存怀疑。语言的出现和印刷品的传播极大地丰富和促进了人类之间的交流，特别是思想和发明的传播。但是语言和书籍没有淡化人类的情感，也没有降低我们想要与他人接触并与他们产生大量联系的欲望。新的媒介增强了我们的力量，却没有削弱我们的本性，它既没有改善人性，也没有恶化人性。

正如我们应该努力不被枢纽驱逐，也应该同样小心不要被它占有。我们天生就懂得与他人连接，这也许意味着我们不擅于切断连接。我们之前看到，现实世界的枢纽发挥着引力，让我们对它们过于认真，引诱我们在其中花费了太多的时间。虚拟枢纽也会施加类似的有害引力。它们吸引我们，然后使我们上瘾、分心、陷入圈套。我们花在网上的时间，必然会挤占现实生活中的时间。

如果网络空间能让我们遇到以前不可能遇到的人，或者重新建立旧的联系，那么它就会改善我们的生活。但这不会成为主要手段。对于获取信息和交流沟通来说，互联网是一种非常便捷、强大和令人愉快的方式，但它不能替代一些帮助我们明智选择的东西。这种东西和人类本身一样古老，那就是面对面的交流，它可以动摇和改变我们的生活。

第 *7* 章

挖掘你的弱连接

我见过很多人……事实证明这些人的价值出乎意料……我不常见到他们……（但是）这就像旋转一个赌轮——你永远不知道会发生什么。

——安东尼·鲍尔，南非私募股权业的元老

1996年，英国伦敦，梅菲尔区

罗宾·菲尔德偶然间通过他的社交网络弱连接帮助了我，而我当时对此毫不知情。在罗宾扭转了斐来仕的局面后，他开始寻找斐来仕可以收购的公司。其中一家是英国的托普斯文具公司，罗宾便开始与这个公司的企业金融家进行谈判。

这笔交易搁置了好几年，但这位企业金融家仍与罗宾保持联系，并邀请他到自己位于梅菲尔的办公室共进午餐。在场的另一位客人是卢克·约翰逊，他是一位连续创业家，现在是英国第四频道的董事长。卢克向罗宾讲述了他离开比萨玛尚诺（Pizza Express）的情况，这是他与别人共同创立的一家连锁餐厅。喝了一两杯红酒后，罗宾（他的随意热情是出了名的）慷慨地告诉卢克，他应该买一家叫贝尔戈（Belgo）的连锁餐厅，那里的服务员打扮成修道士，供应青口贝和薯条。罗宾补充说，他认识这家餐厅的店主——也就是我。然后他们的话题便转到政治上，罗宾也没再去想这件事。一年后，卢克（他在那次午餐前从未见过罗宾，之后他们也没再见过面）突然打电话给罗宾，要我的电话号码。经过一番谈判，我们把贝尔戈以超出我们预期的价格卖给了卢克。他真的很想要这家公司。

奇怪的是，直到最近我告诉罗宾正在写这本书，他才向我提起这件事。我在想，这些"接连不断的好运"中有多少是真的来自稀薄的弱连接。在没有我们参与的情况下，承蒙我们认识的人和他们关系网中的一两步关联，让好运降临到我们身上。

这是真正的"被动网络"，因为网络自身完成了所有的工作，不管我们付出的努力有多少，它都会持续运转。拥有良好的人脉比拥有活跃的人脉更重要。也许二三十岁的人应该慎重地考虑进入几个可以让自己终身受益的社交网络，即使这种人脉连接看起来比较疏远或暂时没有用。

对某些人来说他们会更早地开始谋划：在特权阶层的托儿所和预备学校上学，能享受到校友关系带来的好处。或者在常春藤盟校、牛津、剑桥，以及世界各地的同类学校中巩固关系网络。当然，上层社会的团结继续蓬勃发展，尤其是在英国。这一点在朱利安·费罗斯的小说《势利眼》（Snobs）中得到了轻微的讽刺（这可能是费罗斯自己说的）：

> 上流社会对绰号的热衷所隐含的幼稚、虚伪、不拘礼节一直让我感到不适。每个人都有一个绰号，叫"太妃糖"（Toffee）、"波波"（Bobo）或"史努克"（Snook）之类。他

们认为自己的绰号意味着一种活泼、一种永远的童年生活，代表着一种在保育室炉火旁穿着睡衣和保姆一起取暖的温馨回忆。但实际上，这只是他们对偏狭思想的简单重申，想要提醒人们，他们享有的共同历史是新来的人所没有的，这是他们公开展示彼此亲密关系的另一种方式。当然，这种昵称形成了有效的屏障。新来的人通常会陷入这样的境地：在熟识了某些人后，你既不能继续叫她们某某女士，也还没有熟到叫"香肠"这样的绰号，而叫她们的教名在她们的圈子里则明确代表你与她们根本不熟。所以，新来的人被迫从友好亲密关系的正常发展中退出，这在其他阶层的熟人圈也是惯常的。[1]

但它有利有弊。有特权的人可以在自己的同类中建立网络，排斥其他的人，但这样做可能会把他们从一个更大的多样化的体系中孤立出来。而且，如果这本书的论点是正确的，这是一个越来越危险的策略。在人数不多的上层阶级不再是行动主导者的世界里，依靠旧的"魔法圈"可能会行不通。如果这本书的观点错误，当权者和富人的封闭世界也不会比同样孤立的穷人飞地更有用处。当然，从我们的采访中，没有证据表明来自中学或大学的人脉（不管它们是否排外）有助于杰出人物的崛起。他们大多数人都在职业早期，通过在工作网络中扮演日益重要的角色使事业蒸蒸日上，然后随着人脉圈的扩大和变化，他们转向了另一个良好的网络。

然而，网络可以在我们人生中的任何时候建立起来，无论什么时候都不晚。

20世纪90年代，马萨诸塞州波士顿和英国伦敦

杰夫·库里南犯了他一生中最大的错误。他与人共同创立并发展壮大了一家成功的咨询公司，并花了18个月的时间从事个人投资工作。之后，他被一家行业领先的玩具店哈姆利斯挖过去担任该公司的首席执行官。但6个月后，杰夫与公司的董事长和共同所有人闹翻了，并突然辞职。在这之前，他的职业生涯一切顺利，现在看起来却一团糟。

但杰夫有一条宝贵的退路。在过去的18个月里，他没有得到任何一份有报酬的工作，但过得很愉快，而且这段时间对他的视野发展很有益，尽管他当时还不知道这一点。他告诉我："我没有办公室。"

我只有名片夹，我在书房里工作。我和很多人谈过很多事情。正是与各种各样联系人的接触让我拥有了企业家精神，而这可能不是我的天性。在我的人脉最分散时，它也是最有价值的。这对我和我的声誉都有很大帮助。这是一段黄

金时期，我在不需要任何承诺的情况下为自己打下根基、建立联系。

我曾接到许多工作邀请，但都拒绝了。我想开启另一项事业。我认识贝恩公司波士顿和伦敦的高层管理者，他们似乎很喜欢我的职业经历。同样，我一直欣赏贝恩的文化，它符合我的世界观。打动我的是，他们坚持不懈地说服我加入他们，但我不想倒回去做"传统"咨询。在与他们的交流中，我们觉得可以在贝恩内部建立新业务，为私募股权公司提供交易咨询，并与他们一起投资。如果不是花了这么多时间四处看看，了解私募股权行业和许多关键参与者，我不会发现这个机会。整件事的转折点是我遇到了一位来自加州的贝恩合伙人，他花了几年时间试图开发一种商业模式，以便为私募股权投资者提供建议并与之共同投资。这是一个真正的灵感时刻，我立刻看到了两者之间的联系，以及它在全球范围内大规模运作的潜力。

于是，我同意加入贝恩，建立一个在欧洲还没有出现的新业务。12年后的今天，我们创立的私人股本咨询业务占贝恩全球营收的1/4以上。我们在全球遥遥领先，在大型交易中占主导地位。这项业务的运转情况对于他们和我来说都棒极了。

　　在进入贝恩公司之前18个月的漫长时间里，杰夫那种放松的态度至关重要。当然，正如他坦率承认的那样，他当时处于一种特权地位，因为有储蓄可以依靠，而大多数人不会有这种缓冲。尽管如此，他的故事表明，把注意力更多地放在联系、信息收集和创意上比立即找一份工作更具有优势。我们或许都应该这样做，如果足够幸运，我们会在真正"需要"找工作之前就被雇用。杰夫的方法给他带来了很多机会，他可以选择行动，而不是被迫行动。他等待着，直到看到了最适合的职位和一鸣惊人的机会。他广泛的人脉和信息源使成功的可能性大大增加，而人脉广且手握众多选择，使他很容易以有利的条件达成交易。

　　杰夫是我们采访的几十个人中的一个。我们的采访对象包括那些在工作中很有成就、快乐、充实，而且（如果他们愿意的话）已经赚了很多钱的人。我们询问他们关于弱连接和连接枢纽的问题，他们的回答都呈现在本书中。受访者来自7个国家，覆盖16种职业，他们的性格和对工作、生活的态度各不相同。但他们都有一个共同点，这给我们留下了深刻的印象。他们毫无例外拥有大量不同类型的点头之交，并与这些人保持低频率但相当固定的联系，至少一年一次。

　　我们希望你们都同意，弱连带的力量挑战了关于强关系和弱关系的常识。我们都倾向于认为友谊是理想的关系，而其他任何东西都是肤浅和无用的，或者至少不值得我们关注。

但是，如果友好的泛泛之交是一件很棒的事（不同于亲密的友谊，它是一种独特而有价值的东西），是大量高效、松散和灵活的关系，只需占用很少的社交能量，就能潜在地为双方提供显著的好处呢？

当我们明白了泛泛之交的规则（它不是友谊可怜的替代品，而是完全不同的东西）之后，它就可以在我们的生活中扮演重要的角色了。与互相尊敬但只是点头之交的人进行广泛接触，能够增强我们的人性，增加我们的机会。而这样做不需要投入大量时间、关注和情感，却是深厚友谊的重要组成部分。

＊　＊　＊

艾德里安·比克罗夫特认为他的成功归功于两个弱连接。他是欧洲最成功的专业投资人之一，将安佰深合伙公司（Apax Partners）从只有3个人的小公司发展壮大成为一个利润丰厚的商业巨头，并接管了安佰深的美国部门，后者没有那么成功。

然而，艾德里安当年从哈佛大学获得MBA学位后，其职业生涯的早期并非一帆风顺。"我很清楚，我想在工业界找份工作，最终成为一名首席执行官。"我们在卢森堡吃早餐时，他向我透露：

离开哈佛的时候，我试着在英国找一份高科技产业的工作，当时的主要目标是普莱西（Plessey）和GEC这两家公司。但他们对拥有MBA学位的人完全不感兴趣，即使是像我这样有技术背景的人。我从来没有想过成为一名顾问，我喜欢亲力亲为，而不是提建议。但我不得不改变原来的计划，加入一家咨询公司。我告诉自己，最多在波士顿咨询公司工作3年，然后再进入工业产业。

但是这个计划失败了，艾德里安在波士顿咨询公司工作了8年。虽然他做得很好，成了副总裁，但并不快乐。他说："过去两年尤其艰难。我没有晋升的机会，感觉自己没有做出多大贡献。那是一段非常痛苦的时期。"不过，最终，风险投资家罗纳德·科恩找到了他。科恩在伦敦经营着一家非常小的基金公司，名叫安佰深。他在跟约翰·贝克聊过之后联系上了艾德里安。约翰·贝克曾在哈佛商学院读MBA，是跟艾德里安同专业的80个人之一，但不是他的密友。

当时加入安佰深八字还没一撇。他们只管理1 000英镑的基金，他们付给我的薪水只有我在波士顿咨询的1/3。我喜欢在3个人的创业公司里工作吗？他们求了我很久，最终，带着种种疑虑，我答应了，因为我想离开波士顿公司。

我意识到得自己找业务，但并不知道该怎么做。不过接下来我就遇到了由两个出乎意料的弱连接达成的交易。我之前加入了牛津北部克罗佩迪的一个板球俱乐部，俱乐部里一个我不太熟的人把我介绍给他的朋友，这个人经营小型唱片连锁店。这让我达成了第一笔交易。6个月后，我们把这个连锁店卖给了W. H. 史密斯，那是一家英国的大型连锁店，价格是我们买入价的3.5倍。

这帮助我在新工作中树立了信心和声誉。我的第二笔生意是Computacenter公司，这是一家电脑销售连锁店，由菲尔·休姆经营（菲尔曾是波士顿咨询公司的老板之一）。但我不是从菲尔那里直接知道这笔交易的，而是因为偶然遇到了约翰·伯吉斯，我知道他在我们加入波士顿咨询公司之前就已经离开了那儿。约翰跟我提到了那笔交易，所以我打电话给菲尔，我们就成交了。我们投入了1 000万英镑，最后赚到了2.7亿英镑。

当然，弱连接不仅存在于商业世界，也存在于个人生活和职业生涯中。无论我们何时谈论网络和弱连接，都会有人向我们讲述他们的人生历程是如何在一次偶然的接触中发生转折的。

20世纪90年代，英格兰，汉普斯特德

爱丽丝·华莱士是一位艺术家，她在汉普斯特德的画廊里举办

自己的预展。她邀请了佩特拉——一个她只见过一面的人。

我非常希望她能买一幅我画的水彩画。不管怎样，她带来了她的一个朋友安，我从没见过她。她们俩是那种每个周末都参加非公开展览的人。

她们两个人都没有买画。我和安聊了聊，她告诉我那天是她40岁生日，并邀请我参加当晚的庆祝派对。安在派对上看起来美极了，她邀请了一位爵士钢琴家戴夫。他是一位绝妙的伴奏者，他的伴奏让每个女孩的歌声都像艾拉·菲茨杰拉德，有很多女人想让他伴奏演唱。

我一直想唱爵士乐和布鲁斯，但从未在公共场合表演过。从孩提时代起，我就为母亲弹钢琴，她有一副美妙的嗓音，多年来一直在卡拉奇电台演唱爵士乐。不知怎的，在她的阴影下生活了20年的沮丧情绪达到了极点，我做出了完全不符合性格的举动。我奋力挤开簇拥在戴夫身边的其他女人，抓起了麦克风。我选择了《手风琴师》（*Organ Grinder*），这是一首20世纪20年代粗犷的布鲁斯歌曲，虽然这首歌曲不是很有名，但任何钢琴师都能凭借它大放异彩。结束的时候相当刺激，我大声吟唱："你悦耳的音乐似乎使我心情舒畅，好吧，不只是因为你的风琴。这是因为你演奏的方式！"

几个音符就确认了我们之间完全意料之外的音乐上的浪

漫合作关系。在接下来的5年里，我和戴夫在伦敦的地下室爵士乐俱乐部及时髦餐厅里表演，我们还举办了一场舞会。我发掘了一个自己作为歌手和作曲人的绝好新职业。如果那天早些时候我没有和一个不认识的人说话，这一切都不会发生。

1995—2007年，南非，开普敦

在最近的一次网球课结束时，来自捷克的教练斯坦·哈萨问我最近在做什么。我说正在写一本书，并迅速解释了什么是弱连接。他立刻就明白了，并告诉了我他生活中的两件大事：

> 1995年，我和妻子从德国来到开普敦，我们住在一对同性情侣开的招待所里。我们在搬出去后还与老板保持着联系。我不确定自己在南非能做什么工作，一直在四处寻找。4个月后，我没有找到任何感兴趣的工作，钱也要花光了，有点沮丧。这时，出乎我预料的是，招待所其中一位老板打来电话说，他常去健身的"健康与球拍俱乐部"正在招聘网球教练。我曾是一名半职业网球运动员，但从未当过教练，甚至没有想过这一点。所以，实际上是那位先生让我弄明白了自己可以做什么工作，并帮我建立了联系。

在面试后，我得到了这份工作，并在那里度过了12年不错的教练时光。我在那里结交了很多好朋友，让很多以前不认识的人聚在一起，让他们也成了亲密的朋友。你可能会说这完全是运气，但我认为在某种程度上自己确实在寻找那种工作，不但教网球，而且把我在球场上遇到的人们联系起来。当然，我很乐于这样做。

胡特湾有个跳蚤市场，我们过去常找那里的一个养蜂人买蜂蜜。2007年的一天，养蜂人告诉我，一位国际瑜伽大师将在开普敦赐福。我之前就对宗教方面很感兴趣，所以决定跟他一起去。这场赐福真的触动了我。我当时没多想。不久之后，我们决定回德国，主要是因为我女儿的教育问题。后来我发现，这个瑜伽大师有一个修行中心，离我们住的地方不到两小时的车程。我现在定期去中心向他学习。

我不相信意外或巧合。我认为我们会在生活中找到一直寻找的东西，即使可能不知道那是什么。世界就像一个巨大的雷达机器，我们搜寻的东西不会没有回应。我们的需求在一个万物互联的宇宙中振动。大部分的帮助来自我们不太了解的人，只要我们愿意接受他们的帮助，只要我们给予其他人真正需要的帮助。这听起来可能有点牵强，但这就是我到目前为止的生活。

20世纪70年代，英格兰，剑桥

科林·史密斯是一位备受尊敬的艺术家。他艺术生涯中的一个重要荣誉是伦敦的泰特美术馆决定购买他的两件大型作品作为永久收藏（对泰特美术馆来说，从一位在世艺术家手中购买多件作品是极不寻常的）。科林的成就是通过几个弱连接实现的，其中一个人他从未见过，但那个人在30多年前就知道他了。

大约10年前，我遇到了以前的导师，我们很多年没见了。他说，他刚刚偶然得知，20年前（从说话那时往前算）我的画差点被展示在剑桥大学的一个著名艺术品展廊。学校曾考虑授予我这个荣誉，但我对此一无所知。无论如何，当时的主任有过这样的决定，但因为我太年轻了（尽管他对我的工作评价很高），最终没有将这个荣誉授予我。一开始我只是有点困惑，但后来我想，不管这位主任身在何处，为什么不现在就联系他呢？我四处打听，通过另一个认识的人，得知这位前主任现在就在泰特美术馆工作。当时我正在填写一份资助申请，它需要两名介绍人，所以我把它寄给了这位前主任，问他是否介意为我推荐证明。他同意了，随后问能否拜访我在哈克尼的画室。他和另一位策展人一同出现在我的画室，这最终促使泰特美术馆买下了我的作品。

最近，我又从几个认识的人那里获得了好运，虽然我跟他们一年也见不了一次。我在白教堂画廊进行了一场关于另一位艺术家的演讲之后，曼纽尔（一位西班牙银行的安全顾问）和他的妻子艾莉森向我走来。我们聊了一会儿，我很感动，因为他们为了从我这里买一幅画而推迟了新浴室的装修。我们后来保持着联系，他们时不时会来伦敦参加我的展览开幕式。

两年前，曼纽尔给我发了一条短信，说他刚刚在《金融时报》（*Financial Times*）周末版上看到了我的名字。金融不是我熟悉的领域，我可能会完全错过这个信息。有一位成功的企业家在接受杂志采访时说，他有两幅我的画。我用谷歌找到了他的电子邮件地址。我们建立起了联系，最终他来参观我的工作室，购买了更多的作品，并赞助了我的一个研究项目。我们也成了非常亲密的朋友。我在西班牙有一个工作室，地处偏远，但离他在那边的住所很近。

2003—2005年，英格兰，伦敦

斯蒂芬·舍伯恩爵士不是一个家喻户晓的名字，但对于英国政界人士来说，他以两个重要的身份闻名。第一个身份是在1983年至1987年间担任英国首相玛格丽特·撒切尔的内阁大臣，这几年

是她打破亚瑟·斯卡吉尔领导的英国矿商势力的关键时期。（斯蒂芬和玛格丽特在1983年的大选中一拍即合，当时他每天早上都会在记者招待会前向她汇报简要情况。）第二个身份是担任迈克尔·霍华德的幕僚长，霍华德在2003年至2005年间担任在野党领袖，在此期间保守党也开始了重获选举资格的漫长道路。我在沃尔斯利咖啡馆与他相见，这家咖啡馆坐落在皮卡迪利，被他当作办公室来用。斯蒂芬解释了在他整个职业生涯中，弱连接是多么至关重要：

一方面，你慷慨地将爱给予亲爱的朋友们，你像对待植物一样给他们浇水施肥。在政治生涯中，总会存在亲密的友谊，这是因为大家拥有一些共同的强烈经历，它不只是一份朝九晚五的工作。另一方面，有些人你几乎不认识，但你和他们有一些微弱的、友好的联系。在我的职业生涯中，我从密友那里学到了很多东西，但他们并没有给我带来任何职业上的领先优势（也许是因为这种友谊太私人化了）。而一些偶然认识的人却出乎意料地给我带来一些非常有趣的工作机会。

例如，我能担任迈克尔·霍华德的幕僚长时就是这种情况。我对霍华德了解得不多。我在内阁工作的时候，他是位初级部长。但我们没有直接的联系。我认识一个叫史蒂夫·希尔顿的年轻人，他在莫里斯·萨奇的公共关系部工作。史蒂夫的女朋友恰好是迈克尔·霍华德的顾问。她告诉史蒂夫，霍华德需要一个幕僚长，并说："为什么不聘用斯蒂芬·舍伯恩呢？"我热爱这份工作，它让我回到了政治中心。如果没有这两个微弱的连接，这一切都不会发生。

如今，我的工作是为公司提供咨询服务，我最好的客户是一家房地产公司。两年前，我接到一位女士的电话，她说曾和我一起工作过。我没认出她，因为她结婚后改了姓名。15年前，她还在牛奶市场委员会工作，而后则成了我的客户。无论如何，她现在是这家房地产公司的企业事务主管，她告诉公司的CEO他需要战略建议，并推荐了我。

我觉得自己很幸运，做过那么多不同的事情，拥有那么多我已经忘记的关系，所以这些"1‰"的中奖机会比人们预期的要多。

我们的人际关系时不时会带来好运，这很吸引人。我们可能不知道为什么要和别人说话或者和他们保持联系（我们可能在99.9%的时间里都忘记了他们的存在），但是如果他们有一个良好的弱连接网络，我们就可能会突然受益。那么，我们能做些什么让这种意外之喜出现频率更高、更容易？我们能否通过增加更多适量的非正式接触来增加我们的胜算，就像将大量小赌注撒在我们能找到的所有轮盘赌桌上？

安东尼·鲍尔或许是南非最成功的风险投资家，他认为我们可以做到这一点。他患上了大多数勤恳商人的职业病——忙得不可思议。然而，他总是在日程上留出时间，每周一次，不预设具体计划或目标地与一个新联系人或他长时间没见的人共进午餐。

我问他如何证明这样有用。他咧嘴一笑，像是做了个鬼脸。

在我的公司里，有些人会批评我在没有特殊原因的情况下与外部人士会面。他们说我倾向于接近那些自己觉得迷人的人。这倒是真的！

随机性经常起作用。想想投资银行家，他们的整个职业生涯都依靠随机性。他们事先不知道谁有用，或者有什么用。但是他们会把偶然的联系放在一起，从而得到结果。商界的每个人都可以这么做。

与他人的关系最终还是归于关系本身，而不是其他的东西。如果有人想和你相处在一起，他们会优先为你而不是别人带来有价值的东西。友好的熟人关系对我很有帮助，也对大多数有意培养和维持它的人有效。你可以很容易地在人际互动中检验这些想法，然后选出对你有效的。

有些人对我很有帮助，尽管我真的不太了解他们。例如马克·帕特森，我们上的是同一所学校，但不是在同一时间，我们的联系很少。他在纽约是个超级连接者，我一到那里就会花时间去看望他。他经营着一只不良债务基金，事业非常成功。他在许多事情上都特别乐于助人。他告诉我如何为一项要约或销售定价，还告诉了我关于我们在美国一项投资的许多事，等等。

我遇到过很多这样的人，他们在商业领域起到了意想不到的作用。我不经常与这些人见面，一年大概见四五次。这就像旋转一个赌轮，你永远不知道会发生什么。

你要做的就是联系自认为可能会提供帮助的人，并寻求他们的帮助。如果有人向我寻求帮助，我也会这样做。如果你有这种心态，寻求帮助就是很自然的事。你总能做一些对自己来说容易却对他们来说难的事情，因为这些事情超出了他们的经验。

我强烈地相信给予的力量，你可能不会立刻得到回报，也许在任何特定的情况下都不会，但所有这些事情都将形成一个奇妙的大循环，一条互惠互利的链会延伸到你和他们所有的联系中，也就是所谓的无形连接，因果循环。只要给予，你就会得到。

杰夫·库里南对此表示赞同，但他表示，联系人的多样性也至关重要：

我相信机会来自那些我们没有花很多时间相处的人，因为他们在我们的世界之外。每当我看到别人，就会问"×最近怎样？"。×是一个我们都认得的人。×小姐是在"另一个星球"上行走的人。在一个固定的网络中，人们只会跟已建立亲密关系的人交往，这就是为什么拥有一个松散混杂的网络很重要。如果你等到有了理由才去见某人，那么你们可能永远不会见面，你会错过很多东西。

这种"广撒网"的做法听起来是不是有点漫无目的，与我们生活中一直听到的关于"聚焦"的建议不一致？但它不需要聚焦。

停止聚焦，随机才是有效的。

* * *

接下来我要讲一个自己的故事。我25岁左右的时候当上了管理顾问，当时就想和一两个同事一起创办自己的公司。我突然意识到，塑造和管理自己的公司会有趣得多，这是唯一能让我不再做工资的奴隶并获得控制权的方法。但我不想一个人做这件事（太孤独、太冒险了），而且有些事情我很不擅长，比如管理一家公司的日常事务。

所以我一直怀揣着创业的想法，但未曾找到机会。

后来，机会来了，但它是以一种迂回的、间接的方式到来的。

如果我不是一直留心观察的话，机会早就溜走了。

在波士顿咨询公司工作4年后，我跳槽到了当时规模相当小的贝恩公司。我搬到了伦敦，我的两个同事一个叫吉姆·劳伦斯，他最开始是我的老板。另一个是伊恩·埃文斯，他和我同时被提拔为合伙人。我喜欢而且钦佩吉姆和伊恩，但他们对我来说只是熟人而不是朋友。

我在贝恩公司工作的第3年，奇怪的事情发生了。那是一个周六的早上，我给贝恩的另一位同事伊恩·费舍尔打电话。我们聊着正在处理的一个案子，他突然脱口而出："大事不妙。"我问他这是什么意思，但他不肯透露。他在波士顿的办公室里目击了什么，但他发誓要保密。不过，他也承认"理查德，情况真的很糟糕"。我问："这和吉姆和伊恩有关吗？"他没说话，但也不需要说了。

谈话一结束，我就试着给伊恩和吉姆打电话，但是他们两个人的电话都打不通。他们脱离困境了吗？他们是在谋划什么吗？他们是要辞职创立自己的公司吗？如果是的话，我能参与进来吗？

我从贝斯沃特的住所骑车到伊恩居住的基尤河畔。我看到他们两个在一起，一脸震惊。他们从伦敦飞往波士顿，亲自向比尔·贝恩递交了辞呈，希望他能欣赏他们的态度。贝恩却要求联邦警察对他们颁布禁令，阻止他们开启竞争或带走客户。

我说我愿意加入他们，如果他们已经开始了的话。他们深受感动，因为在他们最黑暗的时刻，居然有人愿意加入他们。几个月后，我们共同创立了 Lawrence, Evans & Koch 公司，也就是 LEK。

机会的敲门声常常是低沉的。它可能会出现在你最意想不到的时候，从薄弱的联系和微弱的信号中传来。

＊　＊　＊

培养和利用弱连接的技能将体现在你社交网络的开放性和多样性上。一个简单的检验方法就是计算一下过去几个月里，你和不常见面的人或新朋友进行了多少次社交或商务会面（一起喝咖啡这样的短暂会面也算）。你能想起最近一次和谁讨论过你生命中重要的事情吗？比如一个重大的决定，得到或给予的帮助，又或者一个与你的工作没有直接关系的计划或项目。这些人在年龄、性别、种族、宗教、社会、教育程度、职业群体、政治观点、工作场所和兴趣爱好等方面是否与你有很大不同？很明显，如果他们是一群不同的人，彼此不认识，那么你的社交网络很可能是开放的、多样的。如果他们都认识并且彼此相识，或者如果你只和亲密的朋友讨论重要的事情，你的网络就是封闭和内向的，因此可能很难有新的信息渗入。

如果这项技能测试失败了，也可能是件好事。我们越是缺乏一个庞大、开放、多样的弱连接网络，机会也就越多。

清点我们的弱连接时，我们不应该忘记过去认识的人。据说，

"过去"是一个陌生的国度。也许吧，但它也具有一种神秘的熟悉感，很容易被重温。我们大多数人都有巨大的潜在网络，很容易就能被重新激活。

我是通过沃顿商学院校友网络认识保罗·贾奇的。他是我认识的人脉最广的人之一，在商界、金融界、政界和教育界都有大量人脉。他是英国人，1973年离开沃顿商学院回到英国。后来，他因创建了贾奇商学院而被授予爵士称号，该商学院设在剑桥一栋极好的新建筑里。保罗的弱连接比我认识的任何人都多，他总是来去匆匆，乘飞机去世界上某个遥远的地方跟不同的人会面，似乎总在拜访各种各样的人。

对保罗来说，建立联系的行为是由社交需求，以及他对人际交往的迷恋驱动的，有时还是为了重温过去的美好时光。

例如，我最近搬家的时候，发现了一本1976年的工作电话簿。我想，天哪，我记得上面所有人！我让两个秘书联系了所有人，我们办了一个大派对。每个人都很激动。25年过去了，每个人都能立刻认出彼此，就像校友一样。我想这就是为什么旧相识是这么好的弱连接。你可以零成本地恢复旧关系，这很容易做到。你熟悉他们，如果你愿意，可以立即与他们进行深入的交谈。但我认为，顺其自然很重要，除了与人见面的乐趣之外，不要寻求任何好处。机缘巧合会发生，但它出其不意，你肯定无法让它屈服于自己的意志。

我们建立和维护一个优秀的弱连接储备库的主要方法是保持一个广泛的朋友圈，对新认识的人或新接触的领域保持开放的态度，同时不断耐心、潜心地思考他们与我们的愿望要如何关联起来。有些人，比如理查德·布兰森，总是带着一个 A4 大小的"日志"，在与人们见面时快速记下任何他认为将来可能有用的谈话、想法和联系方式。[2]

除了开放性和机缘巧合，我们还有另外三个策略，虽然不那么重要，但值得一提。第一个策略是有意识地把某个新领域作为目标，并参与其中。我们为自己的生活增添一些新的社交"背景"，例如打高尔夫球、加入自行车俱乐部、做瑜伽、找一份新工作或参与志愿者服务。但很显然，我们不能频繁地这样做，所以一年一项新活动也许是一个合理的目标。

第二个策略是我们可以让自己置身于各种各样的场景，那里有很多与陌生人或泛泛之交进行随机接触的机会。比如坐在公园的长椅上阅读或只是看着人来人往，在热闹的场所遛狗，带着或不带笔记本电脑光顾一个特定的咖啡店，经常去俱乐部、酒吧、餐馆、书店、市场或其他人们聚集的地方。人们在特定的场所开展社交活动已经有几千年的历史了，但是直到 1999 年雷·奥尔登堡才创造了"第三空间"这个短语（继"家"和"办公地点"之后）来描述我们习惯性放松的地方。[3] 经常去熟悉的第三空间，不定期地涉足新的地点，是更新或打造弱连接的好方法。

第三个策略是为了满足迫切的需要而采取的特别行动。例如，如果你迫切地想换工作，就应该利用起一切现有人脉，恢复旧联系，建立新连接。比如朋友的朋友，他们可能和你的目标职位有关联。（在线社交网络也可以派上用场。它可以显示你的人际关系链，以及一条你想要的引荐路径，这些都是通过其他方式永远不会发现的。）

最后，除了以上这些，我们不要忽视将认识的人联系起来这一点，因为他们相互认识以后可能会产生更好的结果。这是做一个小小的超级连接者的第一步。

＊　＊　＊

弱连接之所以如此有趣和实用，是因为它们充满了可预见的惊喜。它们是我们对遥远星球的延伸。弱连接对我们的世界加以补充，并融入我们的生活背景。它们增强了我们的同理心和人性，让我们更享受与形形色色的人相处，并倾听他们的故事。然而，弱连接并不是人们享受精彩生活的唯一原因。

人脉关系还要考虑另一个方面——枢纽，即我们加入的群体。它们既美妙又危险。

第 *8* 章

从枢纽到枢纽:
如何选择跳槽的时机

跳槽不是晋升的阶梯,而是晋升的"空中秋千"。你想从一个秋千荡到另一个,如果够幸运的话,你会在新的秋千上升时抓住它,然后荡向更高点。

——吉姆·劳伦斯,联合利华首席财务官

1983年，英格兰，伦敦

辞去贝恩公司合伙人一职后，我在LEK公司度过了改变我人生的6年。在此期间，LEK从3位专业顾问发展成一个350人的团队，在世界各地开设了新办事处，而且每年规模都扩大1倍。

任何一个刚开始创业的人都熟悉创业初期的兴奋感，尤其是当公司发展非常迅速，事情都按照设想的方式发展的时候。我挑选了一些非常有天赋的年轻人，看着他们在新公司里成长。我也对自己有了更多了解，知道自己擅长什么、不擅长什么。我用LEK公司检验了一些商业理论，尤其是这样一种理论：大多数公司做得太多了，可以通过销售量减半来增加利润。通过招聘和磨炼极具天赋、未经雕琢的人才，我觉得我正在为建立一家伟大的公司做出贡献。在1989年离开LEK时，我对过去创造的那些可以自行运转的独特东西感到自豪。

我想，生命中激动人心的一章就此结束了。然而，出乎预料，LEK公司的工作经历在我离开以后对我帮助更大。这首先体现在我的社交生活中，因为我们4个来自LEK的人成了非常亲密的朋友。

商业上的效益也在持续增加。多年来，LEK的人际关系网给我带来了四笔大生意。其中两笔前文已经提到：拯救斐来仕公司和推出贝尔戈餐厅。第三笔生意是购买普利茅斯杜松子酒公司。如果追溯过去，这是一个伟大的名字，但在我们买入的时候它已是一个被人遗忘了的品牌。最后一笔生意是在线博彩交易所必发。这四次投资使我发了财。在我离开LEK的20年后，那些连接仍然发挥着出色的作用。

根据我的经验，如果你在一个优秀的枢纽扮演关键角色，它会自动帮助你。你会一下子得到两种生活：现在的生活；还有以前的生活，它会继续给你带来巨大的情感、社会和经济回报。

这为有效的关系网络提供了新的启示。与他人维系表面连接并不是一场疯狂的战斗。每隔几年选择一个新的枢纽，并在其中创造性地工作，会使生活更加充实。工作网络尤其需要不断累积，每一步行动都创造了一个新的网络，我们可以利用它实现下一个飞跃。这激励了我。职业生涯是一连串的事件，无论是商业还是社交事件，每一步都可以成为下一步的跳板，因为我们认识的人更多了，也被更多人认识。

我的直觉似乎得到了研究的支持。我们在第三章中提到的社会学家马克·格兰诺维特说："流动看上去是自发产生的：一个人经历的社会和工作环境越不同，个人的联系储备就越大……它们可能促进进一步的流动。"[1]

　　我们采访的所有成功人士都认识到了过往枢纽的价值，并且都能告诉我们这些枢纽是如何帮助他们的。我的前合伙人吉姆·劳伦斯是LEK公司中的"L"，他很清楚在他离开后，LEK对他有多重要。他说："LEK给了我金钱、地位和声誉，还有一个越来越有价值的关系网，网罗着一群优秀的人。"许多受访者提到，随着时间的推移，他们更加频繁地使用以前的连接枢纽。但这不是普遍的模式。通常情况下，出于社交和商业原因，过去的一些枢纽是非常有用的，而另一些则完全没有用处。吉姆说："这是件有趣的事。在离开枢纽后，那些我能得到最多帮助的地方也是我能帮上很多忙的地方。百事公司就是一个很好的例子。我和很多前同事保持着联系，并尽可能让他们与我关系网中的其他人产生联系。百事公司的人脉对我非常有用。"在我们的采访中，受访者的回应在这一点上相互呼应：如果你愿意与人亲近，做出一点努力保持联系，并尝试回馈一些东西，比如一笔交易、一份工作或前同事可能感兴趣的联系，那么这样的连接枢纽将是最有效的。

　　我们的受访者给出了许多他们受益于之前的枢纽的例子。有人说，在职业生涯中，我们离开枢纽之后，枢纽更能体现出其价值。因为我们产生了距离，更能客观地判断和使用这些连接。要做到这一点，我们必须在职业生涯中不断前进，"要给它注入动能"。

　　另一种观点是：在一个枢纽取得的成功，会给之后使用该网络带来声望和信心。例如，我从大学直接招进LEK的每个人都从他们这段工作经历中受益，我与他们任何人联络时也不会犹豫。有些人现在身居高位、非常忙碌，但总是能很快回复我。

还有一个普遍共识是，我们在其中取得过巨大成功的枢纽对于后续建立人脉是最有用的。

但并非所有人都同意这一观点。一些人指出，通过有效地使用以前的网络，枢纽内的"失败"经验也可以有助于未来的成功。OC＆C战略咨询公司的联合创始人克里斯·奥特拉姆表示："我认为，决定成功的最重要因素是愿意承担风险。即使某个枢纽的薪酬很高，我们也愿意离开这里，去其他地方。"克里斯和另一位受访者都表示，在他们离开后，波士顿咨询公司才成为对他们最有价值的枢纽之一，虽然两人在那里都没有发展得很好。克里斯说："我在波士顿咨询公司的那段时间学到了很多东西。我遇到了一些了不起的人，参与了一些很棒的项目，但在有些方面我没有别人擅长。我知道自己的优点是概念性的战略思维、建立关系以及与人保持联系。我和波士顿咨询公司的四五个朋友仍保持着联系，他们都是极好的社交和商业联系人。"

令人耳目一新的是，一位受访者说，我们不应该把离开那些不能让我们发展得更好的公司视为失败："你要不断前进，不断变动，直到你找到完全适合你的地方。"另一个受访者吐露心声：

我在维珍公司工作了几年，非常讨厌这份工作。我的老板是从另一家公司把我挖过来的，给了我更大的工作权限和大幅加薪。但我和他的关系很不好，我感到很痛苦。我几乎立刻意识到了自己的错误，但我认为最好坚持下去，证明自己。我从这份工作中学到了很多东西（尤其是不要对别人做什么），但希望自己当初有信心早点离开。有趣的是，我在那里的时候只熟识两个人，这比我在其他任何地方工作的时候要少得多。

那么，你应该在一家公司工作多久呢？显然没有一个统一的答案，但这里有一些警示故事。20世纪70年代初，马克·格兰诺维特第一次注意到了一个有趣的趋势。他和几个"看上去有风度又聪明的人"交谈，他们在一个岗位上工作了15年或更长时间，而后在找工作时遇到了显著的困难。他引用了化学工程师维克多·欧的例子。维克多退伍后，在一家公司工作了两年，之后又到布法罗附近的一家小公司工作。

他在这里工作了18年半，他的许多同事也一直在这里工作。后来，该公司在一次混合并购中被收购，维克多的岗位被撤掉了。他开始通过联系朋友和认识的人以及招聘广告来求职。他给115家公司写了求职信。随着时间的流逝，他的挫败感与日俱增，他开始把这些广告、他的信件以及回复一起保存在剪贴簿里。

这些方法都没有让维克多找到工作，他变得愤怒和沮丧。从这个案例和许多其他案例中，格兰诺维特得出结论："较长的工作任期会减少人脉的累积，从而减少工作流动的机会。"[2]

最近，我遇到了一位来自壳牌国际公司的老同事。我们就叫他亚当吧。他在这家公司工作的时间比我长，总共有8年。他说："我应该早点离开。"他把自己和他在公司里认识的好朋友做比较。"詹姆斯做了猎头，史蒂夫和里克做了风险投资，他们在这个公司工作的时间都不到我的一半。他们最终都找到了更有趣、赚钱更多的工作。"亚当之后进入了一家小公司，他在那里又工作了15年。"上一次经济衰退时，我觉得应该离开了，但当时公司处境艰难，我觉得有义务留下来帮助公司重新走上正轨……坦白地说，来到这里是一个错误，留在这里的决定更糟糕。"

亚当的工作做得一点也不差。但在两家公司工作了23年之后，他逐渐从快车道转入慢车道。他没有像以前的同事那样重新建立联系，也没有通过从一个枢纽转移到另一个枢纽来创建分散的联系网络。他和他们一样聪明、友善，但他留在同一个"基因池"里的时间太久了。

当他陪我走回前台时，我说能再次见到他真是太好了。"是的，"他伤感地回答，"但我不得不承认，你使我很沮丧。我从来没有意识到在原地停留太久的后果。"

我能理解这一点，因为我自己也经历过。离开商学院时，我以为我已经找到了一份完美工作，有漂亮的办公室、头等舱旅行、聪明又亲和的同事、有趣的工作内容，以及了解一个全新领域（商业策略）的机会。我很自信，和客户相处得很好。但是我没有给我的老板留下好印象。他们觉得我在繁重的分析工作上很弱。他们是对的。所以，我加倍努力，每周工作八九十个小时，周末也总是在办公室加班。我觉得很累。我开始整晚待在办公室里，点个比萨或者出去快速吃个汉堡和薯条。我没有时间锻炼，所以开始发胖，脸逐渐变圆。我的人际关系也受到了影响。最重要的是，工作就是我的生活，而我做得并不好。

我干了4年，然后及时辞职了，否则我可能会被解雇。现在回想起来，我真不敢相信自己这么愚蠢，竟然坚持了这么久。两年的时间足以让我学习所有的东西，那时候工作就不再有乐趣了。所以我浪费了两年时间。事实上，我在所有重要的事情上都退步了。但我知道留下来的原因：我不想承认失败，我想证明我能赢。最终，我做出了明智的决定，加入了另一家公司，在那里，出色的分析能力不是衡量成功的唯一标准。但那时我已经忍受了两年的痛苦。

一位受访者说："不要低估了惯性的力量。我知道应该搬家，我知道我不快乐，但我太忙了，而且我觉得自己被经济问题困住了，无法脱身。"

另一个人说："我觉得理想的时间是四五年。两年意味着你刚来了又走，而如果超过了5年，你就会陷入困境。"

另一方面，我们没有必要经常变换枢纽。我们的受访者经历过的枢纽数量最少是4个，最多9个。他们在每个枢纽的时间通常是4到6年，但随着受访者年龄的增长，这一时间会延长，可能是因为稳定性和养老金在他们后期的生活中更重要。有人说："你最好在年轻的时候多换几个地方，否则到了后面你就不会再动了。"

* * *

不管我们在一个枢纽待了多久，促使我们移动的最紧迫的原因是不开心。然而，正如前面看到的，"枢纽的引力"往往使我们在一个枢纽停留的时间过长。而且矛盾的是，我们可能会最顽固地坚守在最让自己沮丧的枢纽。

当我和别人合伙经营一家咨询公司时，有一天，一位名叫约翰的非常聪明的顾问走进我的办公室，他说了句让我大吃一惊的话："你正在摧毁一些人的生活，他们工作得太辛苦了。"

"什么？"我无言以对。

"你让一些人很不开心，他们见不到自己的另一半和孩子。"他说。

"这些不幸的人是谁？"

"好吧，就是我。"

"我不想失去你，"我说，"但如果你不喜欢这份工作，为什么不离开呢？"

"我不想让自己在工作上付出的努力白白浪费，"他回答，"而且无论如何，我还得证明自己，证明我能应对压力。"

约翰又待了两年，但后来因为精神崩溃而不得不离开了。这使我良心不安了很长一段时间。

我的一位朋友在葡萄牙的一个大城市担任市长顾问。她说，她之所以继续做这份工作，是因为这份工作薪水高、离家近，能让她认识有趣的人，还能让她享受代表市长时的感觉。"但每次我想做点什么，他们都不同意我的建议。我花了很长时间才意识到，他们永远不会同意。员工和老板之间存在代沟。"

我认识的一个叫安娜的美国人，她承认自己做会计工作的时间太长了。"可悲的是，我不喜欢会计。我可以做这份工作，它很实用，而且我和老板关系很好。但我讨厌当会计。现在我设计网站，我喜欢这个工作。我想什么时候工作就什么时候工作，我工作的时间更短，但挣得更多。我要是早几年转行就好了。"

作家兼播音员的查尔斯·汉迪认为，他过去在一个机构里停留得太久了。他终于在40多岁时成为一名自由撰稿人，这是因为他的妻子给他下了最后通牒，"我不准备继续跟一个精疲力竭的僵尸一起生活了"。当他从正式的枢纽独立出来时，他变得开心多了。

他发现自己当老板就不用再假装成别人了，这让他如释重负。为什么他在自己不满意的组织里待了这么久？"因为钱，"他说，"我不愿意冒险。"[3]

我们已经看到了很多人受困于不合适的枢纽的原因。许多解释都围绕着个人的不安全感：对金钱或地位的需求，证明自己能力的急切心情，对未知的恐惧，希望达到别人的期望，没有时间或人脉找到一份新工作，以及厌恶风险。我们怎么知道什么时候该继续前进，什么时候枢纽是好是坏？我们的采访提供了一些坏枢纽的简单诊断：那些让我们感觉不自在或者和我们的价值观不一致的地方就是坏枢纽。这些地方让我们感到沮丧或不满足，我们觉得工资太低或工作太多，或者仅仅是对它感到失望。

如果有所怀疑，那就离开。

* * *

当某人从一个枢纽移动到另一个枢纽，他们便自动为新的弱连接创造可能性，也许其中很多连接都是在新旧枢纽之间。因此，工作岗位的流动（就像社会或地理流动一样）有助于建立更多最有价值的弱连接：连接以前不相关联的群体。枢纽之间的频繁流动，是一个开放和充满活力的社会的特征（人们不可避免地会想到美国）。每一次我们从一个地方到另一个地方，我们都在帮助社会联结到一起。

在过去的关系中，我们曾经深层联结、并肩奋斗，共同经历成长、忍受苦难，接受失败或享受成功，这些联系必然比近期形成的联系更深刻。无论是在石油钻井平台上度过的艰难时期，在一家互联网公司的创业期，在麦肯锡的分析师项目中，还是在空降特勤部队的严酷考验中，共同的强烈经历锻造了信任和义气的盟约。当你与过去的同事取得联系（即使几十年都没联系了），旧日的合作关系会迅速恢复响应。这是一种自动的亲密关系，交流是丰富而顺畅的。正如许多受访者证实的那样，与一位来自遥远的过去、现在生活在另一个世界的同事见面是一种真正的快乐，因为我们能够在不同时间、地点再次体验那种信任和轻松自在的感觉。他们数十年来积累的见解和看法还会带来额外好处，其中一个好处可能是他们会给我们提供当下生活中缺失的联系。在第7章中，我们看到了保罗·贾奇如何为他25年前结识的同事安排了一次聚会，以及他们之间如何迅速建立起融洽的关系。3名50多岁的受访者提到，他们最近开始参加大学聚会了，以前从未参加过。"这是一种奇怪的感觉，"一个人说，"见到自己18岁时认识的人。除了看起来老了很多之外，一切都像1968年一样。你可以绝对坦率地谈论自己的生活。"

当我们让受访者描述他们过去经历的枢纽以及他们职业生涯的转变时，那些转变听起来几乎不符合逻辑。这些转变中没有一个显示出明显顺利线性上升的路径。想象一下我们第一次选择大学课程，或者第一次找工作时的情形，这也许并不奇怪。在那个阶段，我们不知道自己不知道什么，我们甚至不能说"应该"知道什么。然而，我们对成功人士的印象是，他们从一开始就完美地规划了自己的职业生涯，而他们的访谈也常常强化了这种印象。

相比之下，那些与我们交谈的人坦率地承认试验和犯错在他们的职业生涯中起到的重要作用，尤其是后者。他们告诉我们，真正理解这个世界和理解一个人在其中所处位置的唯一方法是进行不同的尝试，这需要不断地探索。错误是不可避免的。我们问所有的受访者："如果你可以重新经历一遍过去的枢纽，你会做些什么不同的事情吗？"没有人愿意保持不变。每个人都说他们至少会改变一件事。

吉姆·劳伦斯说：

你从一个秋千荡到另一个上面，如果够幸运的话，你会在新的秋千上升时抓住它，然后荡到更高点。但话说回来，你也可能会在秋千下落的时候接住它，或者完全掉下去。你能做什么？你不能计划所有的事情，不得不一直尝试，直到到达想去的地方。你还记得我在那家航空公司工作的时候吗？虽然我没有做到想做的，但这段经历让我成了另一家航空公司的外部董事，我非常享受这份工作。当我成了航空公司的首席财务官，这意味着我有机会担任世界上任何一家公司的首席财务官，但如果不是之前的经历，这是不可能发生的。当时我认为那是一场灾难，但我选择了转移阵地，一切都变好了。即使你犯了错误，你也可以把它变成优势。

克里斯·奥特拉姆提倡他所谓的"终极游戏"：

这个想法是要明确你想在什么样的枢纽工作（比如10年之内）以及你在枢纽的角色是什么。然后你可以测试活动和枢纽，看看它们能否带你到达目的地。你可能需要在途中更换两到三次枢纽。如果你将终极游戏的想法一直放在心里，到了该继续前进的时候，你自然会知道。

但是斯蒂芬·舍伯恩认为计划不是必要的：

我为撒切尔夫人工作了4年半，而且我认为5年对任何工作来说都足够了，即使是令人着迷的工作。所以我给自己定了一个目标，要在1988年复活节前离开。我没有什么想法，不知道该做什么。我首先向广告大师蒂姆·贝尔寻求了建议。他不是我的朋友，但在1987年大选期间给我们提供过建议。"你认识很多人，"我对他说，"告诉我应该和谁谈谈，这样我才能决定下一步该怎么做。"他告诉我，他正在创建一个新型的代理公司，由来自不同背景的人组成，包括公共关系、广告、管理、政治和媒体。让我吃惊的是，他给了我一份工作。我接受了，这份工作感觉棒极了。我从来没有想过下一步该怎么办。然而，当一件事结束时，总会有另一件事出现。我幸运吗？是的。但另一方面，如果一个认识的人对我说"过来喝一杯"，我总是说"好"。

我曾和玛丽·萨克森-法斯泰因一起上大学，她是一位魅力四射的数学家。在遇到她之前，我以为这种个性和职业的组合是不可能存在的。我在此写出她的故事，是因为她从事了一系列不同的职业，不断创造着新的枢纽。

在 36 岁之前，我的职业轨迹很常规，主要从事市场营销和广告工作。我喜欢我的工作，也干得不错。但后来我想，是时候尝试新事物了。我以前所做的一切，别人都可以做。我能做什么别人做不到的事呢？我决定和男友一起去度假。他是一个知名艺术家，我希望这次度假能激发我的灵感。

有一天晚上，我对我俩一整天都没有争吵感到放松，于是告诉他，我一直想尝试雕塑。我也不是一定要做雕塑，但有过这样的想法。"我都没见你在沙滩上堆过石头，"他讥讽地说，"所以别想了，你做不好的。"回到伦敦后，他的朋友肯定了他的观点："让迈克做艺术家，你继续做市场营销吧。"这就是我成为青铜半身像雕刻家得到的全部鼓励。这个工作非常令人兴奋，我喜欢它，我的客户也很高兴。

5年之后，我想再尝试一些新东西，所以我开始了肖像绘画。这件事我也很喜欢，而且找我画肖像的客户还让我给他们的妻子进行美术教学。而后在2000年，一个我认识了20年的人开了一家宠物食品公司，他拜托我做所有的市场调查和广告创意工作。我深度参与了这家新公司的创业期。有时我每天工作19个小时，但这很棒。我搞定了所有的文案写作、包装设计，以及广告脚本的撰写。

2005年，他把公司卖给了一家法国公司，而我想要做一些新的尝试。我成立了非凡思维公司，一对一地给客户提供服务，运用催眠、教练技术、松弛法等技巧来开发思维。现在我在研究恢复活力的方法，让人们的面部和身体焕发青春。我将自己看作化妆品雕刻家：我能预见客户的容貌会发生怎样的变化，他们脸上的线条和肌肉如何改变，以及如何重新调整思维锁定这些变化。我知道这听起来很离谱，但它确实有效。客户们都不敢相信，他们看起来年轻了这么多。对我来说，最令人兴奋的事情是创意领域，适应和改进别人的技术，并发明自己的技术。虽然现在还为时尚早，但我相信我们将创造一种新的焕活青春的方法。

从1987年起，我的时间就完全属于自己了。按照你的说法，我为每次的新尝试都创建了一个新枢纽。我想我处在这些枢纽的正中位置，拥有一些跟我一起工作或合作的人，然后是拥有客户。我只是做了想做的事情，但如果不能让客户满意，我就会停止。我拥有一个盛大的聚会，而客人们也享受其中！

那么，我们是否应该像斯蒂芬和玛丽一样"相信宇宙自有安排"呢？不需要完全如此。我们的很多受访者对职业规划并不热衷，但他们提供了一些参考意见。他们一致认为，人生中最重要的进步通常伴随着转移到一个新的工作枢纽。除非我们加入的第一个枢纽碰巧完全适合自己，并允许个人成长，否则就必须进行转移。几乎可以肯定的是，在某个地方存在一个枢纽，我们可以加入其中，并且会得到比现在更好的体验。但是，我们怎么找到它呢？

人们会谈到组织的价值观和氛围。所以，如果你考虑加入一家新公司，问问自己它的价值观是否和你合拍。你在那里能感到自在吗？

对于竞争激烈的组织或非常大的组织，我们的受访者提出了警告。"我决定不加入壳牌公司，"保罗·贾奇说，"因为当秘书带我去面试时，我们在走廊里迷路了。"吉姆·劳伦斯对比了消费品品牌公司的友好气氛与他在另一个行业遇到的"野蛮"文化，这个行业利润率微薄，需求不可预测，时刻面临亏损风险。"消费品行业的文化更友好，一定程度上可能是因为它更稳定且利润率更高，还有部分原因是消费品行业的领导者都拥有长远眼光，对待员工和客户都很好。如果你在两份私营部门的工作中无法做出选择，那就选同事更友善的那个。"

我们采访的成功人士提出了选择加入一个枢纽的两个主要标准：你认为能在那里学到多少，以及能贡献多少。证券服务专业人士亚历克斯·约翰斯通表示：

在你的职业生涯早期，我认为你应该以学习为基本点选择枢纽。但之后，职业选择取决于你在枢纽里能贡献多少，还有学到多少。在我的职业生涯早期，我学到的远远多于贡献的。现在我贡献的很多，但学到的很少。我说的不是技术技能。我认为这是与个人相关的，你只能从周围的人身上学到。如果你不尊重他们卓越的知识或技术，就学不到什么。如果你学不到新东西，那么是时候转移到另一个枢纽了。这就是我正要做的。

另外，我们的受访者也意识到，在经历了一个深刻改变他们的观点和能力的枢纽后，他们的事业才开始走向成功。他们从工作枢纽离开时已经和进入时的状态不一样了。通常他们在 20 多岁的时候，会经历两三个改变他们的枢纽。

对克里斯·奥特拉姆来说，第一个改变人生的枢纽是一所特别的六年制学院，第二个是欧洲工商管理学院，这是一家巴黎附近的顶级商学院，他 27 岁开始就读于此。

我遇到了以前从未见识过的那些人，他们通晓多国语言，雄心勃勃，求知欲强，而且个性迷人。它为我提供了一面镜子，让我磨炼了很多技能，也让我们建立了非常牢固的关系。和我同年级的有 16 个人，现在我们每年都会花整个周末聚在一起，90% 的人都会参加。这是一个非常多样化的群体，包括来自 12 个不同国家的人。

我们的另一位受访者，在加入安永咨询集团后拥有了这种强烈的经历：

我的事业是从那里起步的。当时我只有 28 岁，但他们给了我很多自由。我可以做自己想做的事情，也可以和资深人士见面并向他们学习。我在公司财务部门工作，发展得很好。我学会了将人和想法联系在一起，创造全新的商业机会。那里的人都很棒，这一切都同时发生了。真的，那是我一生中的重要时刻。它永远地改变了我。

亚历克斯·约翰斯通 22 岁时加入高盛集团，这加快了他的职业生涯进程：

> 对我来说，这是一个巨大的跳板……这是一次很棒的学习经历。突然间，全球化、国际商业这些概念降临到我头上。改变我的与其说是具体的知识，不如说是那里的人。我明白了态度的重要性，我和我见过的最聪明的人一起工作。他们具有强劲的自我驱动力，不论在工作中还是生活中都是如此。我从来不知道有这样的人存在。它真的改变了我。之前我还是一个乡下小伙子，现在我觉得自己对整个世界都很重要。
>
> 然而，我最终意识到，我不想让任何组织完全占据我的人生，即使这能让我变得富有。生活中还有更重要的事情。但能够了解一家顶级投资银行员工的想法（全局观）对我来说是无价的。现在我每周只工作40个小时，但是可以做我认为重要的事情，并且保持放松。

对于许多受访的成功人士来说，他们的转变是通过尝试创业来实现的。其中两人在雇主的支持下开办了新公司，进行"虚拟经营"。吉姆·劳伦斯创办了贝恩公司在伦敦和慕尼黑的办公室，展示了自己的创业实力。安东尼·鲍尔在德勤公司内部创建了一家新的战略咨询公司。而真正的转变是在他们白手起家建立自己的公司之后。

"LEK公司与众不同，"吉姆说，"因为我们在没有父母支持的情况下，用自己的钱经营得很成功，而且我们最初是在国外运营的。"不过，吉姆认为他的第一次转变是在耶鲁，这是"一次彻底的教育转变，一次社会地位的提升，我获得了一种世界观"，而哈佛商学院的经历对他来说是"一次知识的转变"。

安东尼在南非创立了一家新的私募股权公司"资本合伙人"，这让他迎来了重大突破。"我有组建战略团队的实践经验，不过之前是在一家大公司。资本合伙人公司完全属于我们自己，在当时的南非，这是一件不寻常的事情。我们觉得自己是先驱。它彻底改变了我的生活。"

通常，这些人的职业生涯不是马拉松。相反，成功是一系列不定期冲刺的结果，是从一个枢纽到下一个枢纽不连续的突然跳转。保罗·贾吉在吉百利史威士公司工作了13年，期间曾担任过食品部门的首席执行官。1985年，他是一名成功的职业经理人，但并不比他在商学院的大多数同龄人更成功。那时，吉百利将食品部门从公司的"核心"业务中移出。保罗请求老板许可他收购该部门，这让老板很吃惊。他的资金几乎是通过外部融资获得的，但他没有让风险投资家瓜分潜在的升值收益。不久，保罗重新担任该部门的首席执行官，该部门脱离吉百利，并被重新命名为 Premier Brands。不到4年，它又被卖给了希尔顿控股公司，而保罗的银行账户里也有了几百万英镑的存款。

然而，他说更早的时候，他担任过吉百利肯尼亚子公司的董事总经理，这比管理 Premier Brands 公司更像是一种进阶：

> 我的第一份管理工作是在肯尼亚子公司。我离总部有6 000公里远，在那段时间，我们没有电子邮箱和传真，打个电话也不寻常。这是一场严峻的考验，因为当地的销售税率是50%，当地的一些企业往往通过少记销售额的方式舞弊，但吉百利的报告是准确的。在肯尼亚子公司的经历真的让我变得坚强和果断。这与我在 Premier Brands 时形成鲜明对比。在策划收购的时候，我已经是那个部门的总经理了，而且还是同一批人、同一家公司。当然，我们现在靠的是自己，我们专注于现金和新产品，但 Premier Brands 的运营真正具有挑战性的部分是公司建立前几个月的融资交易斡旋。
>
> Premier Brands 彻底改变了我的生活。在那之后我可以选择如何安排时间。我重新访问了早期的枢纽之一剑桥大学，并为后来的贾奇商学院提供了资助，这让我从中获得了极大的满足感。但是 Premier Brands 真的改变了"我"吗？改变

其实在更早的时候就已经发生了，它发生在剑桥和肯尼亚。

这表明，新的枢纽可以提供两种不同类型的转变。

第一种类型是我们可能会遇到一种强烈的情感体验。一群人和一系列的活动让我们感觉不同，在某种意义上比以前更好、更有潜力。许多受访者在叙述他们转换枢纽的经历时，都使用了类似福音传道者的语言。他们经历了相当新奇的事情，在此之前他们甚至不知道会有这样一种经历。他们意识到了自己想做什么，也"知道"他们能做到。他们需要的只是一个机会，在某个地方他们的可能性被彻底激发。"在欧洲工商管理学院攻读 MBA 的经历改变了我，"克里斯·奥特拉姆说，"这听起来可能有点傲慢，但这是真的。当时我就知道有一天我可能会做更有雄心的事情，尽管不知道还能成立自己的公司。"

第二种类型（自我突破，达到超凡成就的真实体验）是当我们发生转变时，一些可能性提前实现了。我们利用之前学到的技能来创造独特而个性化的东西，从而实现我们的愿景。"从欧洲工商管理学院毕业 9 年后，我与人共同创立了 OC & C 战略咨询公司，"克里斯说，"如果没有遇到学院里的那些人，我就不会变得更有自信，更不厌恶风险。"

我自己的经验证明了这一点。我最初的转型枢纽（那些改变我的枢纽）是牛津大学和波士顿咨询公司。牛津大学给了我分析事件的工具,并让我弄懂了几个无论在什么场合都能取得结果的重要因素。波士顿咨询公司向我展示了创意在商业中的力量,并让我相信,如果有新的想法并能与客户交流,那么经营一家赢利的咨询公司并不难。尽管我在波士顿咨询公司工作时并不成功,但我后来完全有信心与两三人一起,创办一家新的咨询公司。当时机成熟时,我知道这就是我想做的。

仔细想想你就会发现,枢纽有可能提供强烈的体验,也有可能不能。你已经被"改造"了吗?现在的枢纽正在改变你吗?如果不是,你应该转移吗?

* * *

转移枢纽不总是代表转换现有组织机构。一个公司或大学可能包含许多枢纽。很多时候,杰出的个人和他们的追随者组成了一个活跃而有力的枢纽,尽管你不会在任何组织架构上找到它。当莫里斯·鲍拉还是牛津大学瓦德汉姆学院的一位身材发福、诙谐幽默的老师时,他经常邀请六七个头脑最灵光的本科生到他的宿舍开展喧闹的学术研讨。我没能参与进去,但那些少数享有特权的人很清楚自己的特殊地位。我听说在鲍拉的小圈子里建立起来的友谊会伴随一生。

但是要形成这种特殊的枢纽,你不需要成为一个著名的教授。当克里斯·奥兰姆还是博思艾伦管理咨询公司新员工的时候,他就创建了有名的斯塔福德俱乐部。

> 我邀请了与我同级的人加入俱乐部,我觉得他们很有趣,而且他们将来可能会去任何地方发展。我们找了个发言人,俱乐部成员每年见面两三次。通常我邀请35个人,20个人会出席。俱乐部运行了5年,在我们创立OC & C公司的时候,它的影响仿佛"如影随形"。多年来,它对我来说一直是社交和商业联系的巨大源泉,尽管我从来没有过这个打算。

个性化使枢纽更紧密,更像一个俱乐部,你可以选择与公司内外的人一起工作。亚历克斯·约翰斯通说:

> 我发现工作中的自由度要超过我们意识到的程度。你掌握的一组工作联系人就是你的枢纽,而不是别人的。你可以选择特定的人群,以及选择如何与他们互动。它将成为你独一无二的枢纽。每个人在同一个公司里都有一个独一无二的枢纽。然后,你可以把有帮助的外部人士纳入工作网络中。

年长的受访者通常会从只在一个枢纽工作过渡到同时在多个枢纽工作。他们都没有后悔过。保罗·贾奇说:"在 Premier Brands 售出后，我的职业生涯改变了。在那之前，我只有一个枢纽。现在，除了那个以外，我的职业生涯在任何时候都是多枢纽的。这更加有趣，可以收获更多。"

我们问了每个人，他们觉得什么时候是自己事业真正的转折点。"直到创立OC & C公司的时候"，克里斯说。我们还问了他们什么时候第一次觉得自己成了枢纽的核心。克里斯回答："还是OC & C，这是我第一次觉得自己尽了最大的努力。"几乎所有的受访者都给出了相似的答案：他们只有在成为一个枢纽的核心时才获得了真正的成功。在一家小公司处于核心地位似乎比在一家大得多的公司作为边缘人物能够得到更多回报。

大约一半的受访者表示，他们的目标是赚大钱。大多数人都做到了这一点，而且是以同样的方式：建立一个枢纽并拥有它的一大部分。其中一位说："如果你要做生意，还是自己当老板好。这比在别人的公司工作更有趣，而且得到的好处也要多数十倍数百倍。"

另一位说："我白手起家开了3家公司，所有的钱都是靠它们赚来的。但这真的不是最重要的事情。我感到最满足的时候，是我在一个小团队中做事且没有办公室政治的时候。大家得一边干一边补救随时会出现的问题。这是一种挑战，它能激发人最好的一面，迫使人变得足智多谋。当一家公司太成功时，它就会引发办公室政治，变得无聊。"

这说明，对于企业家来说，获得物质成功的典型途径是选择喜欢的同事并一起做他们喜欢或想做的事情。"把你最喜欢的人和想法放在一起，"其中一位建议说，"最简单的方法是从现有的枢纽衍生出来，做一些你知道怎么做的事情，但要加入你自己的特殊'魔法'。"

* * *

罗宾·菲尔德说，人们应该从横向考虑枢纽。

你可以同时体验多个枢纽，即使你只有一个工作。我的船是一个很好的枢纽。通过航行，我和一些人建立或重建了联系，他们现在是我亲密和珍贵的朋友。如果不是因为航海，他们不会成为我的朋友。我的船在商业层面也对我很有帮助，它是一个非常重要的社交枢纽，航海也是我喜欢做的事情。奇怪的是，我在船上得到的机会比在其他任何地方都多。如果你不喜欢航海，可以找个别的理由邀请朋友，比如一个读书会或者周末出游。

雷·希斯考克斯是我旧时学校的密友，他经常会召集十几个朋友一起在乡间徒步一整天，期间会在一家餐吧吃午饭。他说："如果你想以一种轻松的方式跟人详细聊聊某些事，这是一种理想的方式。你只要走到最想说话的人身边就行了。"

罗宾还有最后一个思路："我的妻子多米尼克是法国人，她给我的生活带来了新鲜血液。她有着巨大的影响力，几乎我所有的法国朋友和许多中国朋友都是由她带来的。拓展你的海外人脉是突破限制联系人和信息圈子的好方法。"

南非版《追求卓越》（*In Search of Excellence*）的作者安东尼·鲍尔指出，一本书可以成为一个很好的枢纽："正是因为这本书，我遇到了一些以前绝对不会遇到的人。各种各样的人给我写信。它还带来了很多生意。"

我们的受访者通常会穿梭在约6个枢纽之间，这些枢纽通常是商业、社交和爱好的综合体。

艾利克斯·约翰斯通讲述在一个晚宴上，一位客人提议对他们所参加的社会团体进行一次"审计"：

这是一个典型的二阶矩阵，将投入每个枢纽的时间和精力与从枢纽获得的享受或其他奖励进行比较。高付出和高回报的枢纽运行良好，低付出和低回报的枢纽需要人们付出更多或者被砍掉。低付出和高回报的枢纽可能需要投入更多的时间。问题区域就是高付出和低回报的枢纽。

一开始，我认为这是一种相当冷血的思考方式，但我和我的伴侣就此讨论了我们的朋友圈。我们决定不再对一个从不邀请我们去任何地方的团体投入精力，而是花更多的时间和我们最喜欢的朋友在一起。它对我们的社交生活产生了很大的影响。

人们很容易把生活看成一系列的工作、家庭和社会义务。但另一个更具启发性的观点是，将生活看作过去、现在或将来那些对我们很重要的群体，我们想要与这些人一起做一些严肃或愉快的事情。

生活在富足世界的大多数人现在都有极多的枢纽可以选择，而我们父辈中的大多数人都没有这种特权。我们可以把多个枢纽作为样本，理解为什么他们能够或者不能为我们工作。我们可以获得更多的连接，并发现我们喜欢的个人和团体。我们知道自己乐于做出哪类贡献，明白需要从别人那里得到什么补充技能。我们可以成为一个现有枢纽的核心，并改变它的进程：使它更好、对他人更有帮助、更强大、更丰富。我们可以成为一块磁石，吸引有吸引力、精力充沛、有才华、永不满足的同道中人，无论老少。我们可以建立自己的枢纽，与具有不同优势的伙伴合作，共同克服弱点。我们可以获得金钱和时间。金钱是我们自己的时间，也是那些我们花钱招来与我们共事的人的时间。

像这样思考生活让人欢欣鼓舞，我们有权利去选择合作者以及在哪方面进行合作。生活在一切皆有可能的时代，真是不可思议。

我们在团队中取得的成就和享受远比独自一人时多。这是人类偶然发现的命运：我们不仅联合成群体，还创造出独特的、在此之前无法想象的特性和目标。随着我们构建的新枢纽大胆地前往从未有群体涉足过的地方，社会将变得更加丰富、更加多样化、更有趣。

第 *9* 章

网络思维

人们愿意认为企业是由数字（"底线"）或者力量（"市场力量"）甚至血肉（"我们的人民"）构成的，但这是错误的。商业是由想法组成的，是用语言表达出来的想法。

——詹姆斯·钱皮，商业领袖[1]

公元1世纪，罗马帝国，犹太行省

从前，有一个影响力巨大（至少有那么几年）的犹太传教士兼精神导师。他的启示完美结合了犹太先知（如以赛亚和何西阿）的教义，这些先知呼吁社会正义和自我修养。这位传教士说，上帝干预历史，利用犹太人和他本人将历史带入了绝妙的巅峰，要在大地上建立一个特殊的犹太王国。他谈到上帝对社会弃儿、穷人、罪人、不洁者和贱民的爱、怜悯及关怀。他说，爱我们的朋友和家人很容易，但真正的考验是去爱那些我们通常会避开的人，比如外国人、妓女、病人和罪犯。这位传教士对上帝有一种特殊的看法，他把上帝看作一位慈爱的父亲，对罪人比对正直的人更感兴趣，上帝会向所有的子民伸出援手。传教士曾拯救一个差点被石头砸死的通奸女犯，他让病人和畸形的人恢复健康，他还将尊严和意志给予骗子和犹太行省人民最痛恨的群体——这些人代表罗马占领者征收苛捐杂税。他说，上帝不关心正式的宗教，也不会对犹太仪式严格监察，只会被人类的善良、怜悯以及对不幸和受压迫的人的关心打动。上帝可以直接与个人对话，无论这个人地位多么低下，是男人还是女人，是声名狼藉还是富有名望。个人也能够感知到上帝无条件的爱，并做出回应，用他的良心来解释和遵从上帝的意愿。

尽管这位传教士传达的启示仅限于优秀的犹太先知传统（尽管是最激进的），但耶路撒冷圣殿的祭司们觉得他误入了危险的境地。他们嫉妒他有大量信众，担心他会领导一场反抗罗马统治者的叛乱，而罗马统治者将残忍镇压犹太人，甚至可能以摧毁圣殿作为报复。因此，祭司长和他的圣殿护卫把传教士出卖给了罗马总督，他是一个臭名昭著的暴徒。传教士被严刑拷打并处死。在临死前，他感到身心痛苦，他在想为什么上帝抛弃了他。传教士许诺了一个新的上帝王国，但上帝并没有履行诺言。

信众渐渐散去，但一小群由他的兄弟詹姆斯领导的传教士家族和誓死效忠的支持者并没有放弃。传教士给他们留下了深刻的印象，他们无法想象没有他的生活。他们坚持认为他没有真的死去。他们说："耶稣是上帝最后和最伟大的信使，应验了早期预言是'弥赛亚'，是上帝选中的人。上帝认可耶稣，让他死而复活，又让他升到天堂。不久之后，耶稣会如但以理预言的那样，'人子'将驾着天云凯旋，犹太人将联合起来，上帝在人间的新国将开启。罗马帝国以及整个世界将会骤然终结。"

他们信仰耶稣，自称"道路的追随者"，他们也是传统虔诚的犹太人，在耶路撒冷的圣殿里祭拜，像法利赛人一样一丝不苟地遵守古老的仪式，过着简朴的生活，做着善事。"道路"的一部分追随者离开了耶路撒冷，去往小亚细亚、北非、罗马和其他地方的犹太团体。在犹太人的大流散中，说希腊语的犹太人定居在许多港口，其中的一小部分人，也就是所谓的"希腊化的犹太人"，也是道路的追随者。他们在耶稣死后的一二十年后出现在撒马利亚的凯撒利亚、亚历山大港和罗马，这些城市大部分是非犹太人定居点。

在耶路撒冷之外，耶稣最大的追随者群体聚集在叙利亚的安提阿。大约公元46年，他们聚集在这里，是最初的"基督徒"。尽管他们身处希腊文化中，可以在"敬畏上帝者"（那些被犹太教的苦行和/或一神论所吸引的非犹太人）中寻找皈依者，但这种方式并没有吸引很多非犹太的追随者。和其他犹太团体一样，一个非犹太人（希腊人或罗马人）如果想加入，就必须先成为犹太人，进行可怕的割礼，遵守所有的犹太律法和仪式，包括禁止食用大部分肉类。而且和所有犹太人一样，"道路的追随者"傲慢地拒绝向罗马神致敬，也拒绝遵守罗马的公民和宗教仪式。这种形式的犹太教，在任何非犹太人听来都是最极端、最不可接受的。对于罗马城镇广场上的普通罗马人来说，声称一个叛徒被钉死在十字架上（失败者的命运），却又被上帝复活，并将回来开创上帝的王国，将犹太人从罗马人的统治中解放出来，是一件特别令人反感的事情。虽然这种说法被当作无稽之谈，但也是对罗马人所珍视的一切的公然冒犯。

耶稣运动在地理上和精神上都局限于犹太人内。例如，罗马的道路追随者生活在犹太人贫民区，反罗马的暴乱似乎导致了公元49年数名犹太人被驱逐出城市。随着岁月的流逝，这位传教士并没有在荣耀中归来，他的追随者仍然很少。在整个帝国中，他的追随者最多时只有几百人，而且几乎都是犹太人。

"道路"看起来最多只是犹太教内部的一个小派系，很有可能彻底消失。但之后发生了一件非常奇怪和意料之外的事。在1世纪40年代中晚期，一个新传教士和一种新启示横空出世，地点可能是在安提阿。这个人叫扫罗，出生在西里西亚的大都市塔苏斯的一个富裕犹太家庭，西里西亚现在是土耳其的一部分。他的家族经营着向罗马军队供应大帐篷的生意，于是扫罗成了罗马公民。和安提阿一样，塔苏斯也是希腊化犹太人的大社区，他们熟悉亚历山大港的斐洛这些思想家的观点，斐洛试图将犹太神学与希腊哲学融合在一起。扫罗似乎是一个非常虔诚的人，他最初是一个传统的法利赛人。他可能参加过追捕"道路的追随者"的斗争。[2] 但在某个阶段，大概在公元33年或更晚一些，他经历了一次神秘的体验，他看到了耶稣，耶稣命令他"在非犹太人中宣告他的存在"。[3] 此后，扫罗改名为保罗，并在公元45年前后开始宣扬他的新信仰。

不像雅各和其他使徒，保罗肯定不认识耶稣本人。他似乎也不太关心耶稣在他的一生中说了什么或做了什么。保罗是第一个在文字中提及耶稣的人。与耶稣有关的内容出现在他写给各个城镇的耶稣家庭崇拜团体的颇具影响力的长信中。第一封信写于公元50—

51年，比第一部福音书的写作时间还要早一二十年。然而，在他所有现存的书信中，只少量提到了耶稣生平或话语。相反，保罗为自己找到了一条直接通向复活的基督的道路，他将"道路"转变成一种完全不同的信仰。他把一个犹太人的小教派变成了第一个普世的、非民族的宗教运动。与耶稣和那些认识耶稣的人完全不同的是，保罗主要向希腊人和罗马人传播这个宗教。

此外，他的启示具有惊人的独创性。他公然用希腊术语重新定位了耶稣运动。对于希腊哲学家来说，宇宙就像一个超级心灵。大自然是有意义的，人们对世界了解得越多，他们就越接近上帝。正如色诺芬尼所说："神不会从一开始就向我们揭示一切，但是人们不断追寻，发现了更好的东西。"保罗采取了令人难以置信的大胆举措，将基督提升到与上帝近乎平等的地位，这一步是犹太教的一神论与"道路"的折中，经过两三个世纪才被基督徒普遍接受。保罗对历史上的耶稣并不感兴趣，他只对基督作为一个神话的象征感兴趣。基督是个人与上帝的连接，使人们接受上帝的爱、恩典和力量的途径。保罗说，活着的基督改变了一切。现在所有人都可以利用基督神圣的能力来改善他们的生活。他们活在上帝之中，上帝也活在他们之中。

这是一种令人兴奋的新世界观，融合了耶稣和犹太先知呼吁人们成为更好的人，以及希腊人认为人可以分享神性的观点。为了进一步鼓励人们接受信仰，保罗加入了一个极具迷惑性的想法，那就是基督徒（甚至那些在耶稣荣耀回来之前死去的人）将永远与上帝生活在天堂。[4] 随着时间的推移，这种永生和规避了永世地狱的允诺越来越吸引人，而且天国不会出现在人间。

保罗还发明了一个不同寻常的概念，即基督在十字架上的死是上帝赦免人类罪恶所必需的，他把一个可怕的意外变成上帝的最崇高的计划，一个全能上帝对人类的爱的划时代证明。人不必为了得救而成为善的人，相反，只有上帝的恩典才能拯救人类，而这种恩典只有通过基督被钉在十字架上才能得到。这个离奇的"十字架基督教"（Crosstianity）教义完全是保罗的独创，它与传统犹太人的观点相左，而耶稣自己也明确持有传统犹太人的观点，即耶和华是一个仁慈的神，在耶稣出生和死亡很久之前就愿意并且能够宽恕罪恶。[5]

然而，保罗诗意愿景的伟大之处在于，它声称耶稣创立了一种新的人性，并使每一个相信基督的人与他重归于好，使世界统一，使所有信徒自由。保罗写道："在此不分犹太人或希腊人，奴隶和自由人，男人或女人，因为你们在基督耶稣里都是一体的。"[6] 保罗第一个提出了一种可以团结不同民族的普世信仰，通过一种共同的信仰和行为将人们联系起来。如果你认为他有意创造一个更美好的文明，那就错了，因为他和使徒们一样，相信基督随时都会光荣归来，终结人类帝国，甚至终结地球上的所有生命。然而，保罗无意中创造了一个网络效应，随着基督回归的

"延迟"变得越来越强。基督徒的人数增加了，他们在罗马和后来西方社会产生了越来越大的影响力。最终，几乎每个人都加入了基督教的网络，这种宗教通行欧洲，其道德准则得到了广泛传播，社会总体上得到改善。当然，按照现代的标准，中世纪的基督教有一些明显的伦理缺陷。但它与罗马文明相比（公民是绝对少数，臣民和奴隶受到严厉对待，人被钉死在十字架是家常便饭），肯定取得了一些进步。

耶稣的追随者一直坚持所有的传统犹太仪式和典礼：割礼、宗教食物的要求、犹太人集会等。然而，为了新的非民族信仰，保罗坚持他们必须毫不犹豫地抛弃这些仪式。他还利用罗马的交通和通信网络来传播宗教，并建立了新的基督教枢纽：在每个城镇中人们在彼此的家中聚会，成为保罗所说的"基督教会"。罗马人通过环地中海的公路和海路网络进行统治，每个大城市都与其他城市和罗马相连。保罗不停穿梭其间，就像一个按顺序转盘子的人。他演讲、纠正错误和谴责他很不喜欢的一些新基督徒，建立新教会和重组教会。所有这些活动如旋风般进行着，牵涉到多次海难和监禁。据我们所知，这种疯狂的布道直到公元 1 世纪 60 年代初他在罗马被处决时才结束。

通过纯粹的人格力量、惊人的原创启示、鼓舞人心的演讲和文字作品，以及对罗马统治网络的充分利用，保罗的成就使那些与耶稣同时代的人黯然失色。他倡导的对罗马和雅典友好的基督教迅速发展并占了上风。在他出现之前，耶稣的追随者只有几百人，到他死的时候已经有成千上万人了。到公元200年，基督教徒大约有20万人，100年后发展到600万人，占罗马人口的1/10。[7]公元312年，康斯坦丁大帝改信基督教，并使之成为罗马的官方宗教。今天，全世界有将近20亿基督徒，比任何其他宗教的信徒都多。

保罗将一种绝妙的犹太思想与最妙的希腊哲学相结合，加上他自己对基督之死的阐释，改变并极大地扩大了目标市场，在整个地中海建立了许多基督徒团体，利用罗马的统治网络迅速传播宗教。虽然这都是无意中的行为（他认为耶稣会很快归来，所以觉得没有必要建立机构），但对非犹太基督教会的建立起到决定性作用，并提供了使其成功的预言。

这一切都使他成为有史以来最有影响力的超级连接者之一。

1818—1848年，普鲁士和法国；1849—1883年，英国

卡尔·马克思在1818年生于特里尔，这个地方现在是德国的一部分。在他生命的前30年里，他是一名哲学系学生，写了一篇题为《德谟克利特的自然科学和伊壁鸠鲁的自然哲学的差别》的博士论文。他是波恩大学一名饮酒俱乐部的主席，一个激进的记者，一个潜在的革命煽动者。1848年，他和他的朋友兼资金支持者弗里德里希·恩格斯共同撰写并出版了《共产党宣言》，这或许是有

史以来最具创新性、文笔最优美的政治宣言。同年，他受到已经夺取政权的法国革命者的邀请，从比利时匆匆赶往巴黎。

不幸的是，革命很快就失败了。他在科隆短暂逗留（在这里他开始为一家短命的激进报纸撰稿），随后又一次被驱逐出巴黎，他和家人最终在伦敦市中心迪安街的三间破房子里安顿下来。在伦敦，马克思喝更多的酒，参与和组织欧洲的革命活动，用以打破勉强糊口的生活。除此之外，他余生的大部分时间都在大英博物馆里阅读和写作。他的作品变得越来越学术化、复杂难懂、无人问津。他与合作者和革命者的争吵越来越激烈。他的健康每况愈下。在卡尔的最后时刻，他的妻子、普鲁士男爵的女儿、令人敬畏的燕妮·马克思哀悼说："要是卡尔有一些资本，而不是写这么多关于资本的东西就好了。"1867年，《资本论》第一卷在德国出版时，没有掀起什么波澜，她说：

> 没有什么书的写作环境比这本书更艰难了……我可以写出它的创作秘史，它将讲述很多……未说出口的烦恼、焦虑和折磨。如果工人们对这项工作所需要的牺牲略知一二的话……他们表现出的兴趣可能会多一点。[8]

卡尔·马克思于1883年去世，没有国籍，没有遗嘱，只有忠心耿耿的恩格斯和其他10个人参加了他的葬礼。几乎没有人相信马克思是一位伟大的思想家。他默默无闻地死去，壮志未酬。就像拿撒勒的耶稣一样，他对自己死后的名声一无所知。

马克思相信，他的一生见证了从封建制度（地主对农民的统治）到同样基于阶级统治但是更灵活的制度（资产所有者、中产阶级实业家和金融家，对以工厂工人为代表的新的被剥削阶级的统治）的转变。他用"资本主义"这个词来描述这种制度。尽管资本主义制度在很多方面都是对封建制度的巨大改进，极大地增加了财富，使文明进一步发展，但它也是一个有严重缺陷的制度。马克思说，它把世界不公平地分成了少数富人和大量穷人，因此这是在自掘坟墓，"资产阶级不仅锻造了置自身于死地的武器，它还产生了将要运用武器的人——现代工人阶级"。[9]

马克思认为，资本主义不可能持续下去，因为它把越来越多的工人聚集在工厂和城市里，越来越多的资本会被集中到越来越大的组织中，而这些组织为了生存需要而压榨工人，降低他们的生活水平。工人们不会容忍这种情况，他们会在血腥革命中奋起反抗，这种情况可能首先发生在英国这个世界领先的工业经济体中。一个共产主义政府将紧随其后，在最初实行"无产阶级专政"并废除资本。但是这个共产主义国家最终将会在一个自由个体组成的世界里"消亡"，这些人在历史上第一次能够利用他们的全部才能为自己和社会谋取利益。

通过结果来看，马克思对从封建主义转变到资本主义的论断是完全原创性的、杰出的、正确的。一个庞大的工人阶级集中在更大城市的情况确实出现了，而且最终变得更加强大。[10] 但就在马克思预言整个欧洲会发生革命的时候，19 世纪后半叶，革命变得越来越罕见，越来越不成功。这主要有两个原因：革命者没能建立起一个庞大的坚定追随者网络；更重要的是资本主义为工人们提供了更高的生活水平，他们绝大多数支持社会主义或社会民主的议会改革，而不是街头的共产主义革命，这一点与马克思的论点直接矛盾。

弗拉基米尔·伊里奇·乌里扬诺夫（1870—1924）出生于沙皇俄国的伏尔加河附近，是一个富裕教师的儿子。弗拉基米尔 17 岁时，他的哥哥亚历山大因阴谋推翻沙皇亚历山大三世而被捕，并被处以绞刑。乌里扬诺夫是成绩一流的学生，后来成为一名成功的律师，但他对卡尔·马克思的著作产生了日益浓厚的兴趣。25 岁时，他因参与革命活动被捕，入狱 14 个月。

乌里扬诺夫（后改名为列宁）作为一名革命者有两大特点。第一，他重新定位了马克思主义和整个革命运动的地理重心。他赞同马克思关于革命的必然性，以及资本主义的道德和实践弱点的分析，但他把革命的地点从西欧转移到俄国。正如保罗把希腊人和罗马人（而不是犹太人）作为他的主要目标群体一样，列宁孜孜不倦地工作，以确立农民和工人的革命动因。工人无法单独完成这项工作，所以农民也必须参与其中（俄国是一个落后的农业国，工业发展有限）。透过这样的逻辑，列宁提出了他的"发展不平衡法则"，即资本主义会在最薄弱的环节崩溃，而这恰巧会发生在欠发达的俄国。俄国革命随后成为整个欧洲工人革命的信号。

列宁的第二个特点是他的组织能力。1903年，他成立了布尔什维克革命党，由专业革命者而不只是同情者组成，并组织建立一个地方基层组织网络，很像保罗早期建立的基督徒家庭基层组织。1905年，当革命在俄国爆发时，列宁和他的布尔什维克伙伴成了革命主导力量。

1917年年初，沙皇尼古拉二世统治的俄国在与德国可怕的三年战争中元气大伤。革命再次爆发，这一次政权被推翻了。列宁当时还在瑞士，于是急忙赶回家乡，乘火车到达了俄国主要工业城市彼得格勒的芬兰火车站。在那里，他受到了热烈的欢迎，并立即着手破坏新的社会民主党政府。他撰写了"和平、土地、面包"的口号，指出"土地"对占人口绝大多数的农民的吸引力。1917年11月7日至8日晚，列宁和布尔什维克党人发动了政变：他们的军队冲进了冬宫，罢免了政府。列宁随后夺取政权，并监禁了反对派领导人。

正如卡尔·马克思所预言的那样，无产阶级专政已经到来。但是，现实与理论背道而驰。苏联政府非但没有消亡，反而成为世界上最大、最强有力的枢纽。在接下来的70年里，它控制除了最小企业之外的所有企业，以及横跨半个欧洲的所有教育机构、报纸、广播、电视、警察、军队和民间机构。

* * *

这些故事表明，即使是令人惊讶的新鲜、有吸引力的想法（比如爱你的敌人，产业工人必然战胜资本主义），也不会因其自身的优点而生存或消亡。没有保罗，基督教不太可能重塑世界。

保罗和列宁给先驱们的失败思想注入了新的活力。但他们还做了更重要的事，也是耶稣和马克思从未有效实现的事——他们建立了枢纽。保罗将每个港口的信徒组成家庭团体教会，这些家庭团体教会让越来越多的当地人皈依成为教徒。列宁组建了革命小组，把布尔什维克党发展到可以夺取政权的阶段，然后剥夺其他任何组织的权力。仅仅因为他们建立了不可思议的强大和重要的枢纽，保罗和列宁建立的超级连接非凡而持久，远远超过了耶稣和马克思。世界上所有极具影响力的超级连接者都留下了比他们自身寿命长得多的枢纽。正因如此，世界上伟大枢纽的创始人都是伟大的超级连接者。

任何想法都需要一个枢纽（由支持者组成的组织）使之变得具有影响力。一个商业点子需要一个公司，正如公司需要点子一样；一个宗教需要教会；一个政治理念需要一个政党；一个革命性的想法需要激进分子。想法的供给总是超过需求，这就是为什么一些很棒的想法消失了，而另一些却广泛传播，甚至开始建立超级连接。光有想法是不够的，它需要一群协调一致的热情的支持者把它传播到更广的地方，找到支持它的"客户"来对抗竞争对手。

这也是为什么一些可怕的想法——比如地狱、宗教迫害的义务和法西斯主义——会无处不在：它们都受到强大枢纽的支持，也受到沉迷于权力和教条的领导者的支持。

思想需要网络来传播，网络是它们自己的"广播媒体"。这些网络可以是书籍、广播、电视、聚会、教堂集会、摇滚音乐会、互联网、广告或销售团队。在传播信息的过程中，思想需要争夺注意力，与所有其他可能淹没它们的信息和噪音做斗争。如果通过网络能够说服人们，他们接受这个想法带来的收益超过他们理解它的成本，这个想法就会成功。

试想一部新电影或者一个品牌的推广，比如健怡可乐。如果电影是娱乐性的，或者软饮料实际上没有卡路里，这种好处很小但可以衡量。因此，只有在理解这种好处需要花费的努力更小的情况下，它才会传播开来。人们很容易就能理解健怡可乐或最新电影大片的重点。品牌的目的是让人们更容易地理解产品及其带来的利益。

另一方面，想想新技术，如铁路、汽车、个人电脑或互联网。我们现在知道，这些技术可以带来巨大的收益，它们改变了我们的日常工作和交流习惯。但是如同所有的新技术一样，它们需要花费大量的时间和精力去发明、设计、生产、分配，而新用户需要投入大量的精力来理解如何使用它们。无论新技术带来的好处有多大，一开始传播速度都很慢。例如，互联网花了10多年时间才成为主流媒介。

传播一个新想法需要调整等式的两边，即新想法的好处和理解它所需要做出的努力。增加效益，使之显而易见。减少掌握新思想所需的精力，简化它，将它压缩成简要信息。

《登山宝训》不是简要信息，而是"信念、希望和爱，这三样永恒不变，其中最伟大的是'爱'"这句话。

《资本论》也不是简要信息，而是"和平、土地、面包"的口号。

圣保罗和列宁还做了其他的事情。他们分别把耶稣和马克思的原始思想与另一个优秀但与之无关的思想联系起来。在保罗的例子中，它把耶稣个人慈爱的上帝与希腊人将宇宙视为超心灵的概念联系起来，人能在超心灵中分享，因此人可以成为上帝的一部分。列宁把马克思关于革命必然胜利的思想和马克思主义的整个"科学"体系同落后的沙俄国情联系起来。

商务人士同样可以将两个好点子联系在一起，或者将一个好点子应用到一个新环境中，这是达成非凡成就相对容易的方法。

风险投资家艾德里安·彼得罗夫特将他的成功归因于复制了一个简单的想法：

　　我得到这个点子是基于在波士顿咨询公司的职业经历。波士顿咨询公司的理念是从最好的商学院中挑选出最优秀的两三个人才。这意味着咨询师比他们的客户更聪明，这是波士顿咨询公司得以生存下来的唯一原因。波士顿咨询公司和麦肯锡公司通过吸纳最优秀的人才，并将他们结成网络而遍及全球。最优秀的人互相学习，使他们在已有的基础上做到更好。每家企业都认为他们雇用了优秀的人，但是世界上几乎没有公司只雇用最优秀的人，因为这样做会让招聘变得困难、耗时和昂贵。但这正是波士顿咨询公司的创想，并且我亲身体验了它多么有效。

　　这就是我们在安佰深欧洲所做的。我完全不妥协。我完全坚持这个想法。这就是为什么安佰深欧洲公司变得比安佰深美国公司（Apax US）更大。我们最终接管了美国公司，并在那里将我们的想法付诸实践。当人们问我为什么如此成功的时候，他们总是希望我谈谈投资哲学或者一些与行业直接相关的东西。所以，当我提到这个简单的想法和它的绝对重要性时，他们总是感到惊讶。但这是真的。

20世纪50年代至今，南非，开普敦

　　我的朋友雷蒙德·阿克曼是南非商界最著名的人物之一。他在

第9章 网络思维 | 217

当地很有名，受到许多普通民众的拥戴，因为人们在他的匹克恩佩超市购物，而且他总是愿意跟任何人交谈。他的秘书琼受到雷蒙德的严格指示，她会把任何找上门的客户都直接转给他。他和他的妻子兼商业伙伴温迪还是慷慨而务实的慈善家。

但他们是怎么发家的呢？在20世纪50年代初，他们发现美国正在大量建造连锁超市和大型综合性超市。大超市背后的经营逻辑非常简单。如果你能成为一个地区或国家最大的连锁超市，就能以低于任何竞争对手的成本进货并上架。如果你把节省下来的钱让渡给顾客，他们就会直奔你的商店而去。这一原则同样适用于任何零售类别：DIY材料、电脑、地毯、鞋子、时装等，你能想到的都适用。经营的艺术就是先于别人成为规模最大的一家。

雷蒙德当时是南非零售商Greatermans的高管，他说服公司创办了连锁超市Checkers，并让他管理连锁超市，那时他24岁。截至1966年，他共管理85家门店。但后来他被解雇了。他用遣散费（和一大笔银行贷款）在开普敦购买了4家名为匹克恩佩的超市。然后，他用超市赚来的所有钱比任何人都快地开了新超市，将其扩展为南非规模最大的连锁超市。在20世纪70年代，雷蒙德也变得有名气了（在该国的统治者看来是臭名远扬），因为他拒绝实行肤色限制，他给黑人升职，并按照与白人相同的条件给黑人支付薪水。不过他逃避了惩罚，因为他在公众中太受欢迎了。

1962年，泰国，曼谷

在曼谷一个闷热的日子里，迪特里希·马特施茨叫了一辆嘟嘟车。他是一个奥地利公司的主管，在泰国做牙膏的市场推广。他发现司机和其他人都在喝一种特殊的饮料来维持体能，于是他问到了这种饮料的名字——"Krating Daeng"。起初他搞不清楚这是什么意思，酒店的人告诉他这在英语中是"红牛"的意思。马特施茨在西方市场以此注册了品牌专利，并开始销售类似的产品，不过没有那么甜。回想起曼谷辛苦的司机们，他将其称为"能量饮料"，并卖给酒吧和夜总会。如今，红牛饮料每年的销量超过30亿罐，马特施茨是世界上最富有的奥地利人。据《福布斯》（*Forbes*）杂志称，他的身价已达40亿美元。

20世纪70年代，加利福尼亚，旧金山

1969年，我来到旧金山，对于"爱之夏"来说有点晚，但我还是个十几岁的少年。让我惊讶的是，醉醺醺的嬉皮士们聚集在一起，开着大众露营车，抓住一切机会说"和平，伙计！"以及别的什么。这是一个与英格兰完全不同的世界。一对次年来到加州的年轻英国夫妇也许会有类似的经历。伯克利电报大道一家名为"美体小铺"的店给安妮塔·罗迪克和戈登·罗迪克留下了深刻的印象。

它不是卖身体的，而是卖时髦的面霜、乳液和洗发水。

回到布莱顿的家，安妮塔和戈登试着开了一家餐馆，后来又开了一家旅馆，但都没有成功。戈登回到了美国，而安妮塔留在英国，但她忘不掉伯克利的那家化妆品商店。1976年，她在布莱顿开了一家类似的化妆品和护肤品店。她不在乎创意，于是直接称它为"美体小铺"。她把店开在了两家殡仪馆中间，有点玩笑的意味。[11] 最终，安妮塔经营着一个在全球拥有2 400家门店的帝国，并于2006年以6.52亿英镑的价格将其出售。

* * *

从一个好主意衍生出另一个更大、更好的主意的例子数不胜数，它们告诉了我们创意和网络的重要性。安妮塔·罗迪克不仅复制了伯克利商店的创意和名字，她还把它开在1万公里以外，那里没有人会说："啊，是的，那只是一个抄袭了电报大道化妆品店的商店。"相反，"她的"想法似乎新鲜而令人兴奋。当迪特里希·马特施茨在欧洲和美国推出红牛饮料时，它被誉为世界上第一款能量饮料，而不是嘟嘟车司机们最喜欢的饮料的改装品。

距离带来了体面，它使复制类似于创新。当我资助两个失业的年轻人创建贝尔戈这家供应青口贝、薯条和比利时啤酒的餐厅时，它被视为伦敦最酷的新概念餐厅。历史悠久的同类连锁餐厅利昂在巴黎和布鲁塞尔已经取得了成功，而在纽约的格林尼治村也有一家类似的餐厅。

这就是"弱连接"的本质：某个远在天边却掌握有用信息的人。通过和那些人交谈，或者只是观察他们的行为，我们就会明白他们有一个好主意。这很有吸引力。如果它是一个公司，那么它正在增长并赢利。下一步是考虑这个想法能否应用到不同的地方，或不同类型的市场，或以不同的方式实现。来自远方的洞察和一个新想法形成弱连接，它会成为我们新计划的萌芽。

在这本书前面的部分，我们探索了与一个人、一个遥远的泛泛之交的弱连接的潜在价值。在这一章中，我们探讨了另一种丰富我们生活的方式，即连接到一个遥远的想法，然后在另一个地点或背景下重新创造它。

例如，安妮塔·罗迪克没有雇用伯克利电报大道"美体小铺"的店主，也没有花很多时间和店主在一起，她只是采纳了这个想法，并付诸实施。在我和生意伙伴开始经营贝尔戈餐厅之前，我们仔细研究了利昂餐厅。首先，我们想知道这家连锁店是否赚了很多钱。它做到了。利昂餐厅的特色似乎在于它的菜单以及食物和啤酒的摆放方式。但我的合作伙伴在这个组合中加入了很多新想法：餐厅本身看起来就像一个修道院的用餐大厅，摆放着长长的公用餐桌，服务员穿得像修道士。我们没有花很多时间和利昂餐厅的人聊天，也没有向他们提供我们新企业的股份。我们接受了这个概念，便开始运作，针对我们的市场改造了他们的想法。通过与一个遥远的想法相连接，然后在离家更近的地方调整并应用，就有可能创建一个新的企业，就像在布莱顿而不是在伯克利开一家美体小铺，在伦敦的乔克农场附近开一间比利时啤酒屋。

你可以与一个已经在其他地方或环境中成功验证了的想法建立弱连接，这样可以大大降低一个新创业项目失败的可能性。想法可以传承，它们有迹可循。如果你愿意，我们可以从基因的角度考虑。一个好主意有好的基因，这些元素共同作用，使它完整而有吸引力。好的基因是有价值的，它能让企业良好运行。孩子不是父母的复制品，但通常有很强的相似性。所以，强壮的父母往往会有强壮的后代。同样，好的想法是产生新点子的最好来源。

在商业上，一个有利可图的想法通常会催生出一个有利可图的公司。大多数初创企业都失败了，但我相信，那些利用弱连接认真模仿来自远方的好点子的初创企业，其成功的概率要大得多。不幸的是，没有统计数据来支持这一说法。迄今为止，还没有人根据创业理念的成功程度来划分创业项目，然后对比以其他方式创立的创业项目和基于验证过的理念创立的项目两者的成功率。但从我自己的经验来看，我投资了5家新企业，它们都是对已有的赢利理念的再创造，而且都成功了，产生了相当于当初投资几倍的现金流。我还投资了另外4家并非基于成功想法的企业，其中3个失败了，剩下1个只能算基本成功。

在本章中，我们已经看到了几个超级成功的企业，但它们在目标市场看来并不那么有独创性。正如阿尔伯特·爱因斯坦那句谦逊的话，"创新的秘密是知道如何隐藏你的创意来源"。沃尔玛的传奇创始人沃尔顿也说过类似的话，他说："我做的大多数事情都是从别人那里复制来的。"

＊　＊　＊

如果基于一种遥远的、发展得很好的模式创建一个新组织能够取得成功的话，那么基于两种成功理念创建的一个企业可能会更好。其方法是在两个遥远的想法之间建立一种微弱的联系，而这两个想法都在彼此孤立的世界中证明了它们的价值。然后我们可以结合这两个原始的概念，创建一个新的企业。安妮塔·罗迪克正是这样做的。她借鉴了伯克利"美体小铺"的概念，但她也将其与风险投资领域中最好的概念之一相结合，即特许经营权。

在零售业务中，特许经销商会得到创始人品牌和商业模式的使用权，并销售来自母公司的产品。作为回报，特许经销商需出资开设新店，并根据销售额向母公司支付特许权使用费。如果安妮塔只依靠自己的现金流开新店，她的生意永远不会增长得这么快（最初的年增长率超过50%），也不会在61个国家开设门店。授权特许经销商的另一个好处是，他们了解自己国家的商业惯例和商业陷阱。

当然，最初那家美体小铺的老板也可以像安妮塔那样做，但有时候，要认识到某些东西的价值，距离是必要的。人往往更容易欣赏在不同世界里遇到的好主意，而对自己创造出来的东西的价值认知不足。例如，迪克和麦克·麦克唐纳在1948年到1954年间创造了一个非常成功的商业模式，他们在加利福尼亚开了8家餐厅，只卖汉堡包、芝士汉堡、炸薯条和饮料。与传统的咖啡店不同，他们没有服务员，顾客必须排队、点餐、付款，然后带走食物。通过限制菜单和自助服务，麦当劳以最低的价格出售了大量汉堡包。从结果看来，这是一个利润极高的生意，但兄弟俩没有看到他们这种创新模式的潜力。1961年，旅行推销员雷·克罗克以270万美元向他们出价收购麦当劳，他们毫不犹豫地答应了。麦当劳现在的市值约为480亿美元，几乎是两兄弟当初卖出价的1.8万倍。顺便说一句，克罗克也把汉堡店的想法和特许经营结合了起来。

对别人的想法进行基本改进也会更容易。扩展一个已被证实的想法，或将其与另一个想法结合起来，是否比最先想到它更缺乏创造性呢？或许如此，但它也可能更有价值。企业家不需要发明任何东西。他们只需要发现一个未被充分利用的创意，然后建立一个组织以展现它的全部潜力。

1963年，马萨诸塞州，波士顿

"战略咨询"即为大公司提供建议，让他们把精力集中在自己比竞争对手占优势的领域，从而赚取更多的钱。这项服务在1963

年之前并不存在，它是布鲁斯·亨德森在这一年构想出来的。我们在第 4 章中提到过他。布鲁斯改变了全世界公司的行为方式，创立了一种全新的咨询公司，这种公司以智力而不是经验为基础。然而，布鲁斯和他的同事发现构思战略咨询是相当容易的。他们所做的只是将两个独立但强大的学科（市场营销和金融）结合在一起，并利用这个爆炸性的组合释放出各种思维火花。

＊　＊　＊

企业家将两个好想法融合在一起的例子不胜枚举。必发公司将个人投注与电子市场结合起来；摩托车把自行车和内燃机结合在一起；"积极心理学"学派是通过将临床心理学（以前专门用于治疗心理健康状况不佳的人）与主流的自助运动结合发展起来的；索尼随身听把录音机和便携式收音机合并在一起；反过来，iPod 也把随身听和网络下载连接了起来。

其他组合也可以同样获得成功，只需要人们发现它们，并将它们结合在一起。

正如我们所看到的，好想法就像大多数机会一样，都来自弱连接。此外，它们只能通过自己专门的枢纽传播。要想取得成功，群体需要被良好地组织起来，并且尽可能简单地传播这个想法所带来的好处。

当这些想法遵循网络法则时，它们是有效的，并且被枢纽和弱连接组织起来。像这些结构一样，创造性的想法有助于使世界变得更小、更丰富。弱连接和枢纽的数量不断增多。通过将两个或更多的想法联系起来，或者将它们应用到一个新的环境中，世界就会变得更加紧密。好想法使我们团结起来，但也增加了我们的分歧。它们促进更多的创意、进步和迭代。它们是"一个"答案，但永远都不是最终答案。伏尔泰说过，"最好"是"好"的敌人。《从优秀到卓越》（*Good to Great*）[12] 一书的作者吉姆·柯林斯将这句格言颠倒过来：优秀是卓越的敌人。但在发展新想法方面，不存在敌人。好的想法指向更好的想法，更好的想法指向卓越的想法。我们唯一要避免的是"完美想法"，因为所有的想法都是可以被改进的。

有一种结构是用来在自然界、图书馆或网络上搜寻信息的，它是嵌入式的、通用的、遵循数学规则的。还有一种结构是网络结构，它是用来发现和传播优秀思想的。一旦掌握了这一点，任何人都可以充满信心地创新。

第 *10* 章

如何成为网络明星

未来已经到来，但它不是平均分配的。

——科幻小说家威廉·吉布森

2001年，英格兰，伦敦

格雷格和我第一次相遇是在一场残酷的商业竞争中。我们各自投资了一家博彩交易所，并加入其董事会。格雷格加入的是美国人经营的英国公司颤振，我投资的是一家英国企业必发。两家公司通过网站提供私人间的博彩业务，它们都试图做一些以前没有人做过的事情，而且都选择了相同的方式。两家公司是在同一时期相继创立的。必发规模更大，发展迅速，在赛马投注中占有重要地位。但颤振已经通过更稳定的软件和更雄厚的资金占据了1/3的市场份额，它即将迎头赶上。两家公司的人都意识到，这场竞争只能有一个赢家，而输家将一无所有。

传统看法认为，市场可以同时容纳多个竞争对手。但由于一个非常特殊的原因，我们遇到的情况并非如此。博彩交易所的产品（对持相反观点的人进行押注的工具）每增加一位新客户，就会使之更有吸引力。与其他交易所相比，它的关键竞争优势（对客户的吸引力）是押注的客户数量更多。这是一个内在不稳定的系统，一家公司最终控制整个市场的情况是不可避免的，这会导致另一家公司崩溃。共存根本行不通。我们就像在玩俄罗斯轮盘赌，其中一人注定会失败。输赢的概率大约是一半一半，这对任何赌徒都没有吸引力。

因此，两家公司的董事会成员经过激烈的讨论和自我检视，最终得出了一致的解决方案——合并两家交易所。这次合并将形成一个规模更大、流动性更强的市场，它会取悦我们的客户，使业务显著扩张——如果市场的池子更深，会有更多的人加入，押注金额更高。我们每个人都将在一个比以前增长更快、更大的枢纽里占有份额，产品的规模也更大，而新公司将使其他竞争对手相形见绌。

之后的发展如我们所料。与之前两家公司每月各自增长5%不同，合并后的新公司（保留了"必发"的名字）已连续18个月以每月15%的速度增长。博彩交易市场腾飞了。它首先改变了赌博在英国的面貌，然后改变了所有允许此类交易运作的国家的博彩市场。到2006年4月，也就是必发公司成立6年后，它的价值已经超过了15亿英镑。该公司在2009年宣布它迎来了第200万个客户。我们估计，它占据了全球95%的博彩交易市场。

正如我们接下来要看到的，必发公司代表了任何人都想要创建或进入的最好的企业。在这种企业中，网络本身使得市场扩大，也让公司在市场上拥有压倒性份额。我们认为这是商业领域的一个新趋势，也是思考商业的一种新方式，尽管它与20世纪70年代的另一个概念性突破是相似的。

* * *

25岁那年，我迎来了人生的转折点。当时我即将从费城沃顿商学院MBA项目毕业，正在四处找工作。那时战略咨询是热门领域，它帮助大公司决定在哪里以及怎样击败竞争对手，建立有价值的业务。20世纪60年代中后期，波士顿咨询公司就创立了战略咨询。该公司似乎是一个开启职业生涯的好地方，这里薪酬丰厚，给员工提供为顶级公司服务的诱人机会，而这些公司也愿意为初出茅庐的顾问支付巨额咨询费。

在参加波士顿咨询公司的面试时，我相当天真地问招聘副总裁，为什么那些自身已经拥有大量人才的大公司会给年轻的咨询师支付如此高的咨询费。"基本上，我们已经有了一个模型。"他说。

我们将业务单元分为4种类型。到目前为止，最好的业务是我们所说的"明星"业务。在一个高速增长的市场上，这类业务（在市场份额上）排名第一。几乎所有股票市场和经济市场中的价值都来自明星业务，但它们是稀少的。一个大公司如果有几个明星业务，甚至只有一个，那么它都会做得很好。很多企业并不具备这种业务，往往也没有意识到这些业务的价值。我们让客户专注于这些明星业务，并尽可能地扩大这类业务的规模和影响力。当客户有能力的时候，我们会让他们创造新的明星业务。它简单却强大。这就是为什么我们的客户越来越成功，也是为什么我们能付你高得离谱的薪水。你的工作是根据我们的模型分析这些公司的业务，看看每项业务属于哪一类，以及如何处理。这不需要任何行业经验，只需要原始的智慧。

这是我对波士顿咨询公司著名的增长矩阵的最初认识，矩阵中包含"金牛""问题""瘦狗""明星"。"金牛"指的是一家公司里占据市场领先地位的业务，但其市场增长率很低，比如亨氏的烘豆或汤。金牛是非常可靠的好生意。它们能赢利，但通常不需要大量现金再投资。它们产生现金，但不会有很大的增长。"瘦狗"不是好业务，它们在低速增长的市场上占有较低的市场份额，通常赢利能力也不高（它们的利润率比同一市场中的金牛低，因为它们不具有同样的规模经济）。瘦狗赚不了多少钱。"问题"业务在它们的市场中也不是领导者，但其所在的市场是高速增长的。例如，在20世纪90年代，许多公司蜂拥成为互联网服务供应商，但在每个国家只有一家公司成了领导者。问题业务只有从该市场的明星企业手中夺取领导权，才会变得有价值。这通常需要大量现金投入，而且即使这样，也可能无法达到目标。如果问题业务没有成为明星业务，其市场份额停止增长，它们就会变成"瘦狗"。它们吸进了大量现金，但永远不会有回报。这就是为什么它们被称为"问题"业务：公司要么不惜一切代价投资该业务以取代市场领导者（如果可行的话），要么将它卖掉，因为即使没有利润，也会有买家为了潜在的增长而买入。

我成了明星业务的忠实信徒、一个"商业原教旨主义者"，把一切都简化为一个伟大的真理：明星业务的价值远比人们意识到的要高。没过多久，波士顿咨询公司就转向了更新、更复杂的模型。但我坚持使用明星模式，最终创立了自己的明星企业，我也鼓励其他人这么做。

那么，为什么明星业务如此伟大呢？波士顿矩阵的解释是成本，即规模经济和丰富经验带来的好处。在任何一种特定产品或服务中，最大的公司将拥有更大的规模来分摊其固定成本，因此其单位成本将低于那些规模较小的竞争对手。然后，"经验曲线"开始起效，一个比竞争对手拥有更丰富经验的企业会找到更聪明、成本更低的运营方式。

成本优势来自市场领导者地位，这也适用于"金牛"业务，即低增长市场的领导者（例如，亨氏生产的烘豆，其成本比其他任何公司都低。它比任何一家烘豆生产商的规模都大，并且从1869年就开始生产这种产品了）。那么，在一个高速增长的市场中，领导者有什么特别之处呢？波士顿咨询公司表示，高速增长的市场能使领导者比所有竞争对手都更快地增加收入，更快地吸收经验，从而更快地降低单位成本。收入的增加和单位成本的下降会使利润飙升，这种增长效率是低速增长市场中的公司无法企及的。最终，明星业务相比任何竞争对手成本更低且利润更高。领导者和追随者在能力及成本上的差距将不断拉大，这会提高明星业务的价值和安全性。例如，20世纪80年代手机迅速发展时，芬兰的诺基亚公司放弃了所有其他业务，专注于成为手机领域的领导者。通过大举投资，其增长速度快于其他任何手机制造商，单位成本也低得多，最终全球80%的手机都是由诺基亚制造的。截至2009年，该公司的市值为800亿美元。

然而，在20世纪80年代初，诺基亚能否胜出还不明朗。当市场不成熟并快速增长时，市场份额会很不稳定，市场上存在很多需要应对的事。无论谁获得了明确的领导地位，并成功地捍卫了它，最终都会成为一个伟大的明星企业。但是，如果在市场高速增长的初期被竞争对手超越，早期的领先者可能会失去其明星地位以及大部分价值。例如，在20世纪50年代主机电脑高速发展的早期，市场领导者是雷明顿·兰德公司，但它最终还是输给了IBM。同样，在1959年，施乐公司发明了普通纸张复印机，到20世纪60年代中期，该公司已经成为一家很棒的明星企业。但到了20世纪80年代初，佳能公司已经取代施乐，成为全球复印机的领导者。搜索引擎领域的早期领导者是远景公司，它于1995年成立后立刻成为业界的明星，但最终被晚成立3年的谷歌公司彻底击败。谷歌现在可能是世界上最有价值的明星企业。

明星企业提供了令人兴奋且不断扩展的工作和学习场所，并且可以支付高薪。此外，员工持有的股票期权或投资者持有的股票，可能蕴含着改变人生的价值。然而，尽管波士顿咨询公司关于明星企业的所有说法都是正确的，但情况有时会有所不同。并非所有的"明星"都一样。有一群明星比其他明星更亮，它们与众不同。作为对其思想的重要延伸，我意识到，理想的企业是网络明星，是具有强大网络特征的明星企业。

* * *

1999年，圣母大学的物理学家艾伯特－拉斯洛·巴拉巴西和他的学生瑞卡·阿尔伯特在《科学》（*Science*）杂志上发表了一篇具有里程碑意义的论文。在研究互联网结构的过程中，他们发现了网络世界具有一种令他们大为震惊的模式。[1]

这两位物理学家构建了互联网地图，每个网站都是一个点，用线条描绘网站与其他枢纽和用户的连接。对于一个受欢迎的枢纽，如雅虎，互联网中会有大量的线汇聚到它这里，而你我拥有的个人网站则只有很少的连线。因此，在这张图中，少数地方是密集的线条，而在其他地方则是开阔的空间或是只有几条线。它看起来有点像美国的人口聚集地图：少量枢纽与网络中的其他枢纽或个人有大量连接，而剩下的绝大多数枢纽都只有很少的连接。

　　两位物理学家继续计算有多少枢纽至少拥有2个、4个、16个连接，以此类推，直到连接以数百万计。他们发现，在他们检查的任何一小片区域，都存在着一个规律：连接数量每增加1倍时，对应枢纽的数量就减少大约4/5。所以，拥有2个连接的枢纽可能有5 000个，但拥有4个连接的枢纽只有大约1 000个，拥有8个连接的枢纽有200个，以此类推。

　　这被称为"幂律分布"，即少数枢纽霸占几乎所有的连接。幂律通常遵循二八法则，即80%的现象或结果由20%的人或原因产生。例如，我们可以假设，80%的社会财富属于20%的公民。实际上，真实的数字非常接近：最富有的前20%的美国人拥有美国86%的财富，全球最富有的前20%的人拥有全球85%的资本。在互联网上，谷歌与其他网站和页面的连接要比所有其他网站组成的"长尾"多出百万倍。相比之下，其他网站的连接性非常差。

　　换句话说，网络倾向于集中，它拥有几个真正重要的枢纽，而其他大多数枢纽则根本不重要。巴拉巴西和阿尔伯特的结论是，网络的连接性不是随机的、民主的，也不是分散的和共享的。它是垄断的。

　　网络的不平衡分布与我们所知的"正常"的"正态分布"完全不符。在正态分布中，大多数观测结果都非常接近平均值。例如，人的身高遵循正态分布。大多数男性的平均身高都在1.76米上下浮动几厘米，而且没有真正的身高极值。在正态分布的人类身高里，你永远找不到一个30米高的巨人。但如果身高像大多数枢纽那样分布，你很可能会达到那个身高。

一个遵循幂律分布的典型模式是极端的偏差，一些观测值可能比平均值大数百倍、数千倍，甚至数百万倍。例如，比尔·盖茨比普通美国人富有100万倍。

占主导地位的少数人可以大到改变整个系统的形状。根据幂律，最高水平的人在总体中举足轻重，以至于大多数人实际上都低于平均水平，低于"算术平均值"。就人类财富而言，"平均"净资产被少数亿万富翁和千万富翁扭曲了，所以平均值要远远高于中位数，也就是高于大多数人所在的水平。想象一下，10个人中平均每人有5万英镑的银行存款，总共50万英镑。但如果其中两人拥有80%的财产，那他们就占40万英镑，另外8个人只有10万英镑，即每人1.25万英镑。因此，平均财富也许是5万英镑，但10人中有8人（80%）远低于平均水平。在这种情况下，平均值的概念就不再具有直观意义了。这就是财富的分布情况，网络也是这样分布的。

当巴拉巴西和阿尔伯特发现人类社会及自然界都充斥着同样的幂律分布网络时，他们都震惊了。一些枢纽几乎占用了所有的连接，而"平均"水平的枢纽几乎无人光顾。这不仅适用于互联网枢纽，它看起来还适用于任何用网络连接的领域，如美国电网、蠕虫大脑中的神经元、IBM电脑芯片、图书销售的分布、人的性伴侣数量，甚至是电影领域中演员与合作演员连接的方式。

例如，好莱坞就是一个紧密相连的网络。汤姆·伦敦可能会和罗德·斯泰格一起出演一部电影，而罗德·斯泰格之前可能跟克里斯托弗·李合作过，这就将伦敦和李连在了一起。但是有些演员比其他人拥有更多连接。平均而言，好莱坞的每位演员都与其他演员有27个连接。但是因为这是一个网络，根据幂律分布，这里的平均值没有什么意义。例如，罗伯特·米彻姆不是有27个连接，而是有2 905个，这意味着他与许多不同的人合作过。约翰·卡拉丁有4 000个连接。然而，超过40%的演员仅拥有不到10个连接。米彻姆和卡拉丁是过去的超级连接者，如今有一些人接替着他们扮演这个角色。没有他们，好莱坞就不是一个小世界。一个或两个连接程度极高的枢纽通常会让其他所有的枢纽相形见绌。赢家得到的最多，有时甚至是全部。

应该说，并不是所有的枢纽都遵循这种模式。例如，对于机场来说，当规模到达了一定限度，飞机到达或离开机场所花费的时间比机场规模更重要。但是，绝大多数的人类网络和其他网络确实模仿了互联网枢纽的连接模式，即少数大型枢纽和大量小型枢纽。

当然，这些大型枢纽是超级连接者：他们努力地连接"客户"，那些与他们连接的人也因此得以与其他人互相连接。无论出于何种原因（轻松或便利，节省时间或精力，优质的信息或体验），大多数人或其他节点都连接到占主导地位的枢纽。我们不会考虑"可以"连接到的其他数以千计的搜索引擎，而是会毫不犹豫地选择谷歌或雅虎。

当涉及大而强有力的枢纽时，有一种强大的趋势让大的枢纽变得更大、富有的变得更加富有。随着时间的推移，它们会趋向于进一步集中。今天连接最紧密的枢纽很可能在明天拥有更大程度的连接。举个例子，必发公司已经成为博彩交易业的领头羊，市场份额不断上升。网络科学家已经探索了这种趋势在理论上是如何运作的，甚至还展示了财富如何在富人不具备任何优越能力的情况下变得越来越集中。但我们不需要计算机模拟，因为解释它很简单。在网络中，每个人都想连接到一个能把其他所有人都连接起来的枢纽中。网络之所以更有价值，仅仅是因为它更大。只要它是一个网络，无论是餐馆、市场、社交网络、真实的或虚拟的体育联盟、计算机系统、移动电话网络、商业目录还是电子交易，都是用人气衍生人气。

这里还有另一种关于市场为什么会集中（特别是在网络业务方面）的解释。早在1973年，布鲁斯·亨德森就曾发表过相当不容置疑的观点："在所有行业中占主导地位的生产商应该稳步提高其市场份额。"布鲁斯的逻辑是，市场领导者应该拥有更低的成本，并且"至少部分的成本优势应该以更低的价格或更好的质量传递给客户"。一个良性循环也就此形成：为客户提供更好的交易，更多的客户会被市场领导者吸引，进而给公司带来更多的业务，因此成本更低，于是公司再次为客户带来更好的价格和更高质量的产品。亨德森的结论是，如果一个行业未能集中起来，就意味着未能展开竞争。他的意思是，如果龙头企业的市场份额没有持续上升，那么就是公司管理层的责任。[2]

网络商业为布鲁斯的理论提供了最好的辩护。在网络商业中，领导者的成本优势不断提高，但产品水平也在不断提高，这仅仅是因为网络吸引了更多的人。即使公司没有新的举措，领先的产品也应随着时间不断改进。规模较小的竞争对手吸引的新客户会更少，或者可能会失去一些现有客户。竞争对手的产品水平不会像领头羊那样以同样的速度提高，甚至可能会因其网络中的客户流失而下降。因此，我们应该期待接近布鲁斯所说的"良性垄断"的最终到来。并且，如果网络商业中的领导者没有稳定地增加其市场份额，那么公司的运行方式就有问题。

* * *

我们会发现，在一个联系日益紧密的世界里，大多数产品或服务会存在于一个越来越集中的世界。这在商业领域中似乎是可行的，网络商业市场（例如大多数在线类业务）中领导者占有的市场份额往往比非网络市场（比如大多数工业制成品）中领导者占有的市场份额要高。但它在日常生活中也起作用吗？我们来看看日常生活中几个大家都熟悉的方面：语言、货币和城市。观察一下集中性在这几个方面有多明显，以及随着时间的推移，它是在增加还是在减少。

首先是语言方面。这是人们相互联系的最基本方式之一。我们也很容易想象语言最初的分裂，以及它们是如何随着人们跨越大陆迁徙，生活在相对孤立的环境中，被山脉或河流分隔开的。

想象一下，19世纪初，在梅里韦瑟·刘易斯和威廉·克拉克史诗般的探秘之旅中，他们在人烟稀少的美国西部秘境遇到了各种令人困惑的语言。他们是第一批穿越密苏里河到达太平洋的白人，遇到了许许多多的部落和特有的语言。例如，曼丹族、夏安族、希达察族、苏族、波尼族、拉科塔族、内兹佩尔塞族、卡尤塞族、黑脚族、皮埃甘族、维什拉姆族、雅基马族、瓦南帕姆族、肖肖尼族和萨利希族。

当你与他人说话方式趋同、产生更多连接能给你带来一种优势时，双方的接触会迅速增加。这种情况如果发生在上述这些孤立的部落，并以特有的语言交流，会有怎样的结果？迈克尔·克劳斯博士是最早研究"语言消亡"问题的学者之一，他估算1万年前大约有1.5万种人类语言，而如今只有6 000种。他预测，再过100年，世界上将仅存600种语言。也就是说，9/10的人类语言会消失，平均每周就有一种语言消失！

克劳斯说，语言的集中度正以几何级的速度上升。为什么会发生这种情况？语言的最初动机是父母和孩子之间的交流，所以我们或许可以预期所有的语言都被保存下来。但是，当人们学习其他语言并进行互译，通过旅行、商业和通讯联系在一起时，会发生什么呢？如果一个人想在国外与人交流，他很可能会学习一门已经被广泛使用的语言。比如自然地偏爱学习英语，因为它是一门受欢迎的外语。全世界以英语为母语的人大约有3.67亿人，在世界上排名第三，落后于以汉语（9.215亿人）和西班牙语（4.63亿人）为母语的人数，仅略高于印度语（3.42亿人）的母语人数。但是，将英语作为第二或第三外语的人是以英语为母语的人的3倍，然而以其他语言为母语的人则比其语言学习者的人数多得多。英语作为一种超级连接的通用语，以及作为科学、航空、航海等领域和许多国际组织的官方语言，在人群聚集时占据主导地位。全球英语水平能够达到正常对话的人大约有15亿，而其他任何一种语言中能够达到同等水平的人皆不超过10亿。许多读者都知道，在全球范围内，英语教学是一项不断增长的业务。因此，尽管人口增长可能很快使西班牙语成为世界第三大母语，而英语将降至第四位，但英语的总体领先优势将继续。语言学教授大卫·克里斯特尔预测，全球范围内的英语将会发生差异，也会趋同。地方性的英语变体将会增加，于是需要一种标准的国际英语出现，使所有说英语的人都能相互理解。[3] 简单的国际英语加上更容易的发音和拼写规则，可能会进一步增加这种语言的超连接价值，巩固其全球领先地位。与网络中最大的枢纽（比如语言的枢纽）相连接将变得越来越容易，也带来越来越多的收益。学校和成人学习者也会对此做出相应的反应。

但无论说英语还是其他语言的人数发生了什么变化，我们都可以把语言看作连接地球上每个人的"虚拟"枢纽，从母语者之间的联系开始，然后通过学习外语的人建立的联系传播开来。如果每个人都能说一种语言（任何一种语言），而他们周围的人都能听懂，那么人类就会以一种新的方式联系在一起。对于交流的渴望自然地推广了通用语言，而那些只能被很少人听懂的语言日渐退出舞台。想象一下，世界上所有人都用一条或几条线连接到他们所掌握的语言的枢纽，我们就会得到一张近似巴拉巴西和阿尔伯特绘制的互联网地图。随着时间的推移，这个地图可能也会变得更加不平衡，连线在超级连接枢纽变得更加密集。

* * *

另一个伟大的发明就是货币，它也是一个虚拟枢纽。它通过提供交换媒介和价值储存手段，使商业和贸易超越了物物交换的限制。就像语言一样，我们很容易看到，如果某种货币只被少数人使用，它就没有多大用处。但如果它被普遍接受，就会变得非常有用。这是一种很容易理解的"越大越好"动态模型，它表明随着时间的推移，世界各国的货币很可能趋于集中。一些超级连接货币将变得更加重要，特别是在贸易和国际金融储备方面，而其他货币将从国际市场中完全消失，并且其中大多数将会失去价值。

最近的历史再次证明了这一点。尽管每个国家都在推动和保护本国货币，但美元是迄今为止被最广泛持有的国际储备货币，约占全球外汇储备的2/3。事实上，美国现已发行的美元中超过一半在境外流通。一些其他国家也使用美元作为实际使用货币。

全球第二大货币欧元的崛起是一个更为引人注目、更为迅速的集中过程。2002年之前，西欧最大的12个国家都有自己的货币。但所有这些货币都在2002年1月1日从流通市场中消失了，现在只有钱币收藏者将它们作为纪念品保存，或者由一些不与外界接触的农民持有。世界上最令人怀念和骄傲的一些货币已经不复存在，包括德国马克、西班牙比塞塔、意大利里拉、法国法郎、荷兰荷兰盾和希腊德拉克马，还有芬兰马克和葡萄牙埃斯库多。而欧元仍在不断替代其他货币。2007年，斯洛文尼亚的货币托拉惨遭淘汰；2008年，塞浦路斯共和国、马耳他共和国放弃了沿用了几百年的塞浦路斯镑和马耳他镑；2009年，斯洛伐克的克朗紧随其后被废弃。欧元也是黑山共和国、科索沃、安道尔共和国、梵蒂冈、摩纳哥、圣马力诺和5个非欧洲国家的唯一货币，在古巴、朝鲜和阿拉伯叙利亚共和国也广泛使用。在流通中，欧元的现金价值甚至超过了美元。尽管它作为储备货币的地位仍远远落后于美元，但在日益提升。1995年，美元和（现已不存在的）德国马克占全球外汇储备的3/4，其余几百种货币只占剩下的1/4。这是多么集中！但到2008年，欧元和美元合计占所有外汇储备的91%，其他货币仅占

9%。极高的集中度再一次导致了更高度的集中，这两种货币在国际储备中完全占据主导地位。如果我们算上英镑（4%的储备）和日元（3%的储备），这4种货币在几百种流通货币中脱颖而出，构成了98%的外汇储备。这是一个"98/2"规则，即2%的货币种类占据了98%的货币储备。这些数字与我们在互联网上看到的集中模式相似，就像搜索引擎领域的谷歌和雅虎，图书零售领域的亚马逊，百科全书搜索领域的维基百科，拍卖领域的亿贝。

* * *

最后一个让我们的联系越来越紧密、集中度越来越高的实例是城市。

城市一直是人类最伟大的超级连接者之一，它让人们与陌生人接触，它也成为越来越重要的吸引贸易、金融、政府、生产、学习、购物甚至休闲娱乐活动的磁石。在1500年，全球每100人中只有1人（1%）居住在城市。到了1800年，这一比例升至3%。100年后，这个数字是14%。如今，住在城市里的人比住在城外的人多。

但是在过去的500年里，除了城市人口的集中度在增加之外，城市的规模等级也在提升。不像许多评论家在一代人之前预测的那样，城市会变得相对分散，实际上大城市变得更大了。城市似乎一直都表现出"越来越大"的模式。过去的大城市，如纽约、伦敦、东京、北京和孟买，现在是更大的城市。大都市东京横滨地区现在有 3 500 万居民，比整个加拿大的人口都多（2009 年）。

大城市似乎是坚不可摧的。1665 年，伦敦遭到了黑死病的蹂躏。第二年，大火烧毁了 8 万居民中 7 万人的房屋。1940 年至 1941 年，希特勒企图用闪电战摧毁这座城市，破坏或摧毁了 100 多万所房屋。但在过去的几个世纪里，伦敦变得越来越大，只有城市周围的绿化带限制了它的进一步扩张，使人口能适度增长。但在过去的几十年里，房价不断上涨。

然而，与其他一些城市相比，伦敦的日子还算好过。想想广岛的悲剧。1942 年，广岛有 42 万人口。1945 年 8 月，美国 B-29 轰炸机"伊诺拉·盖伊"号向广岛投掷了一枚名为"小男孩"的原子弹，它立即杀死了该市近 1/5 的人，夷平了 70% 的建筑，留下了致死率较高的放射性污染。直至 1945 年年底，这座城市的居民数量仅为原来的 1/3。然而，10 年后，广岛得到了重建，人口也回到了战前的水平。如今，这座城市已经发展到原来的 3 倍大。

城市、货币（特别是储备货币）和语言都是"通信设备"，也都是网络。它们都具有 3 种典型的网络模式。第一，它们是集中的，因此它们当中有一些超级连接者，而其他大多数则不重要。第二，它们越来越集中：大城市仍在增长，通用的货币和语言变得更受欢迎。第三，在没有任何专业规划或刻意鼓励的情况下，它们自发地扩张，受到人类联系和交流的欲望驱动。或许更加根本的是，受到网络的本质驱动。

＊ ＊ ＊

企业也表现出同样的扩张和集中倾向吗？许多公司都是，但网络公司更甚。

格雷格很幸运，在职业早期偶遇了一家网络明星企业。这让他坚信，有一些企业可以占据主导地位，这种信念最终促使他投资了颤振公司，并支持它与必发公司合并。下面他讲述了事情的经过。

那时候我在多伦多，20岁出头，刚从商学院毕业，对如何开始我的职业生涯茫然无措，只是希望能够大干一场。几位有影响力的教授以及我的父亲（一个逐渐喜欢商业甚于法律的职业律师）让我对"真实商业"和企业家精神兴奋不已。我加入了一家成功的具有创业精神的商业房地产公司，该公司由一位与我同专业的商学院毕业生创办。这似乎是中产阶级的固定选择，每个人都赞同这个决定。当然，我从心底里厌恶它。6个月后我离开了公司，并迅速做了一件谁也没料到的事：我进入了二手车交易行业。

比尔·弗朗西斯是我一个朋友的父亲。他拥有一家地区性的连锁图片分类广告杂志，名为《汽车贸易》(Auto Trader)，它帮助人们买卖二手车和其他交通工具。第一次的拜访就给我留下了深刻的印象。该公司位于多伦多轻工业区的一个旧皮带厂。比尔坐在一间巨大的圆形办公室的中央，这个房间是从一个钢板筒仓上切割下来的，是工业时代大楼的残余。他桌上最重要的东西是剪刀、胶带，以及无数往期的周刊和月刊。他高兴的时候会点上一支雪茄,挥舞着剪刀,剪下旧期刊的内容,再把它们拼贴在一起,组合成新的期刊标题——"露营车贸易商""老式进口汽车贸易商""雪地摩托贸易商""重型设备贸易商"。这些试验性的标题页被他贴在圆形房间的墙上,与其他许多标题页一起笼罩在烟雾缭绕的办公室。

整个公司都围着他转。电话桌近在咫尺,用来处理客户的投诉。摄影师也会在那里开会,为客户想要出售的车辆拍照。在后面有一个预印机、一个嗡嗡作响的报纸式印刷机和一个装订机。还有一个货物集中区,40名司机可以从这里统一出发,将期刊配送到4 000家商店。这些司机就像典型的巡回音乐家,很珍惜每周一天的配送工作,这让他们可以稳赚几百美元。

比尔想找人和他一起运营新杂志,并提出改进现有业务的方案。这个人就是我。我开始和白手起家创建了这家公司的老板一起工作。公司成立于20年前,一直保持着连续的赢利和增长。整个公司散发出一种难以解释的兴奋和自信。我花了整整5年的时间才明白这是一个多么特殊的企业。

在我工作期间,《汽车贸易》杂志在汽车分类广告行业中所占的份额从30%左右升至60%。我离开后,它更加成功了,成了当地的垄断商。它在竞争中击败了那些实力强大的日报,抢走了它们最赚钱的收入来源之一。它还不止一次经受住了其他模仿它的低价杂志的冲击。

那么《汽车贸易》是如何做到的？

它在竞争中有撒手锏。首先，与更贵的报纸广告相比，它具有产品优势：提供图片和更多的文字。更优质的信息可以促使更多的车完成交易。它还具有成本优势：与报纸不同，《汽车贸易》只针对那些想买卖汽车的人，所以它不必印刷大多数受众都不会阅读的其他广告。杂志配送物流以及在城市各处为客户拍摄汽车照片形成的规模经济，提高了杂志的销量，越来越多的人愿意付费让他们为自己的汽车拍照。

《汽车贸易》最大的优势是，随着买卖双方客户量的增加，它的产品也得以提升。买家想要浏览尽可能多的汽车广告，所以他们会去看广告最多的杂志，而卖家会聚集在买家关注的地方。模仿《汽车贸易》图片分类杂志的形式很容易，但无法模仿同等水平的实用性，因为没有相同数量的买家和卖家。要想从零开始吸引客户是不可能的（即使提供免费服务），因为他们已经知道用来买卖二手车的最佳杂志。他们当然不会放弃现有的，转而选择一个稀薄且缺乏流动性的市场。

《汽车贸易》是一个巨大的网络，参与其中的顾客相互吸引，几乎形成了垄断。这样的网络一旦建成，对其所有者来说就是一笔巨大的资产，除非（或直到）新技术颠覆了一切。《汽车贸易》也是网络效应的一个深刻案例，用户的集体行动成为产品或服务本身力量的一部分。客户播种价值，网络所有者收获价值。

比尔拥有报纸和品牌商品行业背景，是经营这类业务的一流运营商。但当你考察《汽车贸易》在其他地区的表现时，他们的管理方式对其成功的影响可能没有你想象的那么大。比尔拥有多伦多地区的特许经营权，但他并不是开创这个生意的人。20世纪70年代，斯图尔特·W. 阿诺德在佛罗里达州想出了这个原创点子。二手车市场当然是地方性的，界定为地区或大城市。斯图尔特不想走遍整个北美，在每个大城市都开办一个类似《汽车贸易》的本地杂志，所以他卖了大约30个特许经营权，每个售价2.5万美元。斯图尔特不在乎加盟商是谁，只要他们有钱就行。他把特许经营权卖给了他的侄子、叔叔、会计师、牙医、记者、油漆工等能想到的任何人，还有知名的商人。事实上，大多数特许经营者都没有受过商业培训，其中一些显然不适合经营任何业务。

如此一来，你可能会认为一些加盟商会碰壁，而另一些也许会成功。

那你就错了。无论加盟商多么不合格，他们没有一个失败的。他们都获得了成功，而且公司价值至少有几百万美元。有的像比尔的公司一样，可以达到几亿美元。网络力量如此强大，以至于一旦《汽车贸易》的加盟商在某个地区展开了业务，其竞争对手就不可能超越它。管理不善可能会让加盟商不那么赚钱，但它将永远是当地市场的领导者。

1975年，一位在佛罗里达度假的英国人约翰·马德伊斯基也看到了《汽车贸易》的潜力。回家后，他创办了泰晤士河谷贸易公司，销售房屋、汽车和其他许多商品，但汽车是卖得最好的。很快，马德伊斯基就把名字重新命名为《汽车贸易》（Auto Trader），专门经营汽车业务。1998年，他以1.74亿英镑的价格出售了这家公司。自那以后，他捐出了很多钱。2009年，他因慈善事业中的突出成就被授予英国爵位。但据《星期日泰晤士报》（Sunday Times）估计，他仍是英国排名第222位的富豪。[4]就像安妮塔·罗迪克和"美体小铺"一样，约翰·马德埃斯基与一个遥远的、已经被证明有效的美国创意连接在了一起。

各种形式的《汽车贸易》运营了整整30年，在此期间这项业务积累了巨大的财富。后来，竞争环境终于发生了变化。互联网结束了照片分类杂志的主导地位，允许其他竞争者（如亿贝汽车）的闯入。《汽车贸易》杂志仍然活跃在互联网上，但已不能保证它在每个本地市场中的领头羊地位了。

那么，是什么让网络明星企业比普通明星企业更好呢？

巴拉巴西和阿尔伯特的观察表明：网络具有不可阻挡的集中性。网络明星企业正是这种现象在商业领域中的受益者。他们之所以超过普通明星，是因为我们所说的"网络效应"，即产品对单个用户的价值与用户总数相关。用户越多，产品越好。结果是一种自然趋势，即"赢者占有多数"或"赢者通吃"，这是领先玩家不可被超越的产品优势带来的。某一家网络明星企业可以获得巨大的增长，成为市场的主导者，并维持丰厚的利润。增长、高盈利、主导地位和可持续性的结合打造了一个极具吸引力的公司，比如必发。

这种逻辑与明星企业具有吸引力的传统因素截然不同。波士顿咨询公司的观点基于成本和规模经济。当然，一个比竞争对手成本更低的企业自然拥有强大的实力。然而，一个坚定的挑战者如果拥有更低的资本成本或愿意大量投资以获得市场份额，都可以简单地用低成本与领先者相抗衡。成本优势并不能保证胜出，因为理性的竞争对手可以通过购买市场份额，从而推翻市场领导者在成本和经验方面的优势。成本优势可以通过投资或快速增长来抵消。当雷蒙德·阿克曼在开普敦开了4家匹克恩佩超市时，他的竞争对手Checkers是一家规模大得多的连锁超市。但雷蒙德知道，他必须成为南非最大的零售商，才能以比竞争对手更低的价格进货。他把所有的现金流都投入到再投资上，因此他开新店的速度比Checkers更快。

但网络的优势在降价或大量投资性扩张面前并不那么脆弱。成本优势不能解释为什么《汽车贸易》、必发、谷歌、微软或脸谱网已经占据的主导地位。最令人震惊的市场集中度以及随之而来的财富增长，并不是由规模经济驱动的。它们的出现是因为网络创造的产品优势是竞争对手极难复制的。如果Checkers连锁超市属于一个强大的网络市场，在那里食品会随着商店的增多而味道更好，那么雷蒙德就没有机会了。当然，食品没有遵循这样的网络规律。

一个网络拥有的用户越多，它自身的价值以及它提供的产品或服务的价值就越大。阅读《汽车贸易》杂志的买家和卖家越多，选择就越多，卖出汽车的可能性就越大。对所有赌客来说，聚集在必发网站下注的人越多，交易量越大，点差越小，必发公司就越有价值。你可以尝试与网络明星企业竞争，但只有所有人都转而选择你的产品，你才会拥有最好的产品。但如果没有最好的产品，他们为什么要这么做？你可以砸钱，但不会有任何结果。

这种"越大越好"的现象适用于所有的网络。

由于使用网络带来的价值不断上升，用户数量随着网络覆盖范围的扩大而增长，在此范围内的每个用户都在使用它。流量产生更多的流量。用网络科学家的术语来说，存在着"正反馈"循环机制，例如博彩交易中的每一个新的参与者都会为其他人带来增益。还有"正网络外部性"，即我们都能从网络增长中获益，而无须为此付费。

所以，一旦网络开始快速增长，它将持续快速增长。这对网络所有者来说是个好消息，但他们的好运还不止于此。网络倾向于支持一个标准、一种语言、一家供应商或一种通用系统。在正常情况下，规模较小的网络供应商往往会退出，而最大的供应商则会毫不费力地发展下去。即使它的产品或服务在某些方面不如竞争对手，但由于它拥有最多用户，领先的网络仍具有最大价值。拥有最多用户的价值在于，它在吸引新用户方面有很大优势。

结果是获胜者会赢走大部分用户，有时甚至是全部。

主流在线社交网络中，脸谱网和聚友网的影响力远远超过了其他公司。市场上只有一个微软、一个亿贝、一个谷歌、一个维基百科、一个雅虎以及一个必发。是的，所有这些公司都有竞争对手，但相比之下竞争对手都微不足道。网络自然倾向于支持领导者，并使其持续占据主导地位，除非或直到新技术等一些其他意想不到的变化打破了现有的游戏规则。

与不那么依赖网络的市场（如超市）相比，高度网络化的市场中（如在线服务）更有可能出现一个主导明星企业。反常的是，在我们日益网络化的世界里，创建一个网络性的极具价值的明星企业，要比创建一个价值低得多的非网络明星企业更容易。

现在你应该明白为什么网络明星企业如此吸引人了。它们将增长、高盈利、主导地位和可持续性结合在一起，形成了一项出色的业务。但是，尽管从理解个体企业的角度来看，网络明星企业现象很重要，但我们不应忽视它对整个行业、经济和社会的启示。如果你同意不断增加的联系促进了集中度的提高，承认我们的社会和工业在技术的帮助下正越来越紧密地联结在一起，那么我们将被引向何方呢？

对于商业领域来说，这种现象越来越明显。一个行业的网络化程度越高，其竞争结构就越倾向于集中在少数几家超级连接的大公司，市场将变得更加垄断。你会在越来越多的一般市场和利基市场发现一个占据主导地位的网络明星企业。这是一个相当宏大的宣言，但我们可以看看谷歌的首席执行官埃里克·施密特在这个问题上的说法：

> 我很想告诉你，互联网创造了一个非常公平的竞争环境，绝对能出现长尾效应，因为互联网具有丰富的差异、多样性和新的声音。但不幸的是，事实并非如此。
>
> 真实情况遵循幂次定律，它的性质表现为收益高度集中在少数公司，而其他大多数公司只能得到很少的收益。实际上，所有新的网络市场都遵循这条规律。所以，虽然"尾部"非常有趣，但绝大多数收益仍然集中在"头部"。这是企业必须了解的。虽然你可以采用长尾策略，但最好有头部业务，因为收益主要来自头部业务。
>
> 事实上，互联网很可能会带来更大的轰动效应，使品牌更加集中。这对大多数人来说是没有意义的，因为互联网只是一个更大的传播媒介。但是当你把所有人聚集在一起的时候，他们还是希望出现一个超级巨星。它不再是美国的超级巨星，而是全球的超级巨星。这意味着全球品牌、全球商业、全球体育人物、全球名人、全球丑闻和全球政客。[5]

这里出现了一个发人深省的问题。如果网络市场总是偏向一个大赢家，那么它到底有多大的"自由度"呢？特别是当网络本身而不是公司来驱动增长和赢利的时候。在一个自发的、不可避免的、以垄断告终的体系中，反垄断的概念还有意义吗？其实，客户从网络效应中获得的收益可能超过了公司垄断力量带来的任何不利影响。[6] 正如《连线》（*Wired*）杂志前编辑凯文·凯利所言："实际上网络经济中需要垄断的卖方……一个大池子要优于许多小池子。"[7]

世界真的像托马斯·弗里德曼所说的那样越来越"平"了吗？[8] 他认为，来自中国、印度或其他地方的低成本供应商的挑战意味着竞争正在升温，全球范围内存在一个公平的竞争环境，没有人是安全的。毫无疑问，在许多市场上都是如此。两种非常相似的产品，价格最低的那个将胜出。但是对于网络市场上的明星公司来说，很难说会出现同样的情况。在网络市场上，威胁一个公司的因素不是廉价劳动力，而是新技术、更严格的监管或其他一些重大变革。大部分的竞争环境可能是平的，但也有一些无法撼动的庞然大物。这才是真正的财富所在。

你是否觉得，越来越少的参与者占据越来越多市场份额的前景很令人沮丧？在这种情况下，网络是否意味着机会变少了？是，也不是。网络导致了"分散的集中"。利基市场可以非常集中，但通常也非常垂直。网络的扩张通常是通过将现有市场一分为二，再通过新的赢利方式和新的客户类型将市场再次分割。市场上曾经存在过国家垄断的赌博业务或者少数大博彩公司寡头的局面。然后，互联网博彩开辟了其他的利基市场。不同于老玩家，新玩家在网上占据了领先地位。然后出现了价差交易、博彩交易，每个交易都有其特殊的创新点。每一次新的细分市场的扩张都倾向于创造垄断，但它通常是一个新的机会，能够造就下一个新的垄断者。按照弗里德曼的说法，世界一开始是平的，然后有人塑造了一座山（谷歌），或者选择一座现有的山，在它旁边堆起一座新山丘（必发）。

但这并不能解决网络带来的所有问题，特别是财富分配问题。当网络市场集中时，政府和社会将如何应对不可避免的财富分配不平衡？更不用说数百万美元流向了那些出现在正确时间、正确地点的高管。我们应该如何引导和管理一个在结构上注定会赢的企业？谁或什么应该对它的成功负责？事实上，网络本身创造的价值远远超过个人。然而，少数人（有技能的、精明的，通常是幸运的人）能够攫取非凡财富。他们以人类历史上前所未有的速度赚到了更多的钱。

梅格·惠特曼在经营亿贝时曾说过一句名言："连猴子都会开这列火车。"与《汽车贸易》和必发一样，该公司令人瞩目的增长在很大程度上与它们的管理方式无关，更多的是与最初的想法、设计和执行有关。然后，网络接管了一切。这并不是说这些公司没有管理上的挑战，事实上是有的。但股东和董事们应该明白，网络明星企业受益于一种其他企业没有的力量，是网络的力量推动了公司前进。网络提供了增长，而高管们只需掌舵。

公司的主管和董事会必须决定进入、投资或避免哪些市场。如果我们的市场网络观点流行起来，金融机构会不会一股脑地涌向投资银行业的某些领域，进入这样一个极端网络化的世界呢？在这样的世界中，只有少数的赢家和大量的输家。当然，人类的天性认为自己会赢过概率并取得成功。但是，对网络的全面了解会让一批银行家明白，他们的机会非常渺茫。

那么，网络明星企业对个人的启示是什么呢？如果格雷格和我在职业生涯开始时就知道这种企业的优势，我们俩就都不会考虑去其他类型的公司工作了。

＊　＊　＊

并非所有明星企业都具有同样的吸引力。市场上可能有5%的企业提供着95%以上有价值的新产品和新服务，并为它们的所有者提供了更高比例的价值创造。这些最优秀的企业都是明星企业——在一个长年快速增长的市场中的领先企业是绝对的领导者。

然而，并非所有的明星企业都一样。其中一些是可以预见的最引人注目、最有吸引力、最诱人的企业。利用网络的爆炸性能量，新企业如春笋般涌现，超越了它们的利基市场。那些能让你走得更远，最有可能给你带来快乐，让你自由地拓宽视野的企业，就是作为领导者在强大网络中获益的明星企业。必发和《汽车贸易》不仅是明星企业，也是网络明星企业。对于它们来说，网络本身创造了增长，并产生了一个占有优势的领导者。

在网络市场上，只有少数枢纽（通常只有一个）占据主导地位。

对于任何一个职场人士，这种优势都是没有争议的。相比于其他地方，在一个年轻的网络明星企业工作有着不可估量的好处。这些企业创造的增长和现金给早期参与者提供了绝佳的机会，而开创一个新的网络明星企业的收益更高。如果你有一个创立网络明星企业的好想法并能付诸实践，成功的可能性会比其他路径更大。忘掉别人告诉你"创业的失败率高"这件事情吧。如果构思得当，网络新星破产的概率要小得多。如果这个想法足够好，新项目真的利用了网络蕴含的巨大能量，就不太可能会失败。

简而言之，这就是枢纽的作用所在。

除此之外，弱连接也在发挥作用。

第 *11* 章

谁掌握弱连接，
谁就赢得了商业世界

一个基于网络的社会结构是一个高度动态的、开放的系统，它对创新敏感，但不会被打破平衡。

——曼纽尔·卡斯特[1]

弱连带为创新跨越社会群体的边界提供了桥梁。

——马克·格拉诺维特[2]

你在偏僻的小镇上居住过吗？在这里人人都互相认识，或者实际上人人都相互关联。在这里，匿名是不可能的。友谊可以很牢固，但仇恨也可能很长久，不仅使人和人之间分裂，还使家庭和更广泛的群体相互分裂。戏剧《罗密欧与朱丽叶》(Romeo and Juliet)就是一个经典的例子，其背景设在维罗纳。如果一个小镇不发展，没有新鲜的血液流入，它就会变得封闭、狭隘和没有包容度。即使这些危险都避免了，它也会让人昏昏欲睡，至少在视野更开阔的人看来是这样。

一个人口固定的小镇存在这样一个基本问题：强连接太多，弱连接太少。家庭和朋友关系占主导地位，实际上排除了人们偶然发现新的弱连接的机会，因此很难出现旺盛的新信息和新举措。

将这种情况与大城市比较一下你就会发现，城市是弱连接的巨大孵化器。因此，城市也是伟大的创新枢纽。

我们可以用同样的方式看待自己的工作和公司吗？在工作场所，弱连接、强连接和创新之间有什么关系？什么促进了创新，又是什么阻碍了它？

以我们对网络的了解，我们认为，在连通不同世界的弱连接占多数的地方，创新性和市场增长率是最高的。在这样的地方，弱连接的数量多于强连接。

年轻的公司符合这一描述，因为大多数新公司都严重依赖外部弱连接。新公司通常会从外部资源获取一些最重要的创意。它们的员工也都是在新公司工作时间不长的人，因此还和以前的公司保持着联系。与成熟公司的员工相比，新公司的员工组成也往往更加复杂，他们来自各不相同的公司，拥有多样化的背景，而成熟公司的员工通常都有固定的招聘渠道，包括机构和个人。新公司的内部连接还没有形成，也没有强化为强连接，层级还没有固化。基于这些原因，新公司的弱连接比例一般比成熟的公司高。当然，年轻公司更具创新力的原因可能与弱连接无关，因为创业者必须有所创新才能让公司起步并生存下去。但弱连接的优势仍能起到很大作用。

我们也认为小公司会比大公司拥有更多的弱连接。小公司更有可能外包一些职能，而不太依赖内部枢纽的服务。它们通常层级较少，并且更多地暴露在随机的外部影响之下。而且小公司的业务量较小，所以每个人的工作不那么专门化和特殊化。小公司里多面手型或涉及面广的岗位比大公司里的岗位更容易建立弱连接。在大公司里，工作通过细分和自动化来降低单位成本。想想汽车装配线上操作员的弱连接有多么少。与之相比，一个小汽车修理厂的经理，必须修理汽车，处理客户和供应商的事宜，记录、核对账目等。在小公司和成长中的公司里，由于经常需要面对变化、动荡，要重新定义内部工作和轮换，也要面临更多的流动性，因此内部关系还没来得及僵化。

我们还认为，如果在同一个城市或地区，有不同行业的不同企业聚集于此，而不同企业的员工在区域内频繁跳槽和社交，那么弱连接也会蓬勃发展。我们可以预测，这种知识和技能的交叉融合将促进创新和市场增长。同样地，如果大学和企业之间，企业和非学术创新孵化器之间，企业与知识传送渠道（如咨询公司）之间存在频繁的非正式联系，那么创新也会蓬勃发展。

另一方面，我们所说的强连接意味着一个企业如果封闭又保密（依赖自己的员工，而不是与外部人员分享和学习），那么其创新将会停滞不前。按照常理，人们会认为这些公司往往规模庞大，对自己的能力充满信心，因此（如果不存在悖论的话）从历史上看也是成功的。

我们能找到有力的证据来支持这些假设吗？同样地，关于强连接和弱连接，是否存在令人惊讶或反直觉的现象？

* * *

长期以来，经济学家一直在争论：拥有众多不同产业和不同类型公司的城市，以及所有公司都从事同一产业的城市，哪种在创新性上表现得最为突出。[3] 简·雅各布斯（一位伟大的、直觉力强的城市专家）支持第一种观点。她声称，许多行业以及它们之间的交叉融合能够刺激创新。[4] 她用发明胸罩的故事阐释了这个观点。故事发生在20世纪20年代的曼哈顿，艾达·罗森塔尔为富有的女士们制作精美的服装，但她发现自己的衣服穿在客户身上经常会不合身。她认为造成这种情况的原因是糟糕的内衣设计，因此她发明了胸罩。后来，她放弃了制衣，成为一名企业家，生产和销售胸罩。但是一个没有经营企业经验的人是如何做到这一点的呢？她把工作外包出去，并在当地找到了所有的供应商。在纽约，她与缝纫机和纺织品供应商、箱子制造商、运输商、批发商和金融家打交道。如果没有这些各种各样触手可及的弱链接，艾达和她的胸罩产品也许不会成功。

哈佛大学教授迈克尔·波特持不同观点。[5] 他说，最具创新力的城市拥有许多从事同一行业的公司，这些公司相互学习，建立了深厚的专业经验储备库。他举例说，酿酒、医疗设备和裁缝等行业往往集中在某些城市或地区，一家公司的任何微小进步都会被其他所有公司迅速效仿。

尽管他们的观点截然不同，但请注意，雅各布斯、波特都明白弱连接在思想和创新的传递过程中的重要性。雅各布斯强调的是，行业之间思想和实践的相互交融。波特强调，在同一行业内，无数微小的改进在不同公司之间的传播。在任何一种情况下，公司内部的强连接都不会产生创新的魔力。但雅各布斯的观点更符合"小世界"理念的精神，跨越多样化行业的弱连接，会促进更加根本性的创新和增长。

那么谁是对的呢？以埃德·格莱泽为首的一群经济学家研究了30年来170个美国城市的数据，以求找到答案。[6]证据清楚地支持了雅各布斯：有多个产业聚集的城市发展更快，只依赖一种产业的城市倾向于紧缩。

看起来一个拥有众多不同产业的城市为新产业的崛起提供了友好的家园，它总是随着一些产业的衰落和另一些产业的崛起而转移焦点。在美国之外，信息技术的大多数创新和生产往往发生在世界上最大与最古老的城市：巴黎、莫斯科、圣彼得堡、东京横滨地区、上海、北京、圣保罗的坎皮纳斯、布宜诺斯艾利斯和墨西哥城。在美国以外，唯一不符合这种模式的科技创新枢纽在英国和德国。但进一步观察，它们也不能说是背道而驰。在英国，主要的枢纽是M4"走廊"（始于伦敦以西约30公里处）和剑桥，这两个地方都相对靠近伦敦，形成了首都的人才库。德国柏林在1945年之前一直是该国的技术核心区，而随着俄罗斯和美国军队向被摧毁的首都挺进，西门子转移到了更安全的慕尼黑保护区。

创新似乎在多样性最丰富的地方最繁荣。在这样的地方，弱连接比强连接更多。格莱泽的研究还发现，在那些拥有最多竞争企业的城市，行业增长最快，而且小型企业的创新性高于大型企业。他的研究还表明，那些非美国出生人口占当地人口比例上升的城市

（如洛杉矶和纽约）是最成功的，所有居民的工资增长最快，无论这些居民是在美国还是在其他地方出生。经济学家总结说，多样性通过创新创造了财富。

这些发现表明，在一个协调一致的网络中创新要比在只有孤立的公司的地方更容易。真正产生发明的不是单个企业，也不是竞争企业及其供应商的网络，而是一系列相互重叠的网络。真正重要的是一个特定地方的整个商业网络。拥有几家大公司的城市，比如底特律，可能会因为缺乏多样化的投入和新的弱连接而收缩。相比之下，大型、繁杂、对外开放的"杂烩城市"是弱连接的孵化器，总是能够自我更新。网络的增殖和交叉融合，个人、公司和整个城市都从中受益。

然而，迈克尔·波特的观点——创新来自同一行业内紧密相连的公司——也以其自己的方式起作用。他在观察了一些明显受益于行业专业化的地区和企业后提出了这一观点。圣克拉拉县位于加州北部，是一块半农村飞地，它更广为人知的名字是"硅谷"。它把世界电子工业创新的枢纽集聚在一个很小的地区。类似的还有纽约、伦敦的裁缝业，波士顿的医疗设备和服务行业，巴黎的高级时装业，米兰时装鞋业，意大利北部的皮革制造业，新泽西州医药产业，纽约、伦敦、法兰克福的银行业和出版业，安特卫普的钻石抛光行业，巴林的伊斯兰银行业，图卢兹的航空航天工业，哥本哈根的清洁技术行业，拉斯维加斯、伦敦、澳门的博彩业，纽马克特的赛马训练行业，瑞士南部的精密制表业。位于这些神奇的产业聚集地的公司往往比其他地方的公司做得更好。

那么，为什么波特的分析是有效的，但多样化的城市创新性更好呢？部分答案是视角不同。从产业的角度来看，区域集中是有利的。但从城市的角度来看，产业多样性更好。在这两种情况下，我们谈论的都是由面对面的弱连接驱动的网络。

考虑到所谓的"距离的消亡"，值得注意的是，某些非常有利可图的行业仍然集中在非常小的地理飞地。在硅谷，成功是地方性的、有形的、个人的、具有感染力的。全球金融服务业4/5的收入和利润来自曼哈顿、法兰克福和伦敦金融城的几平方公里内。美国在医药领域取得的所有突破，有一半来自新泽西州，而那里的居民只占美国人口的3%。在英国，绝大多数高档珠宝店都位于伦敦哈顿花园的几条小街上。

为什么会这样呢？早在1890年，英国经济学家阿尔弗雷德·马歇尔就给出了一个答案，时至今日它依然适用：

> 从事同样的需要技能的行业的人，互相从邻近的地方所得到的利益是很大的。行业的秘密不再成为秘密；而似乎是公开了，孩子们不知不觉地也学到许多秘密。优良的工作受到正确地赏识，机械上以及制造方法和企业一般组织上的发明与改良之成绩，得到迅速的研究：如果一个人有了一种新

思想，就为别人所采纳，并与别人的意见结合起来，因此，它就成为更新的思想源泉。[7]

注意：创新会被迅速"讨论"。尽管我们今天有传真、电子邮件、电话和视频会议等手段，但传播、扩大和改编好点子的关键因素是面对面交流，就像一个世纪前一样。知识在"空气"中传播。这不是指网络空间，而是指当地社区。任何在硅谷工作过的人都知道马歇尔的描述是多么恰当。人们从他们遇到的人身上学到的东西最多，而且大多数时候是无意识的、自然的、不可避免的。它发生在健身房、火车上、酒吧里、住宅后院，发生在每周数百次的偶遇和谈话中。它的发生是通过弱连接、偶遇或结识其他公司的新联系人达成的，因为当地社区是人们相互学习和分享共同志向的蜂巢。正如曼努埃尔·卡斯泰尔斯所言："硅谷不断涌现出新公司，员工跳槽和公司拆分业务实现了相互交融及知识传播。发生在山景城的'步行者车轮烧烤酒吧'的深夜谈话，比斯坦福大多数研讨会上的讨论对技术创新的传播作用更大。"[8]

但是，硅谷并不是美国最初的高科技中心。最初的中心是在波士顿郊外128号公路沿线地区，数字设备公司、阿波罗电脑、普莱莫计算机公司和王安电脑（Wang Computer）等公司都在这里成立。然而，许多128号公路上的公司都被收购或破产了，该地区失去了它在计算机设计和制造方面的卓越地位，因为像英特尔、惠普、太阳微系统、3Com、美国硅图公司和思科这样的公司都以硅谷为基地。

哈佛大学研究员安纳利·萨森宁安对造成这种情况的原因展开了调查。她发现，硅谷发展出一种分散的、实验性的工作方式，特点是人们在专业公司与工程师组成的网络中协作和集体学习。相比之下，128号公路则由一些自给自足的公司主导，这些公司把自己的专业知识留在公司内部，不鼓励跳槽，也不鼓励不同公司之间的合作。硅谷的竞争优势不在于个别企业，而在于整个地区。硅谷有更多的初创企业和专业知识的交流，有万花筒般不断变化的联盟和实验，有大量的小公司而不是几家大公司。这种情况与一个世纪前阿尔弗雷德·马歇尔所描述的情况非常相似：改进措施、新产品和新想法并非只局限于一家公司，创新在各方的不断交流中得到推动，比如猎头、风投资本家和大学。[9]

128号公路被强连接和大公司所控制，其中最重要的单位就是公司。硅谷是一群弱连接和小公司的聚集地，个体创新者和网络至关重要。硅谷或许是全球范围内最能体现弱连接力量的例子，那里的人们在一家公司里工作的时间平均只有两年。

网络效应不仅为硅谷带来了全球领导地位，还为投资者（主要是当地投资者）和许多工程师创造了巨额财富。这不仅是工业生产模式的转变，也是回报和势力的转变。这是资本主义的一个新阶段，或者可能是一个全新体系的诞生：网络社会取代了社团主义。

哈佛大学的亨利·切撒布鲁夫教授研究了20世纪的美国是如何创新的。他说，在这一时期，美国在研究和技术方面处于世界领先地位，但在20世纪80年代，工业创新的运作方式发生了巨大变化。内部研发的黄金时代是1940年至1985年，研发领域的实际支出从1940年的30亿美元升至1985年的1 020亿美元。在这45年里，商业采用了一种"封闭创新"模式，即创意是在公司内秘密发展起来的，劳动力流动性低，风险投资资本很少。那时候大学对于研发的贡献不大，而且当时几乎没有实力较强的初创企业。

但是，切撒布鲁夫说，到了20世纪80年代，这种模式开始动摇。《军人安置法》（GI Bill）为退伍军人提供大学或技术教育，大学规模因此扩大，培养了大批训练有素的工程师，他们愿意也能够在各个公司间流动。新企业不需要在基础研究上花大价钱，他们可以通过雇用来学习新技术。风险投资在1980年之前并不占主流，到2001年它已经增长了51倍，使没钱的人也能创业。外部研究和外部供应商变得越来越多，这使小公司也能创造新产品和开拓新市场。1970年，个人和小公司申请的专利只占所有专利的5%，到了1992年，这一比例已达20%。1981年，大型企业（雇员超过2.5万人）的研发支出占总支出的71%；到1999年，这一比例已降至41%。[10]

许多大大小小的新公司，无论是车库商店经营者，还是安进、基因泰克公司、健赞、英特尔、微软、甲骨文和太阳微系统等领先企业，都进行着相对适度的基础研究，并更愿意从别的地方采纳和改造新想法，然后创造出更棒的新产品，这样就无须投入巨额研发费用。在过去的30年里，我们已经进入了一个创新速度更快的新时代，有利于有创造力的个人、小公司和风险投资家发现伟大的想法并将其商业化。施乐和IBM等老牌企业巨头（它们曾经是创新的典范）在开放创新的新领域中艰难适应和生存。它们可能会继续进行出色（且昂贵）的深入研究，但它们也可能会错过下一个新机会。施乐公司发明了个人电脑、windows软件、鼠标、激光打印机、无纸化办公室和以太网，但它未能将其中任何一种产品推向市场。

主流之外的公司总是提供了下一个重要的创新。[11] 电气设备行业的三大巨头通用电气、美国无线电公司（RCA）和西屋电气没有成为美国电子行业的领导者。它们被从未生产过真空电子管的新兴公司仙童半导体和英特尔击败。

20世纪50年代末，IBM成为大型计算机领域的领导者，它受到了一些大公司的挑战，例如通用电气、施乐、RCA和摩托罗拉。这些大公司斥巨资投入研发，IBM战胜了所有这些公司，后来却未能击退那些专门进行计算机创新的小公司，比如小型计算机领域的数字设备公司、家用个人电脑领域的苹果公司、3D工作站领域的硅图公司、便携式商务电脑领域的康柏公司，以及直销个人电脑的戴尔公司。20世纪70年代末，计算机领域的每一项重大创新都不是来自占主导地位的行业领导者，而是来自更小的公司。

为什么运营良好的领先企业很难创新？克莱顿·克里斯坦森教授给出了一个精彩的解释。他称之为"创新者的困境"：当一种颠覆性的新技术出现时，现有市场上那些在所有方面都做得很好的公司尤其容易失败。他对许多创新行业（包括磁盘驱动器、汽车、计算机、制药、零售和钢铁行业）的研究表明，突破性创新最初会遭到规模最大、利润最高的客户的抵制。因此，颠覆性技术被迫寻找新的客户和供应商网络。而敏感的企业家创建的新公司，总能赶上行业扩张的下一波浪潮。[12] 一波又一波的潮流来临，当创新已经显露无遗，可以被所有人看到和模仿时，那些老的、强大的公司却显得动作不够快，就好像它们被什么绊住了一样。这种模式在所有行业中都反复出现，无论是高科技领域还是低技术含量的领域。

很少有公司能像可口可乐公司那样运营良好，与消费者联系紧密，资金充裕。可口可乐至今仍然是世界上最具价值的品牌。它的分销能力和对世界各地消费者的触达是传奇性的。然而，它在20世纪创造的唯一成功的新饮料是芬达（偶然间在纳粹德国调制的）以及无糖可乐（健怡可乐）。与此同时，其他领域中的新企业进行了创新：柑橘饮料中的激浪、天然饮料中的斯纳普、能量饮料中的红牛、运动饮料中的佳得乐。尽管拥有所有的资源，可口可乐模仿这些创新品牌的尝试要么彻底失败（如甘美黄、水果国度），要么使产品成为软弱的追随者（如功能饮料 KMX、运动饮料 Power-Ade）。

麦当劳是世界第8名最具价值的品牌。麦当劳在快餐汉堡餐厅领域的创新取得了长足的进步。它建立了世界上第一个也是最好的快餐体系和网络，在房地产、特许经营和质量把控方面具有独特优势。然而，尽管有这些王牌，麦当劳并没有创造新的快餐类别或任何其他快餐品牌。这些空缺被新玩家填补了：肯德基、阿贝兹、维也纳炸牛排、芭斯罗缤冰激凌、必胜客、菲尔斯太太曲奇饼、赛百味和星巴克等。麦当劳最大的优势（它对汉堡包的热爱）成了它在持续创新方面最大的弱点。

是什么让行业的领导者在创新的入侵面前显得如此脆弱？克里斯坦森以一种有趣的方式解释了这个问题：

> 简单地说，最好的公司之所以成功，是因为他们积极听取客户的意见，在技术、产品和制造能力上进行积极投资，以满足客户的下一代需求。但矛盾的是，当最好的公司失败的时候，也是出于同样的原因：他们积极倾听客户的意见，积极投资技术、产品和制造能力，以满足客户的下一代需求。[13]

这种关系具有一种奇怪的两重性：它们是企业成功的原因，后来却成为企业失败的原因。所以，随着时间的推移，某些东西一定改变。

＊　＊　＊

我们研究一下这种关系在整个行业的生命周期中是如何变化的。

一开始，市场通常是分散的。没有哪家公司拥有很高的市场份额，技术不发达但稳定，几乎没有颠覆性创新，市场增长缓慢，资本回报率也很低。网络是不发达的，没有很多连接存在，无论是强连接还是弱连接。然后会发生一些不一样的情况。也许一个现有公司、一个新的企业家或一个创新者能够将市场集中化，通过收购竞争对手，提供新产品或降低成本和价格来获得市场份额。随着创新者的成功，市场的现有形态也会改变。它不断壮大，新增了更多的客户连接，但它们主要与这家创新公司相连。它成了一个比任何竞争对手都大得多的大型枢纽，从而获得了批量生产的好处：单位成本降低，利润提高，利润率也提高。

不过，新领导者也会因为规模更大而受到副作用的影响。它变得更加等级分明，更加自信，更加固化。强大的专门化和僵化的连接，加上专门化和资本密集型资产，共同支撑自动化、重复性的大规模生产。强连接在企业内部成倍增加，它与关键客户和供应商的关系，以及与监管机构、地方当局和中央政府的关系不断增强。相对于外部世界，公司内部变得更大，也变得比外部更重要，因为该公司掌握了自己的技术和市场，外部的威胁和机会似乎有所减少。弱连接受到轻视（当然是相对于强连接而言），并且可能无人维护。公司内部的人越来越相似，企业文化越来越强、越来越统一。企业不再是一帮"东拼西凑"的创业者，而是像一支运行良好的军队。

领导者曾是行业的创新者，想想福特、IBM、施乐、得州仪器、美国钢铁、德意志银行、飞利浦、联合利华、圣戈班、基士得耶、大英百科全书、仙童半导体、柯达、王安电脑。但是二次创新的情况可能就不一样了。强连接的刚性造就了它们的成功：与关键客户之间紧密而热络的关系、生产的效率、整个分销系统的完美协调、对现有技术的掌握、灌输给整个公司的自信保守心态，这些都确保了高利润。但是明天呢？明天也许不错，后天呢？可能突然间一切都不同了。

可能会出现颠覆性的技术，也可能出现另一个商业模式，一个有聪明点子的新企业家，一种给部分或全部现有客户提供更高价值的全新方式。一个看似八竿子打不着的"外来"公司突然闯入视野，因为该公司从一个意想不到的方向入侵了这个领导者的领域。

领导者通常处于能够选择新想法并付诸实施的有利位置。它拥有资源、市场情报、分销系统、雄厚的财力和专业知识，然而它总是错过新想法，即使创新的重要性在任何独立的第三方看来都是显而易见的。对于这家领军企业来说，要打破或重新安排现有的强连接，减记在专用设备上的巨额固定投资，大幅降低价格，背弃传统市场和它最大的客户，或者做一些新的事情都很困难。

创新通常来自主流之外的个人和公司。一个小的枢纽出现了，它是个综合枢纽，包括个人、公司和新客户之间各种各样的弱连接。来自领域之外的创意点子和人聚集起来，他们背景各异，通常在该行业没有任何经验，从零开始开发一个创新产品。他们带来新的观点，更重要的是摆脱旧的观点。因此，一切都是从基本原理出发的。这意味着它通常是一团糟，但没关系。如果新技术或新商业理念足够强大，它就会获胜，这种产品最终能推行到市场上。有时新公司会与市场上现有的公司正面交锋。但更有可能的是，它将开拓一个新市场，由部分现有客户和部分新客户组成，或主要由新客户组成。

我们假设这个新市场增长迅速并且变得引人注目。这家初创企业吸引了竞争对手进入，市场上没有明确的领导者，市场份额也在起起伏伏。然而，市场上不可避免地会出现一个领导者，可能是最初的创新者，也可能是它的竞争对手。如果市场的规模经济较强或网络效应明显，市场份额就会集中。交易量增长，专业化增加，强连接的形式得到巩固，于是又出现一家占据主导地位的公司。它是一个成功的大型枢纽，拥有更多的强连接。就像之前，轮子又转回来了。

然后，这一切迟早会再次发生。

这个循环似乎展示了能平衡好弱连接而不是强连接的公司更

擅长创新（比如苹果公司），而那些拥有强连接优势的公司，比如IBM，更擅长高效生产。如果外部世界（市场或技术）发生变化，成功的公司可能会失败。当环境发生变化时，通常是别的公司更能适应变化，这些公司规模更小、更具创业精神，更有可能通过各种弱连接与外部世界相匹配。当然，一个企业确实对其弱连接和强连接的效果与平衡有一定的控制力，这些不是由它的成熟度和成功程度先天决定的。然而，改变连接构成通常意味着改变公司里的人，丰富公司的基因库，这几乎总是与公司最深层的本能和倾向背道而驰。

我们发现有三个组织搞懂了这一点。

20世纪90年代末至21世纪初，马萨诸塞州，波士顿

贝恩管理咨询公司的合伙人知道他们遇到了问题，不是常见的那种困难，而是源于成功带来的问题。其中一位合伙人解释了公司的困境：

> 我们知道公司拥有一种强烈而有效的文化。我们有着令人难以置信的共同身份认同和价值观。任何人都会不遗余力地帮助另一个人。但我们知道自己有一个弱点。是的，我们彼此了解，我们了解客户，我们完全了解他们的事务。但

有相当多发生在外部世界的事，我们怀疑自己无法处理。所以，我们决定做一些不同的事。我们一直有一个内部促进的政策，这是一个很大的优势。但除了初期，我们就再也没有从外部招聘高管了。现在是时候尝试这么做了。而且我们不是要招聘其他咨询公司的优秀合伙人。不，我们想要和自己不一样的人。我们需要在工业界长期工作的人，最好是企业家。这些人拥有很多我们所没有的外部联系。

然后我们进一步意识到，如果一两个合伙人只加入常规业务，他们就会被淹没。所以，我们四处寻找适合的人，组建新部门。在新部门里，他们拥有一定程度的自主权，保持他们的外部联系，而不会干扰我们的文化或被它影响。然后慢慢地，我们可以把新的伙伴完全引入我们的工作模式中。

我们聘用的第一个外部合伙人是一家实业公司的首席执行官，在那之前，他已经创办了自己的风投企业。他不是美国人。我们让他领导一个新的专门的部门，负责常规业务之外的业务，整个部门运营得非常好。他给公司带来了很多利润丰厚的业务，整个部门也发展壮大。后来我们雇用了越来越多像他这样的人。他们都很棒，失败率很低。

这一切听起来好得不可思议，一切真的像前面那位受访者描述的那样顺利吗？我们询问了这位外部合伙人，他讲述了一个有点不同的故事：

> 的确，贝恩拥有优秀的文化和合作关系，也确实取得了巨大的商业成功。但我们在业务发展初期的处境很艰难。贝恩的政策之一是不为竞争对手提供咨询服务。如果贝恩为赫兹工作，就不能为安飞士工作，而且永远不会。但我的部门有不同的需求。
>
> 我的业务只包含几个全球大客户，他们经常在交易上相互合作。我们没有获得客户的机密信息，我们只做交易。所以，贝恩不为竞争对手工作的传统政策并不适用。然而，许多在贝恩做传统咨询业务的合伙人发现我们想为"竞争对手"工作后，都对我们怀有敌意。
>
> 我花了3年时间才说服合伙人们同意多方竞价的政策。但最终他们做到了，我开始对贝恩公司改观。我认为它是世界上最好的咨询公司，而且遥遥领先。

贝恩公司的许多合伙人（可能是多数）都不喜欢公司从外部招聘炙手可热的新合伙人的政策，但这个政策给公司带来了一个强大的弱连接网络，否则他们始终缺少这种资源。当然，到目前为止，大多数"外部"合作伙伴都已经被贝恩公司同化了。因此，与外界保持联系的代价就是需要不断招聘。

2009年，英格兰，伦敦

你认为一家专门为商业公司搜集合法情报的国际公司会是什么样的？一个纪律严明、同质化的组织，谨慎而高度保密，就像联邦调查局（FBI）或军情五处（MI5）？

如果你是这样想的，那么可能会对实际情况感到惊讶。最近，格雷格与伦敦一家非常成功的"商业情报"公司的高级合伙人进行了谈话，这家公司为企业决策、尽职调查提供机密和客观中立的信息。第一个惊喜就是在此工作的员工来自各行各业：有前间谍（如你所料），也有前资深实业家、银行家、外交官和政治家。该公司除了在伦敦有40名左右的长驻员工外，还有几百名工作人员分布在全球各地，另外还有3 000名自由雇用的联系人。合伙人解释说：

> 钱从来都不是我们招聘和留住特工的关键因素。他们都是资深人士，他们这样做是为了体验一下针锋相对的滋味。他们喜欢从事能够展示判断力、知识和联络水平的工作。我们搜集信息的方式很谨慎，但在内部完全开放。所有信息都会相互验证，以构建一个复合图景，避免被一些错误数据误导。这里没有"需要知道"的政策。唯一禁止的行为是个人囤积信息，银行家尤其需要一段时间来适应这一点。公司的政策是，与内部工作人员或外部联络人的每封电子邮件都要

密抄给管理层。尽管这些邮件很少被详细阅读，很多邮件根本没有人读，但它把所有的私人谈话都变成了公开对话。

一家情报公司信奉开放性和异质性，这似乎是一个悖论，但它看起来运作得非常好，而且它也符合"更好的信息来自连接不同世界的弱连接"这种观点。

在采访的最后，这位合伙人进一步介绍了他对他们工作情况的洞察：

> 我正要与一家大公司的并购部门开会。我就一个局部问题自由发挥了15分钟，为接下来的讨论开场，然后开始认真工作。我非常仔细地倾听。他们觉得我帮了他们一个忙，而我总在离开时得到了更多信息，比我提供的要多。

1980年，纽约市

社会学家朱迪思·布劳正在布朗克斯儿童中心做研究，这是一家专门照顾智障儿童的精神病院。大多数类似的医院都受到员工士气低落和人员流动率高等问题的困扰，但这家医院似乎士气很高。朱迪思了解到，该中心专门在200名员工之间建立了弱连接，所以他们都以名字（而不是姓）称呼彼此。这里没有小团体，信息在学科（如心理学和护理）和部门（住院部、临床小组、艺术和娱乐节目组）之间共享。

朱迪思将这种弱连接的压倒性优势归因于两项政策：组建由来自不同部门的少量人员构成的项目团队；医院拒绝雇用两名或两名以上有"性关系或家庭关系"的员工。尽管这听起来有些苛刻，但朱迪丝说："在一个复杂的结构中……只有在禁止密切联系的情况下，广泛而薄弱的关系网络才能继续存在。"缺乏深厚的友谊和家庭纽带，以及对部门的忠诚，会削弱"内部团结"，从而使全体员工有可能共享信息。[14]

* * *

贝恩咨询公司、情报公司和布朗克斯儿童中心的故事，为成功组织的高管们提供了一些指导，他们可以将弱连接的效用最大化，将强连接的危险最小化。为了促进弱连接，扁平结构和项目团队变得很重要，同样重要的还有为不常见面的人提供非正式场合见面和社交的机会。其他措施还有多样化的招聘；让员工在不同部门、职能和地点间轮换；与其他组织进行半结构合作，包括交换项目；鼓励员工与公司外的人建立联系。雇用超级连接者当然更好，因为这就像进入了这个行业的"世界枢纽"。

想要将成功和强连接带来的危险最小化，需要时刻警惕它们的负面影响。对忽然出现的竞争保持敏感，不管竞争的威胁有多小；

让一位高管充当跟你的战略唱反调的人，只要有人嗅到潜在危险，就能对战略进行评估；一旦现有最赚钱的产品普及或被潜在竞争对手掌握，你就应该调转船头，或者使用成本更低的技术或商业模式来改进产品；寻找新型客户，并追求小市场，至少是在实验层面上；将拥有不同思维方式和"异见"的高管提拔到最高层。

这些补救措施听起来可能很简单，事实也的确如此。但要将它们都付诸实践则需要远见、决心和刻意的悲观主义，因为这与成功的意愿、批量生产的要求和企业文化相悖。这就是为什么这些方案虽然显而易见，却很少被采用。

＊ ＊ ＊

这就是网络的张力，是强连接和弱连接之间的张力，解决方案有时需要先利用其中一种连接，然后再利用另一种连接。弱连接让你找到更好的事情，强连接让你把事情做得更好。弱连接最擅长创造新价值，推动新市场；强连接则善于获取价值并使之最大化（价值获取不同于价值创造。例如，查尔斯·达尔文和阿尔伯特·爱因斯坦等伟大的科学家创造了巨大的价值，但他们并没有获取其中的大部分价值，维基百科的创建者也是如此。比尔·盖茨显然不是这样，他创造了大量价值，也设法获取了其中的很大一部分）。

然而，对于商业和小型企业中的个人来说，强弱连接之间不存在非此即彼的关系。弱连接是创新之路，甚至可能是中头彩的成功之路。

随着我们进入 21 世纪，弱连接变得越来越重要。世界上出现了更多的枢纽和强连接，但也出现了比它们更多的弱连接，而后者正变得更有影响力。随着世界缩小，地球上六七十亿人之间的联系越来越多，排列组合的数量和弱连接的增加，使得这些联系继续成倍增长。权力和财富就遵循这样的轨迹。一些人（超级连接者和超级创新者）正在发家致富，并开始挑战企业和政府，挑战它们之前对权力和慈善事业近乎垄断的地位。权力和财富可能是集中的，但这种集中是分散化的，会分裂成之前没有的狭窄利基市场。从一代人或更长的时间维度来看，赢家的身份是脆弱的。

网络世界的强项在于弱连接，它是人性化的、不可预测的、从根本上偏向个体的（甚至在最密集的网络中也是如此）。它可以平衡那些可靠、有序，有时甚至是压迫性的强枢纽和强连接领域。弱连接使我们与意外的伙伴和奇异的想法相协调。弱连接让我们用自由意志和创新取得胜利。而且，正如我们将要看到的，如果无法形成弱连接，人类生活就会变得肮脏、粗野和短暂。

第 *12* 章

贫穷、黑帮和城市复兴：
网络能减少贫困吗

一个人的社会阶层越低，建立强连接的频率就越高。

——马克·格兰诺维特

2002年，孟加拉国，加济普尔县

冰冷的水卷带着灰蒙蒙的淤泥，从喜马拉雅山脉流向恒河的支流。河流变宽，水流变慢，最终汇入贾木纳河和梅克纳河，形成一个大三角洲。沉积物形成一个肥沃的冲积平原，包含了孟加拉国的大部分地区。1.4亿人生活在这里，其中一半人每天的生活费不足1美元。尽管土地肥沃，2/3的孟加拉人在农田里辛勤劳作，这个国家还是不能养活自己。孟加拉国人口过剩，常遭受季风的破坏，基础设施和公共服务不足。

在距离首都达卡2小时车程的加济普尔县的一家药店后面，越过被药品、肥皂、安全套和家用杂物堆满并压弯了的货架，有一个叫贾米伦·内萨的人坐在那里。她是村里的超级连接者。她从格莱珉银行获得了贷款，用来创建一个简单的连接业务，让加济普尔与世界其他地方联系起来，这也使她处于繁忙的枢纽位置。她花了接近平均年收入的钱购买了一部手机，一个装在竹竿上像电视天线一样用来改善信号接收的装置，还有一个汽车电池，在供电中断时备用。她用这些设备经营着一个村庄电话亭。

　　在这个电话亭里，人们排队与亲友电话沟通，进行简单的移动支付和收款，发送短信、打电话，这些活动都可能决定他们那一年的财务状况。在贾米伦的手机出现之前，农民们不知道自己生产的产品可以卖到哪里。他们原来经常不得不把它们运到很远的地方售卖，却不知道能卖多少钱，甚至不知道是否有人会出价。风暴的到来无情又突然，几乎没有时间让他们保护收成或准备庇护所。并且，他们也不知道当地最适合种植哪种作物，不知道在收成过程中遇到困难或农作物染病了该怎么办。很长时间以来，他们都在浪费时间，任凭食物变质，直到药房后面产生的弱连接改变了一切。[1]

　　哥伦比亚大学经济学教授、地球研究所所长杰弗里·萨克斯在他2005年出版的著作《贫困的终结》(*The End of Poverty*) 中预测，2025年极度贫困将从世界上消失。[2] 信息技术可以让我们在市场和社交网络中连接，帮助我们分享知识，通过合作解决问题。贾米伦不需要被说服。2002年，她通过网络连接业务赚了近1 000美元，这大约是这个国家人均GDP的3倍。但是，与远方连接给她所在的地区带来的经济利益要大得多。它为生产任务节省了时间，让庄稼的价格卖得更高，引进了高现金价值的经济作物，减少了作物损耗和风暴带来的破坏。贾米伦的地位也显著提高了。她说："以前社区里的人不愿和我说话，但现在不同了。我从丈夫和家人那里得到了更多的尊重。"虽然随着手机开始变得越来越普遍，这个充满活力的小生意不会永远持续下去，但在"派对"结束前，贾米伦将拥有一座新房子和一个养鸡场。

2009年，孟加拉国

7年过去了，1/3的孟加拉人拥有了手机。在其他发展中国家，手机普及率也大致相同。15年前，尽管当时移动电话在发达国家风靡一时，但几乎没有一个世界顶尖的电信分析师预见这种趋势。毕竟，当手机的价格是人们年收入一半的时候，有多少手机能卖出去呢？富裕国家的人们既不了解也无法预测，通过移动电话建立起来的弱连接对发展中国家的经济影响有多么令人惊叹。

孟加拉国目前在实现温饱方面取得了重大进展。

* * *

穷人能自己找到出路吗？还是必须借助外界的引导？不管怎样，真的有解决贫困问题的通用方法吗？一些保守的人声称，如果不进行道德改革——戒除毒瘾、拥抱双亲家庭、培养个人责任感，富裕社会中的"下层阶级"几乎没有机会改善自己。首次出版于1981年的《财富与贫困》（*Wealth and Poverty*）一书条理清晰，受到高度赞扬。作者乔治·吉尔德在书中写道：

摆脱贫困唯一可靠的途径永远是工作、家庭和信仰……婚姻的效果很明显……使男性的工作成就增加一半……维持家庭是减少贫困的关键因素。当代美国下层社会生活问题的关键因素是互不相关的个体（单身人士）的数量过多，这个问题值得关注，他们为整个社区定下了基调。此外，他们在贫民区的聚集，极大地放大了他们对贫困黑人的影响……对贫穷的短视，主要是起源于父亲们家庭责任感的瓦解。穷人的生活，往往是由紧张和释放的节奏控制的，这种节奏是年轻单身男性的性体验特征。[3]

另一方面，自由派评论员则指责社会或福利制度将穷人禁锢在没有希望的生活中。20世纪70年代，社会学家卡罗尔·斯塔克在美国中西部一个最贫困的社区进行了开创性的田野调查，她大部分时间都待在当地居民家中或他们的街区。她的结论是，摆脱贫困实际上是不可能的。"（仅仅）改革现有的（福利）项目，"她写道，"永远不能消除美国的贫困阶层。这些计划的效果是，它们维持了人数庞大但温顺的贫困阶级。"[4]

贫困问题似乎有太多的解释和原因，但解决办法却太少。这是一场无休止、没有结果的、令人沮丧的辩论。吉尔德和斯塔克似乎只在一件事上达成了共识：贫困问题仍然难以解决。吉尔德断然表示："在接下来几个世纪里，美国仍会存在贫困问题。"[5]

但是，由强连接、弱连接和枢纽组成的网络视角，是否有助于西方国家以及发展中国家找到解决贫困问题的方法呢？

20世纪50年代，马萨诸塞州，波士顿

波士顿的两个工人阶层社区（北区和西区）正面临"城市改造"的威胁。北区居民成功地发起了反抗发展计划的运动，并阻止了该计划的实施，保住了自己的家园。在整个城市中，西区的计划尤其令人反感：为了建造2 400套豪华公寓，政府强制购买了7 000人的住房，这些公寓的售价将远远超出目前购买西区住房的预算。更糟糕、更爆炸性的消息是，开发商与市长勾结，市长站在了利益的一边，意图驱逐现有社区。

这些不公平的提议肯定会被否决吗？不是的，西区的抗议完全不起作用。1958年，市政府获得了这片土地的所有权，而仍不相信自己命运的西区居民惊愕不已，只得搬走。

为什么会发生这种情况？赫伯特·J.甘斯写了一篇表达同情的文章，讲述了西区失败的原因。他解释说，虽然他们（西区居民）成立了一个抗议委员会，但是——

> 该委员会几乎没有得到其他西区居民的公开支持，它发起的反对也没有严重影响到整个城市规划……西区居民对

整个过程了解得少之又少，也无法打电话给市政府官员了解情况（他们相信市政府不会继续推进这个计划）……西区居民（无法）自发组织起来……领导者也被信息缺乏所牵制……西区不像邻近的北区那样，拥有其他权力的依靠，因此无法击退地区重建的计划。北区……有很多较有影响力的商界人士，商业区规模要大得多，其中一些人颇具政治影响力。[6]

西区居民缺乏信息和支持，相比之下，北区居民拥有信息，与中产阶级商业支持者相联系，这些人有一部分生活或工作在北部地区。西区居民的关系网集中在内部，他们与社区之外更有知识和影响力的人极少形成弱连接。北区居民的关系网多样而有效。

马克·格兰诺维特说："一个人的社会阶层越低，建立强连接的频率就越高。"[7] 也就是说，人们越穷、越没有安全感，就越有可能寻求强连接的保护，例如来自家人、邻居和强大雇主的保护。费城的一项研究证实了这一现象：年轻人、受教育程度低的人或黑人，比社区其他成员更依赖于强连接而不是弱连接。[8] 当对现状不满的工人阶层青年想要逃脱时，他们可能会发现自己很难逃离所在的社区。由于缺乏与拥有更好机会的其他世界的弱连接，他们有时会落入当地的帮派文化（或宗教激进主义教派）中，这可能是他们在所处的世界中获得社会和经济满足的"最佳机会"。

社会学家素德·文卡特斯在2008年出版的《黑帮老大的一天》（*Gang Leader for a Day*）一书中讲述了20世纪90年代至21世纪初芝加哥毒品交易鼎盛时期的毒贩故事。[9]他的大胆研究显示，大多数毒品贩子都住在他们长大的街区，许多人仍然和他们的母亲住在一起。

文卡特斯叙述了该团伙的副手之一"丁骨"怎样安排与他秘密会面，并移交了记录该团伙过去4年收入和支出的账本：

> 也许"丁骨"的账本中最令人惊讶的事就是帮派付给年轻成员的工资低得难以置信，他们从事最肮脏、最危险的工作：在街上贩毒。根据"丁骨"的记录，他们只能勉强挣到最低工资……现在我知道为什么一些年轻的……（团伙）成员通过在麦当劳或洗车店做合法工作来增加收入。[10]

这些底层成员每小时的平均工资只有3.3美元。为什么会有人愿意为了这样的低薪工作，忍受可怕的工作环境——冒着坐牢的风险站在街上与疯狂的瘾君子打交道，并且这些人每4个人中就有1人面临被枪杀的危险？原因之一是他们无法逃离这个地区。一个毒贩告诉文卡特斯："这是一场战争。我的意思是，每天人们都在为生存而挣扎，所以你知道，我们只是尽我们所能。我们别无选择，如果这意味着被杀，那就见鬼去吧，这里的人都靠这个养家糊口。"[11]

马克·格兰诺维特暗示，对于强连接的依赖是一个陷阱。他的研究表明，通过强连接找到工作的人，比那些通过弱连接找到工作的人经历的失业期更长。他说："强连接中的社交精力大量集中，将穷人社区打散成一个个封闭的单元，这些单元之间的连接很薄弱。这是解释贫穷会永久存在的另一个原因。"[12]

20世纪70年代，美国中西部，"杰克逊港"

卡罗尔·斯塔克的研究显示了穷人是如何自然而然地依赖强连接，而排斥其他任何关系的。20世纪70年代，她研究了中西部贫民区的人群，将这个地方化名为"杰克逊港"的"公寓"。现实中，这座城市坐落在连接芝加哥和南方腹地的一条主要铁路线上。她像一个人类学家一样，在大部分时间里都待在那里，和当地居民（尤其是女人）做朋友。

她说，这里的居民依靠朋友和亲属圈生存。例如，她们通过把孩子父亲的亲属作为自己的家庭成员来扩大实际的亲属圈，从而扩大了必须互相照顾的群体。她们拥有的任何东西，比如食物、邮票、电视、帽子、牛奶、粗面粉，甚至一支烟或一个硬币，都在群体内分享。福利救济金勉强能够让他们遮风挡雨和换取食物，任何工资或意外之财会根据需要提供给整个亲属群体。

尽管这种紧密的联系能够帮助穷人应对日常生活，但我们也可以从斯塔克的描述中看出，对强连带的依赖阻碍了脱贫的两条可能的途径。一种是通过结婚搬离社群，寄希望于能在其他地方找到一份工作，从而作为一个基本家庭单位开始逐渐脱贫，免于对社群负责。但是，社群抵制这样的举动：

> 婚姻以及随之而来的对一套住所，一份工作和一对夫妻建立起来的家庭的期望，代表了个人突破贫困的愿望。它暗示了一个人想从他的亲属关系网的日常义务中解脱出来的愿望……一个人不可能同时满足亲属和配偶的期望。[13]

斯塔克叙述了鲁比·班克斯的话：

> 如果我结婚了，我不会听别人说什么，我只听他的。你必须按照你认为最好的方式与对方相处，忘记你的亲人。如果我结婚了，他们就会说："他不好，他一直对你鬼鬼祟祟的。""我告诉过你不要嫁给他。你最后还是要靠ADC（社会救济）。"就像他们现在对我做的一样，如果我结婚了，我就要离开这个地方！[14]

另一种摆脱贫困的方法是储蓄或继承遗产，然后买一所房子或其他一些可出售的财产。在斯塔克的叙述中，存款显然缺席了。存款对于她的受访者来说是不可想象的，因为她们没有多余的钱用来储蓄。她讲述了关于马诺丽亚和加尔文·沃特斯的生动故事。马诺丽亚的一个住在密西西比州的叔叔去世后，给他们留下了1 500美元（相当于今天的2万美元）。这是他们有生以来的第一笔储蓄，他们计划存着这笔钱买房，但他们社群里的亲戚却有不同的想法。马诺丽亚和加尔文收到支票3天后，消息传开了。一个侄女向马诺丽亚借了25美元支付电话费，以免被停机。另一个在南方的叔叔得了重病，马诺丽亚为自己和一个妹妹买了往返机票去看望他。后来，社群里一位上了年纪的伯父死了，其他人都买不起坟墓。然后另一个"姐妹"需要两个月的房租才能避免被赶出去。冬天很冷，马诺丽亚给全家人买了体面的外套和鞋子。更糟糕的是，福利官员停发了给马诺丽亚一家的补贴。

斯塔克说，在一个半月的时间里，所有的钱都花光了。这些钱被送到一个个人手中，用于家庭的日常开支，但支出临时变高了。所有钱很快就花在了必要的不得不花的地方。[15]

1932年，纽约，哈莱姆

我们可以将仅仅依靠强连接所带来的破坏性影响，与经济更加匮乏的大萧条时期曾尝试的解决方案进行对比。1932年，一位极具魅力的自称"神圣的父"（Father Divine）的黑人传教士（他的真名是乔治·贝克）搬到了哈莱姆区。他激励了成千上万的追随者创业，或者至少在这些创业公司中工作。在他的联系网中有数百家风投企业，投资的资金来自他的拥护者：廉价的酒店和寄宿处（他成为哈莱姆最大的地主），廉价餐厅和服装店、杂货店、干洗店，以及在宾夕法尼亚和纽约之间穿梭的煤炭运输业务，还有卖水果、蔬菜和鱼的流动商贩。

需要工作的人会被他送到其中一家公司里工作。他的追随者还设立了职业介绍所"天使"，为白人家庭提供黑人保姆和厨师。他们经营食堂，为挨饿的黑人提供免费食物。虔诚的玛丽是神父的副手，她在纽瓦克经营一家食堂，仅在一年内就为9.6万名饥民提供了食物。在20世纪40年代到50年代初，这个"神圣帝国"更加多元化，经营范围从建筑和装饰公司、皮货店、裁缝店，到摄影工作室和车库。

"神圣的父"是一个奇怪的人物，集宗教领袖、社群领袖、企业家、性冒险家和骗子为一体。然而，他让数以千计的人得到经济独立，给了更多的人工作和尊严。任何人都可以成为追随者或企业家，而且企业的建立和运行需要各种弱连接，包括志愿者、有偿工人、政治家和记者，还要经过许多社群——纽约、巴尔的摩、布里奇波特、纽瓦克、泽西城和费城。最重要的是，他能够从捐赠者和金融家那里获得资金，无论他们是黑人还是白人。他的小企业赚钱了，他就有资产可以作为抵押。

1976年，孟加拉国，吉大港附近，乔布拉村

与贫困社群以外的资金提供者建立联系也是反贫困的核心，是近期最成功的举措之一。1976年，吉大港大学的经济系主任穆罕默德·尤努斯博士开始在附近的村庄四处考察，观察贫困情况以及穷人为克服贫穷所做的努力。前文中的卡罗尔·斯塔克是一位专业的社会学家，她从社会福利制度的不平等中发现社会是如何压迫穷人的。而尤努斯则是一位银行家和经济学家，他在寻找解决贫困的办法时，主要考察穷人产生自主创业行为的迹象。他在乔布拉村找到了这样的迹象，在那里，四五十名妇女正在用竹子制作家具。她们本应从自己制作的椅子上获得可观的利润，但几乎所有的利润都用于给放债人支付高额利息了，而本金则是用来买竹子的。据尤努斯计算，他们每年支付的利率在50%至100%之间。他想知道，如果这些女性能够在支付合理利率的情况下进行交易，会发生什么？

他自掏腰包拿出了相当于27美元的现金，借给了村里的42名妇女。几个星期后他回到这里，发现她们兴高采烈。她们卖掉了一批新家具，在偿还了他的借款后，还赚了88美分，是以前的好几倍。尤努斯被小额贷款带来的变化所触动，开始仔细考虑这一措施是否可以在更大范围内复制。

在州银行的支持下，他试图找出答案。他将微型创业者分为许多"连带群组"，每个群组通常是由来自同一村庄、不同家庭的妇女构成，她们承担个人和集体的偿债责任。因此，坏账很少。到1982年，该银行已经向2.8万名村民提供贷款，其中95%的贷款人是妇女。

1983年，尤努斯把他的项目变成了一个像样的小额贷款机构——格莱珉银行。到2007年，它已经影响了超过700万贫困创业者的生活。格莱珉银行还开发了一系列其他创业项目，包括渔业、软件和电话公司，通过贷款向超过25万像贾米伦·内萨一样的贫困村民提供手机。

穆罕默德·尤努斯建立的网络包括少数强连带、许多弱连带，以及一系列新的枢纽——乡村连带群组、格莱珉银行及衍生出来的创业公司。

总的来说，尤努斯是一个比"神圣的父"更有声望、更令人钦佩的人物，他在2006年获得了诺贝尔和平奖。但这两人的做法仍然有很大的相似之处，他们都贯穿了几代人，跨越半个地球，援救最贫穷的人。这两种解决方案都以社群为基础，远远超出家庭范围，利用了当地及外部的一系列弱连接，特别是与资金提供者的连接。在这两种情况下，穷人成立了微型企业，他们的利润使许多人完全摆脱了贫困。

这也说明，只需要一点小小的刺激，就可以激发那些没有受过教育的不幸的人的创业能力。那么，微型企业的自我引导（准备较少的和可获取的资金，由穷人进行共同责任担保）会比自上而下的教育和基础设施项目更具成本效益吗？

秘鲁社会改革家赫尔南多·德索托的开创性研究支持了企业理论。[16] 他提醒我们，普遍的繁荣是直到西方国家的大多数人都有机会获得财产，进而获得资本时才出现的。为了摆脱贫困，穷人需要对一项重要资产拥有无可争议的所有权，这种资产通常是他们的房子。这个过程需要时间。在19世纪，大多数"去西部"的美国人一开始都是非法占地建造房屋，一旦他们最终对其获得了无可争议的所有权，他们的房子就完成了双重角色：既作为居住的地方，也作为"资本"用于贷款的抵押，这使他们能够做起生意来。

德索托说，世界上的穷人总共拥有数万亿美元的资产（将棚户区所有棚屋的价值加起来）。但他们通常对这些资产没有合法的所有权，他们被排除在资本的神奇世界之外，在那里资产可以实现双重功能。

在美国和其他西方国家，合法财产使一些通常对未来感到迷茫的穷人变成了有动力的人。他们现在有机会从拥有的东西中创造剩余价值：

> 人们不再需要依赖邻里关系……因此，缺乏合法财产
> 解释了发展中国家的公民为何不能与陌生人签订可以获利的

合同，无法取得信贷、保险或公用服务：他们没有什么可失去的……被困在前资本主义世界肮脏的地下室里……

阻止有事业心的人与陌生人谈判的法律结构，会破坏劳动分工，并把准企业家束缚在小圈子里……生产效率低下……就像计算机网络一样，它们在互联网发明之前就已存在多年，但产权制度只有在更大的网络中互连的时候……才变得无比强大。[17]

在网络语境下，穷人被排除在与陌生人或偶然认识的人建立弱连接的可能性之外，而弱连接可以帮助他们赚钱。当企业建立起来的时候，一个错综复杂的弱连接网络就会轻松地自发产生，它将穷人排除在外。这只有在人们拥有财产或其他资本，并且能够依赖法律框架使他们的资产为己所用时才会发生。如果没有这种联系，人们就完全依赖强连接——朋友、家人和最紧密的社群。没有合法的资产所有权，这种商业交易就必须在贫困社群内部进行。即使这样，它也只能通过善意或暴力实现。

如果想要逃脱贫困，就必须通过注入一些与资本和企业有关的弱连接来扩大穷人的关系网络。

* * *

如果有来自社群之外的联系，那么一个努力奋斗的群体所提供的共同身份似乎也会有很大的帮助。可以举出的例子包括尤努斯博士的乡村连带群组，美国东北部的黑人社群，旧时贫穷或受压迫的群体——"五月花"清教徒，后来的美国移民潮群体，包括爱尔兰人、意大利人、俄罗斯人、波兰人、乌克兰人和西班牙人，以及世界各地的苏格兰人和犹太社群。大多数援助来自社群内部，但不是来自家庭和好朋友的最亲密的圈子。例如，大多数在19世纪末至20世纪初登陆埃利斯岛的爱尔兰或意大利家庭，都是由他们的同胞在码头接待的，这些同胞就是弱连接。他们是朋友的朋友，远方亲戚或工作上认识的人，甚至是想做好事的陌生人（或是想挣快钱支付房费或雇用廉价劳动力的人）。

因此，社群似乎是最有价值的。在社群中，共同身份与一个连接到其他世界或主流社会的庞大且分散的群体共存。例如，我们可以看到，波士顿或纽约的爱尔兰社群是爱尔兰移民进入美国社会的桥梁。除了显而易见的弱连接，著名的美国"大熔炉"（实际上是一系列族群大熔炉）还能是什么呢？

那么，关于贫穷社群可能是一种诅咒，以及摆脱贫困需要逃离社群本身这一广受争议的观点又怎么说呢？乔治·吉尔德列举了单身青年男性对于贫困社群基调的负面影响。卡罗尔·斯塔克展示了贫民区里的"姐妹情谊"是如何阻碍了摆脱贫困的唯一可能，即结婚、离开社群或购买房产。素德·文卡特斯讲述了芝加哥南部地区罗伯特·泰勒住宅区是如何最终被美国总统克林顿夷为平地的。这个地区有一群沉闷且令人沮丧的高层建筑，也存在一个真实的社区（尽管在很大程度上是非法的）。总统的举措解散了"黑国王"贩毒团伙，并结束了很多与之相关的勒索和洗钱活动。

马尔科姆·格拉德威尔说：

> 如果18岁的高中辍学生，他唯一的职业选择是在汉堡王的油炸炉前工作，每小时只能挣5.5美元时，那么我们通常会谈到市中心社区重建，为萧条地区吸引新的就业机会，并对被忽视的社区进行再投资的重要性。我们想给这个孩子一份薪水更高的工作，就在这条街上。但这真的解决了他的问题吗？无疑，这位18岁的年轻人真正需要的不是另一个微小的诱惑，让他留在他的社区，而是一种完全摆脱它的方法。他需要一个教育系统，为他提供可以与中产阶级孩子竞争工作的技能。他需要一个公共交通系统把他带到郊区，那里有真正的就业机会。最重要的是，他需要认识一个人，那个人又认识一个知道所有这些好工作在哪里的人。[18]

经济学家所谈论的"失败的城市"很容易识别：房子非常便宜。在繁荣的城市，房子的成本更多地来自土地成本，而不是建筑成本。但在底特律这样的城市，市中心土地的价值似乎为零，甚至为负值。在底特律，一所房子的平均价格为6万美元，但建筑成本就至少为 8 万美元，这意味着土地价值为 −2 万美元。你在参观底特律市中心的共济会教堂时就可以了解到这一点。它包围在一块接一块的废弃土地和建筑中。没有人能在那里建造任何东西，并以建筑成本出售。[19]

在圣路易斯和新奥尔良也发生着同样的悲惨故事：老旧房屋存量，低廉的房价，即使有人被吸引到这个城市，也只是因为低房价。一般来说，这些人都退休了，或者没什么技能。城市内部缺乏活跃的关系网，使机会减少，并导致恶性循环——有技能或雄心勃勃的人离开了，新来的人更少，他们能提供的也更少。

2005 年卡特里娜飓风过后，联邦政府拨款 2 000 亿美元重建新奥尔良市。经济学家认为，这是把钱白白浪费掉了：重建一个陷阱，诱骗飓风受害者重返贫困。他们说，更好的办法是把钱花在当地人身上而不是对地方进行补助，这样人们就可以改善自己的生活，不管是在新奥尔良还是搬到其他地方。一位作者计算过，如果采取这种救济方法，每个四口之家可以得到 80 万美元！

但经济学家忽略了一点，如果采用他们的方法，可能会导致不幸的网络效应。如果有一大笔钱，那些最有进取心的新奥尔良居民或者与当地社区以外有联系的人，很可能会大批离开新奥尔良。而继续住在新奥尔良的居民一旦把钱花光，他们将与世隔绝，缺乏技能或缺乏与可利用的经济网络之间联系，问题将变得更糟。"神圣的父"和穆罕默德·尤努斯的例子和赫尔南多·德索托的理论表明，可能存在更好的解决方案，刺激大量小微企业创立，并由外部资本引导，利用社群的互补性技能来获取利润并建立新的资本。

简·雅各布斯在《美国大城市的死与生》（ *The Death and Life of Great American Cities* ）中讨论了其他重要的社区议题。[20] 她是第一个声称，虽然成功的街区通过增添"看着街面的眼睛"来保护我们免受犯罪侵扰，但塔式高楼，尤其是在贫困社区的高楼，并不能发挥这一作用。高楼把人们从街上带走。正如我们所看到的，雅各布斯也是第一个宣称文化多样性通过交叉融合的作用使城市更具生产力和创新性的。这种交叉融合是指当一个地方同时存在许多不同类型的商业，人们会从一家公司跳到另一家公司，从一个行业跳到另一个行业，有时甚至会创造出新的行业。她还表示，繁荣的城市和街区需要多种活动彼此混合——住宅、企业、购物和放松的场所（餐馆、咖啡馆、绿地、市场），这些都紧密相连。之后的经济学家也证实了这些理论。[21]

那么，真正的问题可能不是贫穷社区本身，也不是在这些社区中人们对朋友和家人的依赖，而是人们对社区及其强连接的完全或近乎完全的依赖。当贫困社区就像铁板一块，与更广泛的社会，尤其是与资本提供者隔绝的时候，问题就会出现。

解决之道或许是为棚户区、贫民区或偏远的乡村建立起可以与外界沟通的弱连接，加强其多样性。

埃德·格莱泽、戴维·卡特勒和雅各布·维格多三位经济学家进行了仔细研究，证明了贫民区确实阻碍了穷人找到工作或在学校表现出色。但他们也发现，某些居民在贫民区之外也能工作得很好，而不是去从事毒贩生意。最大的赢家是那些在贫民区与外部世界之间架起桥梁的人，我们称之为超级连接者。这些人住在贫民区附近，与其他居民同属一个族群，并且他们通常都是企业家，经常向贫民区居民售卖东西，为他们提供外面的工作机会。族群的超级连接者数量增长飞快，但只有在不断扩张的城市，如奥斯汀、凤凰城、洛杉矶，才出现穷人和主流社区之间迅速增长的弱连接。底特律和新奥尔良再一次错失良机，这不是因为贫困地区有什么特殊的问题，而是因为当地没有什么可以用来连接的，没有活力的经济，没有新的就业机会。[22]

那我们能做些什么呢？显然，贫困地区附近的新投资至关重要。但无论如何，这些项目都是自然发展起来的，很难用其他方式刺激它们。建立更好的交通系统连接贫穷和富裕地区也很重要，而且在基础设施项目资金到位的情况下完全可行。但是，缺乏政治影响力和竞选技巧的贫困地区往往会落败。例如，南非的约翰内斯堡是世界上最分裂和最危险的地方之一，那里的公共交通非常少。现在一项崭新的地方铁路服务项目得到了大量资金投入，但它将连接机场和富裕的郊区、商业区，绕过附近的黑人居住区。

然而，已经有一些互不相同的世界以促进经济福祉的方式联系在一起了。以欧盟的扩大为例，它允许数百万东欧人在更富裕的北欧和西欧地区定居，尤其是英国和斯堪的纳维亚半岛。尽管大规模移民一直是存在争议的话题，尤其是在失业率居高不下或持续上升的时候，但没有其他现象能产生如此多的弱连接和强连接。经济学家还说，移民促进了移民接收国的经济表现。

有时只需一两个人，带着强大的信念和传播这种信念的决心，就能建立大量连接，帮助数百万人摆脱贫困。20世纪50年代初，美国电气工程师约瑟夫·朱兰和统计学家W. 爱德华兹·戴明移居日本时的情况就是如此。1951年，出生于罗马尼亚的朱兰出版了图书《质量控制手册》（*Quality Control Handbook*）第一版，它是质量改进运动初期的"圣经"。当时美国没有什么人对朱兰的想法感兴趣，所以当他在日本的巡回演讲激起当地人的兴趣时，他就离开了美国，开始为日本公司提供咨询服务。当时，日本工业因生产大量廉价劣质的西方仿制品而臭名昭著。到20世纪70年代，日本主要电子消费品公司夏普、佳能和日立等公司生产的产品质量已超过欧美的竞争对手。直到那时，西方工业才开始对几十年前起源于美国的想法产生兴趣。

许多具有成本效益的慈善行动是让富裕的志愿者给穷人提供教育，在富人和穷人的枢纽之间建立联系。我曾在南非的一家公司担任主管，我们帮助当地学校的方式是鼓励员工捐赠电脑，并教孩子们如何使用电脑。在伦敦，"辩论伙伴"项目将优秀的大学辩手送到贫困地区的学校，让他们协助创建当地的辩论俱乐部。老师们吃惊地表示，辩论吸引和鼓励了以前没有积极性的学生，这是一种他们之前从未想过的方式。

解决贫困问题没有简单的方法，但有一个方向似乎很明确：促进和增加弱连接，尤其是金融和商业领域的连接，这可以改善穷人的关系网络。

* * *

贫困在世界各地都表现出相似的特征，无论是在哈莱姆还是新奥尔良，秘鲁还是孟加拉国的农村，巴黎还是伦敦，约翰内斯堡还是底特律。此外，贫穷给工业化前的世界、建国初期的美国、大萧条时期的美国带来的影响和今天别无二致。市中心、偏远村庄、贫民区和棚户区的贫困也差不多。贫穷意味着被限制在有限的飞地，无法挣脱，甚至无法达到财产和资本形成的最低线。贫穷是网络多样性的缺失，也是人们与经济和社会领域中活跃者的失联。

因此，通过将穷人与主流社群连接起来，通过促进他们与持有资金者之间建立弱连接，贫困很可能减少或最终消除。因此，我们必须认清并消除限制弱连接自发、全面发展的障碍，给予穷人一个公平的机会，剩下的他们自己将会做好。

第 *13* 章

身在网络社会

网络是结构最不严密的组织，或者说它不具备任何结构。

——凯文·凯利[1]

1932—1945年，德国，柏林

1930年前后，德国是一个拥有许多权力和影响力枢纽的高度分散且复杂的社会。各个地区和城市都拥有强大的当地势力，这是60年前统一小城邦时的历史遗留产物。它还拥有许多行业联盟，如一支竭力保护国家独立的军队，天主教和新教教堂及学校，本地大型企业，大量地区性和国家政党，许多古老和独立的大学，以及众多文化和民间机构。继意大利、中国和日本之后，世界上还没有哪个国家拥有如此丰富的文化遗产。继美国之后，没有哪个国家拥有如此应用广泛且有影响力的工业和技术。地球上可能没有哪个国家拥有如此丰富多样的枢纽和弱连接。

在1932年的选举中，阿道夫·希特勒的民族社会主义工人党（纳粹党）赢得了最多的席位，尽管它远未达到绝对多数。然而，通过与德国国家人民党（"民族主义者"）达成协议，纳粹以微弱优势获得了多数席位，希特勒在1933年1月成为德国总理。在通过宪法规则掌权后，他开始废除民权和宪法。上任6个月后，他宣布实行一党专政。1934年1月，地方政府被废除，权力全部集中到中央。1934年6月，希特勒杀死纳粹冲锋队（SA）的领导人并解散了冲锋队，将所有权力集中在残暴的纳粹党卫军（SS）手中，从而结束了两支准军事部队之间的竞争。

通过这些行动，希特勒极大地简化了德国的网络地图。他切断了德国数量庞大的社会、政治枢纽以及弱连接，使国家简化为权力和宣传枢纽。到20世纪30年代末，共产主义者、社会主义者、无政府主义者、社会民主党人、保守主义者、民族主义者、天主教徒和其他所有非纳粹政治家都远离了德国社会；行业联盟消失了；独立的市长和地区议会不存在了；独立知识分子都走了，当然包括所有犹太人，包括像阿尔伯特·爱因斯坦这样的杰出人物。科学家离开了德国，还为美国制造了第一颗原子弹。数以百万计的犹太人、社会主义者、无政府主义者、共产主义者、共济会成员、耶和华见证人、同性恋者、吉卜赛人以及任何敢于批评政府的人都被送进了集中营。知识分子、政治或社会辩论都已不复存在。对于外界观察者来说，如果教会、军队和大企业运作如常，那么他们默认的交易就是接受纳粹的暴政。

所有渴望对国家全盘控制的政府都取缔了自由网络。许多枢纽被取缔或合并为由国家控制的大型枢纽，自发的弱连接被阻碍或被粉碎。斯大林和波尔布特都做过同样的事情。独裁者增强了公民之间的隔离程度，让他们无法随机接触，并将他们集中在少数几个机构中，这些机构要么是国家机器的一部分，要么是由国家机器批准的。

*　*　*

想象一下上帝站在造物之初，正要决定如何组织人类社会。一种方法是将人们置于沉重、僵化的结构中：这是一个统一的、等级分明的中央集权社会，在极端情况下，它将是一个奴隶或军事社会。从上帝的角度来看，这个社会的巨大优势在于，只需要少数人足够聪明（可能只有一个人）就能够指导其他所有人。在一个人类为了生存与自然斗争的世界里，在一个财富和教育水平有限的世界里，高度结构化的社会具有明显的现实吸引力。

另一种极端情况，想象上帝是一名社会科学家，正在尝试创造一个完全扁平、分散的社会，那里没有既定的社会结构告诉人们该做什么。他很可能会想："当每个人都平等，如果没有社会结构，一切会怎么运行呢？"

然后上帝灵机一动，也许是被一本来自遥远未来的关于政治自由的书激发了灵感，他发明了网络。因为上帝（在这种情况下）是三位一体的，所以网络就由3个要素组成：强连接、弱连接和枢纽。社会不是完全非结构化的，因为网络确实具有某种结构。但是由于上帝已经阅读了托马斯·潘恩的书并转向民主主义的事业，他决定网络必须由人类自发产生，而不是由上帝或其他人强加于他们。上帝也明白网络连接枢纽会对它们的成员施加吸引力，使他们在此停留的时间超过应该停留的时间，或者让他们恢复到对权威的原始性顺从。为了将这些潜在的负面影响降到最低，上帝编写了一行计算机代码，所有存在超过15年的枢纽都会被自动清除。而此时另一个处于最佳竞争位置的枢纽将接替它，再享有最多15年的声誉。

要让这个分散的、结构相对松散的社会发挥作用，每个人都必须凭借自己的技能和主动性过上体面的生活。所以，上帝创造了市场、教育和摇滚乐，分别赋予社会中的每个人财富、知识和态度。而且上帝认为，结果还不算太糟。

＊ ＊ ＊

你认为与一个高度结构化的社会相比，结构不那么严密的社会是连接程度更高还是更低了呢？我们一般可能会认为社会结构越不严密，社会内部的连接程度就越低。有人可能会认为，在缺乏联系的情况下，个人自治带来的好处是要付出代价的。但正如我们所见，网络社会的惊人之处在于，一个国家或世界的结构越松散，它的内部联系就越紧密。大多数人更喜欢自治，而不是奴隶制。大多数人更愿意生活在团结的世界，而不是分裂的世界。

希特勒证明了抛弃网络社会会产生更多的结构和更少的连接。这不是希特勒统治下德国第三帝国所特有的，更严格的等级制度总是导致更大程度的隔离。这就是为什么极权主义政权努力通过宣传手段，在被社会结构隔绝的公民之间制造一种认同感。

想象一下，在一个巨大的体育场里，成千上万的追随者穿着同样的时髦制服，站在原地列队，为领导人发表的鼓舞人心的讲话喝彩。你们看起来正彼此连接，但你们不能与周围的人交谈或做出出格的行为。你们是被精心编排好的。这种连接是非个人的、人工合成的，终究是虚假的。这种"联系"不会产生新信息的交换，因为这里绝对没有真实或自发的交流。

令人高兴的是，相对于一个高度结构化、等级森严的社会，网络社会同时提供了两种好处：更大的自主权和更多的连接。这样愉快的结果要完全归功于超级连接者，他们是连接不同群体与个人的枢纽和人。如果没有超级连接者，网络社会就不会这么有吸引力，甚至可能根本无法运行。这样看来，超级连接者得到的奖励似乎完全合理。我们可能会想到纳尔逊·曼德拉，他打破了高度结构化、等级森严且具有压迫性的种族隔离政权，代之以开放、自由、民主的社会，在这一点上，他比任何人的贡献都大。曼德拉在1994年当选成为南非首位黑人总统，他竭尽全力将南非的黑人和白人团结在一起。其中一个重要的时刻，是跳羚队（南非英式橄榄球队，被黑人仇视的白人男子球队）在1995年世界杯上击败热门球队新西兰队，夺得了激动人心的总冠军。曼德拉笑容满面地将奖杯颁给了跳羚队的队长南非白人皮纳尔（他身着一件"6号"球衣），仿佛自己是该队的赞助商。

＊　＊　＊

现在我们要问这样一个问题：如果社会有两个极端，一个是高度结构化的缺乏连接的社会，另一个是结构松散、连接活跃的社会，那么历史上有没有从一种社会类型向另一种社会类型转变的趋势，还是说它们之间只是随机的相互作用？

要回答这个问题，我们可以先回顾一下人类相互连接的历史。促进连接的机制有语言、字母系统和文字，以及最终发展而成的纸质书籍，另外还有故事、神话、音乐和建筑。而在人类历史上，城市也许是人们与陌生人交流最重要的场所，它吸引了来自乡下、异乡以及世界各地的人。几千年来，城市是促进人类连接的最重要的枢纽，也是孕育弱连接最肥沃的土壤。文明和交流无论在过去还是现在都主要发生在城市。正如人们所看到的，城市变得越来越大，城市人口的占比比人类历史上任何时候都要高。

另外，在过去的6个世纪里，其他的通信手段也在增加。人类被日新月异的通信技术紧密连接在一起，它们变得越来越广泛，越来越有影响力。第6章中我们看到，1450年左右，欧式活字印刷术的发明给人们的精神世界和现实生活带来了巨大影响。私人阅读、纸质书和流行期刊引爆了学习热潮，它让思想更快地传播，把人们和有用的知识联系起来。它刺激了贸易、工业的发展和进一步的发明，让人们能够独立思考、规划未来，而不仅仅是听从上级的命令。

1492年，克里斯托弗·哥伦布抵达加勒比海。不到100年后，其他探险者环游地球，世界缩小为一个整体。18世纪见证了公路和运河网络的扩展，铁路、邮政、电报、轮船和汽车网络也在19世纪得以发展。随后出现了飞机、电话、收音机、电视、电脑、芯片、高速列车、廉价的国际旅行、传真机，洲内甚至洲际间的次日达快递，还有互相连接的计算机系统、移动电话、视频会议、光纤电缆、互联网和网络通信的应用程序及服务。所有这些都是网络现象，它们以越来越多样的方式连接越来越多的人，人们以更低的成本获得高质量的沟通。这些技术逐渐将偏远地区的人们连接起来，减少了距离上的障碍，并极大地促进了贸易，使世界变得更小、更富庶、更团结。

尽管我们曾经经历了漫长的挫折，如黑暗时代和极权主义国家的崛起，但随着时间的推移，社会越来越像一个网络结构而不是等级结构，而这似乎与创新携手并进。是创新成就了网络社会，还是网络社会激发了创新？这可能是一个双向过程，这解释了网络和创新的指数增长。例如，如果没有创新，网络的使用就会少得多。交流的需求减少，通过贸易获利的机会也更少。同样，网络之外的创新也会变成一个孤立的秘密，无法让世界进步。以蒸汽机为例，它引发了工业革命。在18世纪的英国，蒸汽机首先为棉纺织厂和其他工厂提供动力，后来铁路、轮船和汽车也开始应用这项发明。但是，科学技术史学家对一个事实感到困惑：罗马人早在2000年前就发明了蒸汽驱动的机械动力。他们也有可以用于钟表的齿轮，了解杠杆和压力，并建造了令人印象深刻的建筑、下水道系统和供水系统。那么，为什么蒸汽动力没有更早地改变世界呢？原因很简单，因为在古罗马时期，没有一个自由的网络来支持蒸汽动力的发展。

正如古罗马演说家塞涅卡（约公元前4年至公元65年）指出的，大多数的发明都属于奴隶的工作，他们当中的许多人是希腊人或接受过希腊教育。[2] 当然，奴隶不能自由地连接到社会网络，他们的交流通常仅限于与主人和家人打交道。奴隶（也是发明家们）不能广泛地与其他奴隶或可能为他们的发明提供商业资金支持的自由人建立联系。

等级森严和封闭的社会可能比网络社会更不容易产生创新。如今，当我们的创意和企业拥有全球性的网络时，创新有可能变成最伟大的创举。

* * *

在过去四五十年的商业世界中，企业从等级制度到网络结构的转变也很明显。加拿大哲学家、教育家马歇尔·麦克卢汉可能是第一个发现这一趋势的人。他在1962年写道：

在我们的电子时代，那种16世纪以来很流行的专业的金字塔式结构已经不再实用了……金字塔式的组织结构、多层次的监督、按专业分工的职能，根本不（再）起作用了。顶尖科学或工程学的领导层和工作枢纽之间的沟通链太长了，无论科学信息还是管理信息都无法得到沟通……（工业）需要成群具有不同专长的研究人员……跨越组织结构的界限。[3]

的确如此。大约从1970年开始，世界各地的公司都逐渐放弃了等级制度，转而采用网络结构，因为这种结构在公司内外都更有效率。

在美国，大规模生产让位于灵活生产。19世纪的"科学管理"概念通过等级制度精准地控制每个工人的工作，导致极端的工人专业化和职位分工。这在现在已经不适用了，因为客户需求变化迅速，工人受教育程度更高，技术可以用来通知工人，让他们享有更大程度的自主权。流水线式的生产正得到网络的补充，或常常被网络取代。在网络工作中，工人组成小团队，与其他小团队连接，而且常常直接与客户联系，省去了大量"中间管理层"的监管。

企业越来越多地建立起"项目团队"，由来自不同职能部门或不同地点的员工组成，主要是为了处理新项目或提高绩效。每个团队都像一个网络一样运作，与公司的不同成员联系在一起。团队解散后，成员回到了正常的工作岗位上，他们保留着新建立的人际关系网，这对他们自己的事业和公司都有帮助。

企业也越来越关注它们的"核心竞争力"，这是一个相当华丽的术语，意思是"它们最擅长什么"。这通常会让公司放弃它们竞争力一般（或没有竞争力）的活动，从而为专家团队（通常是中小型公司）从事特定产品或活动（例如清洁、安保、餐饮或原材料和部件的供应）扫清障碍。

垂直整合（例如石油公司可能会勘探石油，在炼油厂生产石油，向客户销售石油，并拥有自己的加油站）的运作方式正在减少，因此"价值链"的每个阶段（勘探、生产、销售、零售）都由专业公司来运营。各阶段之间的协调不再是层级式的，而是建立在合作企业网络的基础上。公司正变得越来越"虚拟"。例如，英国航空公司并不是所有飞机的所有者，飞行员和空乘人员虽然穿着英国航空公司的制服，但很有可能实际上是另一家公司的雇员，这样英国航空可以专注于品牌管理和客户关系。同样，清洁和食物供应也可能由第三方承担。通过外包"核心竞争力"以外的一切业务，网络结构正在取代等级制度。

授权、分包、外包、出售"非核心"部门，以及企业集团解体或将大公司拆分为两到三个新公司的趋势日益增加，这导致企业的平均规模下降。内部结构自然更加扁平化，它与外部的连接也增加了。灵活的网络取代了僵化的等级结构。例如在硅谷，工程师通常每两年换一个公司。他们与雇主的关系远不如与其他人的人际关系重要，比如猎头、风险投资家、供应商、分包商、前同事以及各种认识的人。公司之间的边界变得越来越模糊，被无数的网络所渗透。正如来自波士顿咨询公司的两个人评论的那样：

> 小公司络绎不绝，人们组成的临时联盟追求特定精准的项目。而不变的现实是，这些公司在流动的商业"生态系统"中相互竞争。在某些方面，硅谷就像一个分散管理的大公司。拥有劳动力资源的是硅谷，而不是硅谷中的企业。硅谷通过其风险投资社区启动和终止项目，并在其中分配资金。硅谷，而不是组成它的公司，才是真正核心竞争力的所在。[4]

看待硅谷的另一种方式是，意识到高管个人正在获得权力和财富。推动整个系统的是个人关系网，而不是企业等级制度。

尽管硅谷在某些方面是独特的（或许是关于盎格鲁—撒克逊商业世界未来的一个领先指标），但网络权力的文化表达在任何地方都是显而易见的。在西班牙的巴伦西亚，独立公司组成的网络合作生产鞋类、纺织品和玩具。贝纳通公司从意大利、土耳其和其他地中海国家的小公司及家庭生产者那里采购针织品，然后通过遍布全球的5 000家特许经销店进行销售。

20世纪50年代末，香港的制成品出口量迅速增长，产品主要来自中国的小型家族企业，"生产和分销网络随着世界市场变化形成、消失和改革"。[5] 大多数日本企业的组织形式都是所有权重叠的网络，其中最普遍的是企业联盟，它是一种垂直网络，以日立、松下或丰田这样的大公司为中心，包含了成百上千的小供应商。韩国的企业网络（财阀）通常由一个有权势的个人或家族拥有和控制。在中国，大多数业务都是通过具有流动性的各种各样的家族企业经营的，这是一个分散的、快速变化的网络，通常涉及大量的分包，以及个人与高层当权者的关系网络。当然，许多发展中国家的公司都是由欧美领先品牌精心布局的供应网络的一部分。

到处都有重叠的网络，比如生产者网络、供应商网络、零售网络、客户网络、雇员网络、顾问网络、科技合作网络，还有风险资本和银行网络、跨越公司的朋友和熟人网络、前同事网络、在线网络和计算机信息网络。

* * *

枢纽和弱连接的扩张开辟了一个新的工作维度，这是一种不同的工作方式。过去，商界被整齐地划分为几个企业家和一大批消极的员工。现在就不那么明确了。现在有更多的企业家，但真正重要的变化是，普通员工也可以像企业家一样行事，无论是为成为企业家做准备，还是将成为创业者作为另一种选择。

通过扩展我们的个人网络和利用弱连接，我们的工作可以变得更有趣、更有自主性，我们个人也可以变得更有价值。我们可能仍然在别人的公司里工作，但我们在自己创造的独特网络的基础上，努力控制着命运。工作的性质不再被简单粗暴地划分为所有者和"工资奴隶"，我们看到它越来越像一个光谱，一个从完全依赖于组织的人到组织所有者的连续范围。大多数人处于两个极端之间，但逐渐具备更大的独立性。每家公司都有"种子创业者"蓄势待发。另一种选择是，我们可以通过在企业中经营自己的业务获得许多好处（向雇主表明我们的价值），而无须承担创建新公司的风险或麻烦。

有越多的人认为自己是个自主的枢纽，身处一个有效的网络中（一组独特的、个人的和有价值的弱连接），社会和经济生活就会发生越多的变化。当然，权力和财富仍然留存在许多存在已久的枢纽，特别是政府官僚机构和大型上市企业。但可以肯定的是，创新和财富创造，以及由此产生的影响力和独立性正在慢慢向新公司、企业家及公司内部半自主的个人转移，它们远离枢纽本身，转向了枢纽内部和外部的联系。这些联系可能建立起新的枢纽，可能会暂时变得强大，但它们通常是个体的媒介和集合。无论新的或旧的枢纽，它们总是会受到创新者的挑战，而它们的主要武器（至少在最初），通常是它们与其他人及其想法的弱连接。

这种联系是个人的联盟（容易形成、不断变化且总是近乎非契约的），基于偶得的友谊、同理心和无数没有被记录下来的给予及回馈。网络经济让一些幸运的、有创造力的人获得了前所未有的财富。然而财富的来源并不是有组织的，而是"个人的"。它是一条串联起信息和洞察的长长的链条，是人们慷慨善行的集合，不涉及金钱交易。人们这么做只是因为有一种模糊的感觉，他们觉得在未来的某个时刻，将在这条链条中得到回报。在这种新的资本主义形式中，竞争完全没有被废除或减弱，人类的合作本能已经成为推动经济和社会前进的平行力量，增加了财富也增强了自治。

无论是在工作中，还是作为市民，或是在休闲活动中，我们过去通常主要是被各种组织联系在一起，如公司、工会、度假营、俱乐部、社团、旅游公司。现在，我们也越来越多地通过个人自发的行动，在线连接，自发的线下聚会，个人关系网络，以及与认识的人、朋友的朋友和陌生人的偶遇彼此相连。每当个人采取主动，组织自己的生活，独立于现有的机构，或形成自己的非正式群体（比如火人节），社会的流动性就变得更强，更不可预测，更加开放、不受控制，更加有机结合和个性化。等级制度衰落，而个性流动了起来。网络是个人化的，个人是网络化的。

因此，我们不仅正在从等级制度向网络结构转变，而且还看到了从等级森严、不灵活的网络结构向结构最松散、最个性化的网络（弱连接）的转变。那些维系着广泛弱连接的人们，以最纯粹和自发的形式——社会的、个人的和基于尽可能广泛的聪明才智——利用网络力量，通过合作将高质量信息和洞察力转化为有价值的东西。

＊　＊　＊

这本书以两种截然不同的世界观开篇：查理·卓别林是受害者，詹姆斯·迪恩是"自我一代"的先驱和打破常规的人。我们认为，在等级制度和个人主义的两个极端之间存在第三条道路，而网络在两种意义上提供了一个更好的模型：一种更准确的现代世界地图，一种更好的社会组织方式。

孤独的个体对抗全世界的想法对我们许多人来说，有一种神秘而浪漫的吸引力。但它对社会现实没有指导意义。如果我们没有意识到谨慎选择枢纽的重要性，没有意识到当我们不想或没有计划继续下去的时候就可以离开枢纽，也没有意识到我们周围美丽而复杂且相互交织的弱连接网络的重要性（任何一个看似无关紧要的枢纽都可能把我们的生活提升到一个新的水平），那么我们将不太可能实现个人潜力。事实上，网络因个性而繁荣，因为新的网络总是由创新者来创造和扩展的。它们靠人们之间的差异，以及将不同世界的好想法汇聚在一起激发的洞察力而成长。网络促进交流，交流促进了网络。要使交流有意义，就必须有信息的交换，有一些出其不意的元素、一些新鲜事或洞察力。

历史揭示了一种模式，即人类变得越来越专门化，但连接也越来越紧密。世界从未像现在这样大：更多人口、更多被使用的土地、更多国家、更多城市和聚集地，甚至延伸到网络空间，我们也拥有更多的财富、想法和发明，更多各种各样的枢纽，这些组织致力于商业、政府、教育、文化、协会、特殊领域。但世界也从未像现在这样小：我们可以旅行、打电话、在网上交流，弱连接可以沿着一条奇妙无尽连通到全世界人类的生存链条，把我们从一个认识的人带到另一个认识的人那里。

这是个大世界，也是个小世界，这完全是由于网络的发展和等级制度的衰落，沟通战胜了严格控制，是个人主义的胜利。一小部分人已经实现了超级互联，而我们其余的人则对新网络带来的机遇做出了回应，尽管并不完美。

当然，社会、宗教和意识形态方面的障碍依然存在。很多人仍然被困在暴虐的政权中，或者受困于贫困和孤立，他们完全依赖朋友、家人和雇主，而没有与更广泛的社群建立至关重要的弱连接。但是大多数生活在发达国家的人是足够幸运的，能够随意漫游，但并不是漫无目的，而是作为合作者能够明智地连接到大量的人（个人独有的人脉信息网络），其中的许多人已经远离过去的社会背景、地域和教养强加于我们的束缚。

我们都敏锐地意识到生活的阴暗面：死亡和衰退，不安全和抑郁，摇摇欲坠的经济和艰难时期，成瘾和冷漠，以及人类（几乎是唯一这样做的物种）相互报复的残暴行为。目前，我们已经战胜了自然和物质需求，但痛苦仍在可恶地继续着，自然仍可能对我们进行报复。

然而，人类进化也有非常光明的一面。我们建立了网络，促进了社会财富和福利的增长，发展了多样性和凝聚力，增强了自由和对他人福祉的责任心，释放了个体性和社交性。这绝非易事。随着时间的流逝，人类越来越关注个人和社会，而不仅仅关注生存所需和生活最低限度的要求，人类越来越关注在一个紧密轻巧的相互依赖的网络中如何运用个人才能和合作。

以枢纽、强连接和弱连接的简单视角来观察生活，我们至关重要的个人和商业决策会变得更加清晰，不那么令人担忧，不那么狂热，不那么受限。每隔几年，我们就会选择一个新的职业枢纽，或者涉足一个有可能激励我们进入新世界的社会领域。每天我们都会发现自己与有趣的人产生的意想不到的连接，这些联系可以或多或少地丰富我们的生活。不像查理·卓别林展示的不幸受害者形象，我们选择了与自己志向相投但充满挑战的枢纽，就像卓别林在现实生活中所做的那样。不像青春期的詹姆斯·迪恩，我们并没有远离主流社会，却在最大程度上成为个体。

我们是相互联系的社会中充实、积极和具有参与性的成员，是神秘但不再捉摸不透的人类一员。我们的个性和独特性使深入交流成为可能，使我们所有人都陷入历史上最大的悖论中——日益紧密、自由和丰富的人类结构。

致　谢

我们花了很长时间来撰写这本书，虽然我们很享受写作的过程，但它的最终出版是最让人开心的。

同时，我们也心怀感激。

首先，我们要感谢所有在网络科学及相关领域辛勤耕耘的学者。马克·格兰诺维特（我们最喜爱的社会学家）、已故的斯坦利·米尔格拉姆、艾伯特拉斯洛·巴拉巴西、瑞卡·阿尔伯特、史蒂夫·斯托加茨和邓肯·瓦茨都给了我们最大的启发。我们还要感谢许多哲学家和作家，他们让我们思考，并为我们的发现做出了贡献——伟大的约翰·斯图亚特·密尔、维尔弗雷多·帕雷托、弗里吉斯·卡林蒂、布鲁斯·亨德森和令人怀念的简·雅各布斯；威廉·吉布森、马尔科姆·格拉德威尔、丹尼尔·戈尔曼、马歇尔·麦克卢汉和史蒂文·平克；还有3位经济学家：托马斯·谢林、保罗·克鲁格曼和蒂姆·哈福德，他们的思想都很有活力。

我们同样要感谢在成书过程中60位来自不同国家、各行各业的受访者。他们许多人的名字已经在文中提到了，所以这里不再赘述。但我们由衷地感谢他们的洞察力和参与，不仅是在采访中，还包括他们之后对采访记录的检查和他们提供的额外想法。我们也非常感谢其他许多接受采访并选择匿名的杰出人士，他们同样不辞辛苦地提供了自己的故事和评论。我们还要进一步感谢每一个把我们和他们自己的联系人连接起来的人，他们都为我们推荐了有趣的受访者。吉姆·劳伦斯、里克·哈勒、安德烈·普利斯尼尔、萨利·霍洛威和约翰·翰威特对我们特别有帮助。

　　感谢那些读过我们大量书稿的朋友，他们提供了有价值的、批判性的反馈，即使这些反馈当时没有被全部接受。有些人甚至在没有看到书稿的情况下，在午餐时间就为我们提供了灵感和反馈！我们写到这里浮现在脑海中的有安德林·巴赫曼、埃里克·本尼迪克特、尼尔·查默斯、海伦·克拉克、克里斯·埃尔斯、罗宾·菲尔德、马修·格里姆斯代尔、斯图尔特·希瑟、约翰·休伊特、查尔斯·哈钦森、吉姆·劳伦斯、伊恩·麦克米伦、马丁·奈、杰米·里夫、安东尼·赖斯和玛丽·萨克森 - 法斯泰因。

　　莎莉·霍洛威作为我们的经纪人，独具一格、工作出色，怎么夸都不为过。如果没有她，这本书就不会出版。我们在美国的代理商佐伊·帕格纳门塔也一直是我们生活中的一盏明灯，她对这本书的热情使我们大受鼓舞。

　　我们的出版商，诺顿出版社的安吉拉·万德利普和利特尔布朗出版社的蒂姆·怀挺给了我们极大的帮助，大家一起工作时也很愉快。他们各自的同事艾丽卡·斯特恩和伊恩·亨特也很棒。

　　理查德要向他非常和蔼、高效的新助理弗朗西斯科·马丁斯以及他在葡萄牙的邻居苏珊、保罗、乌利和霍斯特表示敬意。他要感谢在葡萄牙布托克每天遇到的人和狗给他带来了灵感。还有伯恩哈德和艾琳·斯特拉斯曼，他们不仅设计并委托建造了一座漂亮的房子，还把它卖给了理查德（这本书的大部分内容都是在这里写的）。他们让过去的这一年变得非常愉快而高效。无论如何，理查德要给予马修和托克最衷心的感谢，他们为这本书的出版付出了远超想象的心血。

　　格雷格要感谢他的同事们，特别是安德兰和海伦，感谢他们对他写作这本书的巨大鼓励。最后，他最感激的是克里斯蒂娜，她违背了他的直觉，让他在一个偏僻的小山上买了一所房子。它变成了一个非常特别的地方，也是一个写作的完美场所。他还要感谢6岁的女儿佐伊，她教给他关于人性的东西比任何人都多。

注 释

第 1 章

1. Jean-Philippe Bouchard and Marc Mézard (2000) 'Wealth Condensation in a Simple Model of the Economy', *Physica A* 282, page 536. See also Richard Koch (1997) *The 80/20 Principle*, Nicholas Brealey, London.

第 2 章

1. Jane Jacobs (1961) *The Death and Life of Great American Cities*, Random House, New York.

2. Stanley Milgram (1967), 'The Small-World Problem', *Psychology Today* 1, pages 61–67.

3. Jeffrey Travers and Stanley Milgram (1969) 'An Experimental Study of the Small World Problem', *Sociometry* 32 (4) (December), pages 425–443; quotation page 426.

4. Judith S. Kleinfeld (2002) 'The Small-World Problem', *Society* 39 (2), pages 61–66.

5. Peter Sheridan Dodds, Roby Muhamad and Duncan J. Watts (2003)'An

Experimental Study of Search in Global Social Networks', *Science* 301 (8 August), pages 827–829.

6. 之后瓦茨对不完整的链条进行了数学调整。我们认为朱迪思·克莱因菲尔德夸大了米尔格拉姆数据的不足，以及夸大了理解他的工作的困难程度。1969年，杰弗里·特拉弗斯和斯坦利·米尔格拉姆在学术期刊《社会计量学》（*Sociometry*）上相当清楚地发布了他们的研究结果（见上文注释3）。表2对三种不同的样本进行了分解，分别被描述为"内布拉斯加州随机""内布拉斯加州投资者"和"波士顿随机"，分别显示了每个样本中的完整链数、链的范围和平均长度。内布拉斯加州随机样本中，有18条完整链，平均链长为5.7；在内布拉斯加州股东样本中，有24条完整链，平均长度为5.4。这两个样本的中间人数量差异在统计学上并不显著（考虑到投资者会更容易成功，这或许人惊讶）。选用投资者组不是为了操纵结果，而是为了测试他们是否会比随机组更成功。结果是否定的。因此，我们可以将这些样本聚合起来，生成42条完整的链。尽管波士顿随机组比内布拉斯加州组的平均链长更短（分别为4.4和5.7个中间人），但令人惊奇的是结果差异没有特别大，毕竟内布拉斯加州的文件夹需要跨越2 000多公里，而波士顿地区的文件夹移动范围则少于40公里。

第 3 章

1. John Stuart Mill (1848) *The Principles of Political Economy, reissued as Principles of Political Economy and Chapters on Socialism* (2008), Oxford World's Classics, Oxford Paperbacks, Oxford. See book V, chapter 17, section 3.

2. Mark S. Granovetter (1973) 'The Strength of Weak Ties', *American Journal of Sociology* 78 (6) (May), pages 1360–1380.

3. Mark Granovetter (1983) 'The Strength of Weak Ties: A Network Theory Revisited', *Sociological Theory* 1, pages 201–233; all quotations from page 202.

4. Mark S. Granovetter (1973) 'The Strength of Weak Ties', *American Journal of Sociology* 78 (6) (May), page 1366.

5. Mark Granovetter (1974,1995) *Getting a Job: A Study of Contacts and Careers* (2nd edition), University of Chicago Press, Chicago, page 22.

6. Mark S. Granovetter (1973) 'The Strength of Weak Ties', *American Journal of Sociology* 78 (6) (May), page 1371–1372.

7. Emanuel Rosen (2000) *The Anatomy of Buzz: Creating Word of Mouth Marketing*, HarperCollins, London, page 73.

8. Gary Fine and Sherryl Kleinman (1981) 'Rethinking Subculture: An Interactionist Analysis', *American Journal of Sociology* 85 (1), pages 1–20. Quotation from page 9.

9. Gabriel Weimann (1980) 'Conversation Networks as Communication Networks', abstract of Ph.D. dissertation, University of Haifa, Israel.

10. Rose Coser (1975) 'The Complexity of Roles as a Seedbed of Individual Autonomy', in L. Coser (editor) *The Idea of Social Structure: Essays in Honor of Robert Merton*, Harcourt Brace Jovanovich, New York. Quotations from pages 241–242, 256–258.

11. 例如，1978 年在美国东部的三城市地区进行的一项研究重复了米尔格拉姆的小世界实验，但研究人员特别关注了小册子是通过强连接还是弱连接更容易达到目标。研究人员发现，"成功链中的参与者倾向于使用更少的强连接……（那些抵达目标的小册子）显著表明，它们与目标之间是弱连接"。（参见 Nan Lin, Paul Dayton and Peter Greenwald (1978) 'Analyzing the Instrumental Use of Relations in the Context of Social Structure', *Sociological Methods and Research* 7 (2), pages 149–166.）邓肯·瓦茨的电子邮件实验也得出了同样的结论："与不完整的链相比，成功的链很大程度上引入了职业（弱）连带，而不依靠朋友和家庭关系。"

12. E. O. Wilson (2002) *The Future of Life*, Knopf, New York.

13. D. J. Watts and S. H. Strogatz (1998) 'Collective dynamics of "smallworld" networks', *Nature* 393, pages 440–442. See also Duncan J. Watts (1999) *Small Worlds: The Dynamics of Networks between Order and Randomness*, Princeton University Press, Princeton NJ. Mark Buchanan (2002) *Nexus: Small Worlds and the Groundbreaking Science of Networks*, W. W. Norton, New York, pages 51–55.

14. 请注意，将一个圆中的 1 000 个点与 10 个相邻点（左侧 5 个，右侧 5 个）中的每个点连接起来，并不会产生 1 万个连接，而是只有 5 000 个。这是因为每条链起到两个连接的作用，即从 A 点到 B 点和从 B 点到 A 点。一个简单的例子是，想象一个由 10 个点组成的圆，每个点都与它相邻的两个点相连。需要的连接数不是 10 个点乘以 2 个相邻点，而是只需 10 个连接就可以实现。

第 4 章

1. Stanley Milgram (1967), 'The Small-World Problem', *Psychology Today* 1,

pages 66.

2. Malcolm Gladwell, 'Six Degrees of Lois Weisberg', *New Yorker*, 11 January 1999.

3. 艾伦·扎肯，"追忆布鲁斯·杜林·亨德森"，1992年12月11日哈佛大学纪念教堂未出版的追思仪式文件。扎肯博士后来成了波士顿咨询公司的首席执行官和主席。西摩·蒂尔斯、乔治·奥斯和约翰·克拉克森之后也在追思会上进行了讲话。

4. Thomas Schelling (1978) *Micromotives and Macrobehavior*, W. W. Norton, New York.

5. 我发现用一个棋盘和两副纸牌进行随机打乱是最简单的。取64张牌，忽略上面的图案，在棋盘上写上每张牌所代表的位置（例如，"3，1"代表第三行和第一列）。对这64张牌进行洗牌，随机抽出其中的20张。这些牌代表要从棋盘上取下的20个棋子。对这20张牌进行洗牌，抽取其中的5张。将随机选出的20个棋子中的5个放到5张牌所代表的位置上。尽可能多地重复整个过程，直到它让你自己确信谢林的种族隔离模式是具有典型性的。

第 5 章

1. Paul Seabright, 'Darwin and the Terrible Games of Homo Sapiens', *Financial Times*, 2 January 2009.

2. Robert Alexrod (1984) *The Evolution of Cooperation*, Basic Books, New York, chapter 4.

3. Richard D. Horan, Erwin Bulte and Jason F. Shogren (2005) 'How Trade Saved Humanity from Biological Exclusion: An Economic Theory of

Neanderthal Extinction', *Journal of Economic Behavior and Organisation* 58 (1) (September), pages 1–29.

4. 史蒂夫·保尔森的采访，"骄傲的无神论者"，2007年10月15日，www.salon.com

5. Daniel Goleman (2007) *Social Intelligence: The New Science of Human Relationships*, Bloomsbury, London.

6. 芝加哥的WLS电台广播。

7. Daniel Goleman (2007) *Social Intelligence: The New Science of Human* Relationships, Bloomsbury, London, page 49.

8. Barry Schwartz (2004) *The Paradox of Choice: Why More Is Less*, HarperCollins, New York.

9. 'Japan's Killer Work Ethic', *Wall Street Journal*, 8 June 2008.

10. Thomas J. Johnson (2004) 'The Rehabilitation of Richard Nixon', in Harry P. Jeffrey and Thomas Maxwell-Long (editors) *Watergate and the Resignation of Richard Nixon: Impact of a Constitutional Crisis*, CQ Press, Washington, DC.

11. Stanley Milgram (1974) *Obedience to Authority*, HarperCollins, New York.

12. Jut Meininger (1973) *Success through Transactional Analysis*, Signet, New York, pages 127–128.

13. 2009年，微软将睿域营销卖给了广告巨头阳狮集团，换取后者3%的股份。

14. Steven L. McShane and Mary Ann Von Glinow (1999) *Organizational Behavior: Emerging Realities for the Workplace Revolution*, McGraw-Hill College, New York.

15. J. Useem, 'Welcome to the New Company Town', *Fortune*, 10 January 2000,

pages 62–70.

16. Dave Arnott (1999) *Corporate Cults: The Insidious Lure of the All-Consuming Organization*, Amacom, New York.

第 6 章

1. 威廉·吉布森 1997 年 8 月 26 日接受美国有线电视新闻网的采访。

2. William Gibson (1984) *Neuromancer*, Ace Books, New York, page 51.

3. Marshall McLuhan (1964, 1993) *Understanding Media: The Extensions of Man*, Routledge, London.

4. IDC (2008) *US Consumer Online Behavior Survey Results 2007*, 19 February.

5. 写于 1948 年，出版于 1949 年。

6. 该书出版于 1956 年，出人意料地成为畅销书，抨击中层管理人员的一致性。

7. 1963 年最流行的歌曲。在前一年，马尔维娜·雷诺兹在加州戴利市开着车转了一圈，看到一模一样的房子布满了山坡，"它们都是用廉价材料建成的，看起来都一样"。

8. Sir James George Frazer (1890, 1993) *The Golden Bough*, Wordsworth Editions, London.

9. Randall Stross, 'Why Television Still Shines in a World of Screens', *New York Times*, 7 February 2009.

第 7 章

1. Julian Fellowes (2004) *Snobs*, Weidenfeld & Nicolson, London, page 57.

2. Tim Jackson (1994) *Virgin King: Inside Richard Branson's Business Empire*,

HarperCollins, London, page 7.

3. Ray Oldenburg (1999) *The Great Good Place: Cafes, Coffee Shops, Bookstores, Bars, Hair Salons and Other Hangouts at the Heart of a Community*, Marlowe & Company, New York.

第 8 章

1. Mark Granovetter (1974, 1995) *Getting a Job: A Study of Contacts and Careers* (2nd edition), University of Chicago Press, Chicago, page 22.

2. Mark Granovetter (1974, 1995) *Getting a Job: A Study of Contacts and Careers* (2nd edition), University of Chicago Press, Chicago, page 89.

3. Charles Handy (2001) *The Elephant and the Flea: Looking Backwards to the Future*, Random House, London.

第 9 章

1. James Champy (1994) *Reengineering Management: The Mandate for New Leadership*, HarperCollins, New York.

2. 这是在路加撰写的《使徒行传》（9:2）中所概述的传统说法。他写道，耶路撒冷的大祭司授权扫罗擅自闯入大马士革的犹太人会堂，逮捕任何"道路"的追随者，"将他们绑到耶路撒冷"。然而，这个版本是在事件发生三四十年后写成，意图描述当时的情景，不太可能是准确的。大马士革不在犹太行省，耶路撒冷的犹太当局在那里没有管辖权，他们从事绑架和引渡的行为令人难以置信，而且没有除了《新约》以外的独立证据证明犹太人曾因为宗教观点迫害过任何人。保罗在《加拉太书》中的描述与路加的不一致，尽管保罗声称扫罗"暴力地逼迫上帝的教会"。

3. 《加拉太书》1:11—17。

4. "我们若信耶稣死而复活了,那已经在耶稣里睡了的人,神也必将他与耶稣一同带来……我们这活着还存留到主降临的人,断不能在那已经睡了的人之先……那在基督里死了的人必先复活。以后我们这活着还存留的人必和他们一同被提到云里,在空中与主相遇。这样,我们就要和主永远同在。"这是保罗在公元50年至51年左右所写,是他现存的第一封信(《帖撒罗尼迦前书》4:13—18)。

5. "他没有按我们的罪过待我们……他的慈爱向敬畏他的人也是何等大。东离西有多远,他叫我们的过犯离我们也有多远。"(《诗篇》103:10—12)。

6. 《加拉太书》3:28。

7. Andrew Welburn (1991) *The Beginnings of Christianity: Essence Mystery and Christian Vision*, Floris Books, Edinburgh, and Keith Hopkins (1999) *A World Full of Gods: Pagans, Jews and Christians in the Roman Empire*, Orion, London.

8. Francis Wheen (1999) *Karl Marx*, Fourth Estate, London, page 313.

9. Karl Marx and Friedrich Engels (1848, 1967) *The Communist Manifesto*, Penguin Classics, London, page 87.

10. 作为美国和欧洲人口的一部分,产业工人的数量在1950年左右达到顶峰(更广义地说,是在1920年到1970年之间),然后随着"知识型"白领工作者数量的迅速增长,工人数量开始下降。参见 Manuel Castells (1996) *The Rise of the Network Society*, Blackwell, Massachusetts, chapter 4.

11. Macintyre, James (11 September 2007) 'Anita Roddick, Capitalist With a Conscience, Dies at 64', *Independent*, http://www.independent.co.uk/news/uk/this-britain/anita-roddick-capitalist-with-a-conscience-dies-at-64-402014.html. Retrieved 25 September 2009.

12. Jim Collins (2001) *Good to Great: Why Some Companies Make the Leap . . . and Others Don't*, Random House, New York.

第 10 章

1. Albert-László Barabási and Réka Albert (1999) *Emergence of Scaling in Random Networks*, Science 286: 509–12.

2. Bruce D. Henderson (1973) 'Failure to Compete', *BCG Perspective*.

3. David Crystal (2002) *The English Language: A Guided Tour of the Language*, Penguin, London.

4. *The Sunday Times Rich List*, 26 April 2009, page 42.

5. Interview with Eric Schmidt, *McKinsey Quarterly*, September 2008.

6. 享有现实上垄断地位的网络明星公司可能会通过提高价格来剥削其客户。但是（微软可能是个例外），大多数明星公司的价格都不会比它们的竞争对手高，或者达到客户无法接受的水平。它们不需要这么做。如果激怒了它们的客户，它们可能会失去梦寐以求的地位，最终一无所有。

7. Kevin Kelly (1998) *New Rules for the New Economy: 10 Ways the Network Economy is Changing Everything*, Viking Penguin, New York.

8. Thomas L. Friedman (2005) *The World Is Flat*, Farrar, Strauss and Giroux, New York.

第 11 章

1. Manuel Castells (1996) *The Rise of the Network Society*, Blackwell, Massachusetts, chapter 4, page 470.

2. Mark Granovetter (1983) 'The Strength of Weak Ties: A Network Theory Revisited', Sociological Theory 1, page 219.

3. Tim Harford (2008) *The Logic of Life: Uncovering the New Economics of Everything*, Little, Brown, London.

4. Jane Jacobs (1969) *The Economy of Cities*, Random House, New York.

5. Michael Porter (1998) 'Clusters and the New Economics of Competition', *Harvard Business Review* 76 (6) (November–December) pages 77–90.

6. Edward L. Glaeser, Hedi D. Kallal, Jose A. Scheinkman and Andrei Shleifer (1992) 'Growth in Cities', *Journal of Political Economy* 100 (6) (December), pages 1126–1152.

7. Alfred Marshall (1890, 1920) *Principles of Economics*, Macmillan, London, book IV, chapter 10, quoted in Harford, op. cit., pages 169–170.

8. Manuel Castells (1996) *The Rise of the Network Society*, Blackwell, Massachusetts, chapter 4, page 55.

9. Anna-Lee Saxenian (1994) *Regional Advantage: Culture and Competition in Silicon Valley and Route 128*, Harvard University Press, Cambridge, MA.

10. Henry W. Chesbrough (2003) *Open Innovation: The New Imperative for Creating and Profiting from Technology*, Harvard Business School Press, Cambridge, MA.

11. Al Ries and Laura Ries (2004) *The Origin of Brands: Discover the ENDNOTES 273 Natural Laws of Product Innovation and Business Survival*,

HarperCollins, New York.

12. Clayton Christensen (1997) *The Innovator's Dilemma: When New Technologies Cause Great Firms to Fail*, Harvard Business School Press, Cambridge, MA.

13. Clayton Christensen (1997) *The Innovator's Dilemma: When New Technologies Cause Great Firms to Fail*, Harvard Business School Press, Cambridge, MA, page 4.

14. Judith Blau (1980) 'When Weak Ties Are Structured', unpublished manuscript, Department of Sociology, State University of New York, Albany.

第 12 章

1. 根据2002年10月8日的英国广播公司新闻，"妇女的移动摇钱树"。

2. Jeffrey D. Sachs (2005) *The End of Poverty, Economic Possibilities for our Time*, Penguin, New York.

3. George Gilder (1981) *Wealth and Poverty*, Basic Books, New York, pages 68–70.

4. Carol Stack (1974) *All Our Kin*, Basic Books, New York, page 128.

5. Carol Stack (1974) *All Our Kin*, Basic Books, New York, page 67.

6. Herbert J. Gans (1962) *The Urban Villagers: Group and Class in the Life of Italian-Americans*, The Free Press, New York, page 283–298.

7. Mark Granovetter (1983) 'The Strength of Weak Ties: A Network Theory Revisited', *Sociological Theory* 1, pages 210.

8. Peter Blau (1974) 'Parameters of Social Structure', *American Sociological Review* 39 (5), pages 615–635.

9. Sudhir Venkatesh (2008) *Gang Leader for a Day: A Rogue Sociologist Crosses*

the Line, Penguin, New York.

10. Sudhir Venkatesh (2008) *Gang Leader for a Day: A Rogue Sociologist Crosses the Line*, Penguin, New York, page 256.

11. Steven D. Levitt and Stephen J. Dubner (2005) *Freakonomics: A Rogue Economist Explores the Hidden Side of Everything*, William Morrow, New York, page 97.

12. Mark Granovetter (1983) 'The Strength of Weak Ties: A Network Theory Revisited', *Sociological Theory* 1, pages 213.

13. Carol Stack (1974) *All Our Kin*, Basic Books, New York, page 113–114.

14. Carol Stack (1974) *All Our Kin*, Basic Books, New York, page 115.

15. Carol Stack (1974) *All Our Kin*, Basic Books, New York, page 107.

16. Hernando de Soto (2001) *The Mystery of Capital: Why Capitalism Works in the West and Fails Everywhere Else*, Black Swan, London.

17. Hernando de Soto (2001) *The Mystery of Capital: Why Capitalism Works in the West and Fails Everywhere Else*, Black Swan, London, page 53.

18. Malcolm Gladwell, 'Six Degrees of Lois Weisberg', *New Yorker*, 11 January 1999.

19. See Harford, op. cit., pages 187ff. See also Ed Glaeser and Janet Kohlhase (2003) 'Cities, Regions, and the Decline of Transport Costs', Harvard Institute of Economic Research, Working Paper No. 2004; and 'Don't Refloat: The Case against Rebuilding the Sunken City of New Orleans', *Slate*, 7 September 2005, available at: www.slate.com/id/2125810.

20. Jane Jacobs (1964, reprinted 1992) *The Death and Life of Great American Cities*, Vintage, New York.

21. Tim Harford (2008) *The Logic of Life: Uncovering the New Economics of Everything*, Little, Brown, London, page 113–115, page 185–187.

22. Jacob Vigdor (2006) 'When Are Ghettos Bad? Lessons from Immigrant Segregation in the United States', working paper, quoted in Harford, op. cit., pages 164f.

第 13 章

1. Kevin Kelly (1995) *Out of Control: The Rise of Neo-biological Civilization*, Addison-Wesley, Menlo Park, pages 26–27.

2. Seneca (2005) *Dialogues and Letters*, Penguin Classics, London.

3. Marshall McLuhan (1962) *The Gutenberg Galaxy*, University of Toronto Press, Toronto.

4. Philip Evans and Thomas S. Wurster (2000) *Blown to Bits: How the New Economics of Information Transforms Strategy*, Harvard Business School Press, Boston, page 211.

5. Manuel Castells (1996) *The Rise of the Network Society*, Blackwell, Massachusetts, chapter 4, page 161.

图书在版编目（ＣＩＰ）数据

破圈：弱连接的力量 /（英）理查德·科克,（英）
格雷格·洛克伍德著；史兵译. -- 北京：中国友谊出
版公司, 2022.10（2023.10 重印）

书名原文：Superconnect

ISBN 978-7-5057-5389-1

Ⅰ.①破… Ⅱ.①理… ②格… ③史… Ⅲ.①人际关
系学－通俗读物 Ⅳ.① C912.11-49

中国版本图书馆 CIP 数据核字 (2022) 第 016401 号

著作权合同登记号　图字：01-2021-6396

书名	**破圈：弱连接的力量**
作者	〔英〕理查德·科克　〔英〕格雷格·洛克伍德
译者	史　兵
出版	中国友谊出版公司
发行	中国友谊出版公司
经销	新华书店
印刷	天津中印联印务有限公司
规格	889 毫米 × 1194 毫米　32 开
	11.5 印张　224 千字
版次	2022 年 10 月第 1 版
印次	2023 年 10 月第 3 次印刷
书号	ISBN 978-7-5057-5389-1
定价	60.00 元
地址	北京市朝阳区西坝河南里 17 号楼
邮编	100028
电话	（010）64678009